상호문화교육의 이해

교사를 위한 교수-학습 방법

상호문화교육의 이해

교사를 위한 교수-학습 방법

2014년 8월 20일 초판 인쇄
2014년 8월 25일 초판 발행

지은이 | 알프레드 홀츠브레허
옮긴이 | 정기섭 · 오영훈 · 김영순 · 이문기 · 변경원
펴낸이 | 이찬규
교정교열 | 정난진
펴낸곳 | 북코리아
등록번호 | 제03-01240호
주소 | 462-807 경기도 성남시 중원구 사기막골로 45번길 14 A동 1007호
전화 | 02-704-7840
팩스 | 02-704-7848
이메일 | sunhaksa@korea.com
홈페이지 | www.북코리아.kr
ISBN | 978-89-6324-383-2(93370)

값 15,000원

상호문화교육의 이해

교사를 위한 교수-학습 방법

알프레드 홀츠브레허 지음
정기섭 · 오영훈 · 김영순 · 이문기 · 변경원 옮김

북코리아

역자서문

최근 통계자료에 의하면, 국내에 거주하는 이주 외국인의 수가 156만 명을 넘어 우리사회가 다인종 · 다문화사회로 변화하고 있음을 보여주고 있다. 이제 거리에서, 직장에서 학교에서 다른 피부색을 가진 사람, 다른 언어를 사용하는 사람, 다른 문화를 가진 사람을 만나는 것은 더 이상 낯설지 않은 일상이 되었다. 이러한 다문화사회로의 변화는 우리의 사고와 태도의 변화를 함께 요청하고 있고, 그로 인해 차이와 다름에 대한 인정, 이해, 존중과 같은 교육의 본질적 가치들이 더욱 중요하게 인식되고 있다.

이러한 가치들의 공유는 다양한 문화가 공존하는 다문화사회에서 다양한 문화적 배경을 가진 개인들(집단) 간의 마찰과 갈등을 완화하고, 상호작용과 의사소통을 가능하게 하는 규범적 토대이다. 상호문화교육은 모든 인간이 존엄하다는 토대 위에서 다른 문화권의 인간과 그들의 가치관, 삶이 동등하게 존중되어야 한다는 사고와 태도로의 전환을 가져오도록 하여 사회통합을 추구하는 교육이다.

독일어권에서 '상호문화(Interkultur)' 또는 '상호문화적(interkulturell)'이라는 말은 일상생활에서 '다문화(Multikultur)' 또는 '다문화적(multikulturell)'이라는 용어와 동의어로 사용되기도 하지만, 학술적 논의에서는 의식적으로 구분된다. 다문화가 하나의 사회 내에서 다양한 문화들이 공존하고 있는 사실(현상)로서의 사회구조를 서술하는 것이라면, 상호문화는 다문화사회에서 문화적 배경이 다른 사람들이 함께 살아가는 과정에서의 역동적인 상호작용에 의해 생겨나는 것을 의미한다. 상호문화가 다양한 생활세계의 구성원들 간의 역동성을 중시한다는 것은 '사이에'를 뜻하는 라틴어 전철 'inter'가 보여주고 있다.

이 책을 번역하게 된 동기는 역자들이 다문화교육과 관련된 강의를 하면서 한정된 자료의 벽에 부딪친 경험에 있다. 국내에서 접하게 되는 외국의 다문화교육 관련 서적들이 주로 영미권 몇몇 학자들에 집중되어 있어 다양한 지적 호기심을 충족시키기에는 한계가 있었다. 이에 역자들은 유럽의 상호문화교육을 접할 수 있는 서적들이 거의 없는 상황에서 우연히 만나게 된 이 책을 번역하기로 의기투합하였다. 원래 원서에는 '교사를 위한 교수-학습 방법'이라는 부제가 없었지만, 내용상 이 부제를 제시해야만 내용을 이해하는 데 훨씬 용이하다는 판단하에 역자들이 합의하여 부제를 선정하였다. 독자들의 양해를 바란다.

번역 작업에는 독일에서 교육학, 문화학, 문학, 신학, 언어학 등을 공부한 학자들이 참여하였다. 1장은 김영순, 2장은 이문기, 3장은 정기섭, 4장은 오영훈, 5장은 변경원 선생님이 번역하였다. 번역자들은 이 책이 나오기 전까지 원서의 뜻을 가장 잘 전달할 수 있는 단어와 독자들에게 가장 가깝게 다가갈 언어들을 선택하기 위해 노력하였다. 그럼에도 불구하고 우리말로 옮기는 작업이 쉽지 않았음을 고백하지 않을 수 없다. 그릇된 번역이 있다면 전적으로 역자들의 책임이다. 앞으로 계속적인 검토와 독자들의 조언을 바탕으로 보다 완성된 번역서를 만들어가도록 노력하겠다.

이 책이 나오기까지는 여러 분들의 도움이 컸다. 번역 투의 문장을 수정하고 검토해 준 서울 강신초등학교 김창아 선생님(인하대학교 대학원 박사과정), 어려운 여건에도 불구하고 출판을 허락해주신 이찬규 사장님, 그리고 편집을 위해 수고해주신 편집부 여러분께 감사드린다.

이 힘들었던 작업이 다문화사회에서 함께 살아가기를 배워야 하는 우리 시민들에게, 학교 선생님들에게, 대학생 및 대학원생들에게 조금이라도 도움이 된다면 그것으로 번역자들은 행복할 것이다. 이 역서가 다문화교육에 관심을 갖고 있는 독자들에게 다문화사회에서 교육의 역할과 방향을 생각해 볼 수 있는 기회가 되었으면 한다.

2014년 한 여름에
역자 일동

저자서문

전공서적은 하나의 주제 영역을 서술해야 하고, 다양한 입장에 대한 학문적 기술과 함축적 기술 간에 균형을 이루어야 한다. 그에 따라 저자들은 기존에 사용하던 학술적인 참고문헌의 '망망대해'에서 벗어나 독서를 장려하고 문헌검색을 쉽게 하기 위해 교수학적 레이아웃의 형태를 자주 사용한다.

이 책은 여기에서 한 걸음 더 나아가 새로운 방법을 시도하고자 한다. 이를 위해서는 전공에 대한 명확한 이해가 선행되어야 한다. 대학 전공은 입문지식이나 반성적 지식을 습득하는 것 이상으로 직업에 대한 기대와 동시에 매우 주관적인 분석을 제시해야 한다. 원칙적으로 전공이라는 것은 최소한 다음과 같은 세 가지 차원의 영역을 강조해야 한다. 이 영역은 전공과 그에 걸맞은 직업과의 연관성이 서로 균형감 있게 형성되어야 한다.

① 학문의 지향성: 모든 전공의 토대는 전문성 개발의 기초로서 전문지식의 습득이 우선되어야 한다.

② 직업영역의 지향성: 학문과 교육실천이 예비교사에게 기대하는 것 사이에 존재하는 긴장관계는 교수자와 예비교사(전공자) 간의 지

속적인 토론을 가능하게 한다. 이를 통하여 예비교사에게 더 많은 교육적 실천을 요구하는 것을 기대하고, 교수자는 교육적 실천을 멀리서 관찰할 수 있도록 이론적인 지식의 필요성을 제시한다. 이를 위한 해결책의 범주는 수업과 참관(경청)의 반성적 통합에서부터 '어떻게 좋은 수업을 할 수 있는가' 하는 '처방전'의 전달에 이르기까지 다양하다.

③ 주체지향성: 학습자와 예비교사들은 '기로'의 메타포로 표현될 수 있는 생애사적 단계에 놓여 있다. 이 시기는 자신의 삶을 스스로 결정함과 동시에 전문적인 방향성을 찾는 단계다. 다시 말해, 이 시기에는 '도전'이라는 개인적으로 중요한 주제인 '발전된 과제'를 성취해야 한다.

이 교재는 학문과 교육실습, 그리고 주체의 발전 간의 긴장관계를 활성화할 수 있도록 동기를 부여할 것이다. 낯섦과 상반된 것의 양립문제, 전체적으로 변화된 문맥에서 '자아'의 동조가 핵심인 상호문화학습의 영역은 다음과 같은 관점에서 매우 적합해 보일 것이다,

- 상호문화학습의 교수법은 이 교재의 핵심내용을 제시한다(3장). 다시 말하면, 처음 두 장의 주제는 이후에 기술하는 두 장을 부연할 수 있는 '중요한 배경지식'으로 작용한다. 그러나 이것은 물론 표면적으로 '직업의 지향성'을 의미하며, 그와 함께 교수이론의 관점과 전문적인 발전 과제를 고려한 것이다.

- 모든 학문 분야가 그렇듯이 상호문화교육에서도 세부 · 심화교육

이 있다. 이것은 입문서의 저자들에게 가장 최근의 연구결과를 제시해야 한다는 어려움이 있을 뿐만 아니라 어떻게 요약하여 설명하고, 심화된 내용을 어디에 반영해야 하는지를 고민하게 한다. 관심 있는 독자들은 더 심화된 내용에 관계된 전문서적(참고문헌)을 살펴보기 바란다. 그 이외에 인터넷이 일상화된 학습도구임을 고려하여 '웹 사이트 안내'를 제시했다.

- '수행과제'는 독자들이 개인적으로 혹은 그룹에서 주제를 적극적이고 창의적으로 습득할 수 있도록 중요한 역할을 한다. '수행과제'에 제시된 제안들 중 하나 또는 여러 제안은 대학 강의나 세미나 혹은 대학원 강의에 적합할 것이라고 생각한다.

나는 이 자리에서 원고에 대한 비판적인 검토와 적절한 조언을 해준 프란츠 함부르거(Franz Hamburger), 잉겔로레 오멘-벨케(Ingelore Oomen-Werke) 그리고 힐데가르트 벤츨러-크레머(Hildegard Wenzler-Cremer)에게 진심으로 감사의 인사를 전하고 싶다.

알프레드 홀츠브레허
Alfred Holzbrecher

목차

1장

자아상과 타자상의 사회적 역동성:

"타인을 판단하는 것처럼 자신을 성찰하지 못한다."

이번 장은 자신을 성찰하는 것이 얼마나 중요한지를 보여준다는 점에서 중요한 의미를 지니고 있다. 1절에서 3절까지는 타자와 우리 자신에 대한 어떤 것을 설명하는 문화구조로서 '낯설다는 느낌'이 어떤 방식으로 증명되는지를 보여주고자 한다. 4절에서는 현재 가장 매력적인 이데올로기적 해석의 모델로 간주되는 '근본주의적인' 세계상들을 다루고자 한다. 5절에서는 구성주의적 관점에서 모델에 대한 이의를 제기한다. 그 이유는 이 모델이 상호문화교육에서 제기하는 가치와 규범의 상대성 또는 타당성에 대한 근본적인 의문을 갖게 하기 때문이다. 6절에서 8절까지는 커뮤니케이션의 심리학적 관점에서 상호문화갈등을 연구할 것을 제안한다. 나아가 '상호문화 커뮤니케이션의 중요한 사례로서 학생교류'라는 교육학적 논의와 관련해서 이 모델의 유효성과 한계를 신중하게 살펴보고자 한다.

1 현실세계의 구성으로서 낯섦의 의미

일상을 이해하는 데 있어서 우리는 "사물들은 그 자체이다"라는 사실에서 출발하고, 우리가 보는 것은 현실의 모사로 비쳐진다. 그래서 우리의 뇌는 사진기와 같은 기능을 하며, 이러한 형태로 이미지들을 저장한다고 생각한다. 이와 유사한 방식으로 우리는 사람이나 사물 혹은 상황들을 지각함과 동시에 그것들을 '추한 것' 혹은 '매력적인 것'으로, '옳은 것' 혹은 '틀린 것', '좋은 것' 혹은 '나쁜 것'으로 구분하여 평가한다.

학문적인 관점에서 이것은 단순한 인식론에 속한다. 칠레 출신의 생물학자이자 인식론자인 마투라나(Maturana)와 바렐라(Varela)는 우리가 지각하는 모든 것이 우리 뇌 구조와 관계가 있다고 증명했다. 우리가 듣는 것, 냄새를 맡는 것, 보는 것, 맛보는 것, 만져보는 것은 모두 이미지, 소리 혹은 맛으로 모사되는 것이 아니라 복잡한 과정을 거쳐 신경계의 자극으로 '전환'된다. 따라서 '폐쇄 시스템인 뇌'로 전이되는 과정에서 언제나 동반하는 감각들이 함께 작용한다. 그러므로 우리는 수업시간에 내용만 습득하는 것이 아니라, 동시에 긍정적 혹은 부정적인 '미묘한 분위기'들도 학습하게 된다. 마투라나와 바렐라(1990: 149 이하 참조)는 우리의 지각과 지각에서 비롯된 우리의 행동을 잠수함의 조타수와 비교했다. 조타수가 '보는 것'은 계측기가 유일하다. 암초와 깊은 바다는 직접 볼 수 있는 것이 아니라 간접적으로 데이터에 의해서만 보일 뿐이다. 조타수는 계기판을 읽어서 판단을 내린 후 상황에 따라 행동한다.

따라서 사람들은 '실제'가 어떤 것인지를 알지 못한다. 어떤 길이 다닐 수 있는 것인지, 그리고 데이터 활용 및 평가에 있어서 어떤 추론이 적절한지 시간이 경과한 후에야 알 수 있다. 물론 우리는 어떤 태도를 취해야 올바른지를 부모와 교사로부터 청각과 시각을 통해 배웠다. 그런 다음 이것을 바탕으로 자신의 경험을 축적했다. 그렇기 때문에 '실제' 혹은 '진실'이 어떤 것인지 말하는 것은 불가능하다. 관찰자는 실제로 세상을 인식하고 난 후에 그에 적합한 것만 말할 수 있다. 그러므로 관찰자는 자신만의 지각모델을 구축하고 있다. 사고 활동은 이러한 가정과 상호 유기적으로 상호작용하고, 필요할 경우 가정과 배치되는 새로운 해석 모델을 조정하는 능력, 즉 학습하는 능력으로 나타난다.

우리 인간의 뇌는 '납득할 수' 있고 '조화롭게' 보이는 해석 모델들을 지속적으로 만들어내는 폐쇄적이고 자기 스스로 조직하는 자율적인 신경계다. 구성주의의 관점에서 무엇인가는 실제에 대해 이미 존재하는 가정에 상응할 수 있다. 이 경우 자물쇠를 열 수 있는 열쇠와 유사하게 그것은 주체에게 실제적이고 납득할 만한 것으로 보일 것이다. '이해한다'는 것은 기호를 이해하고 이 기호를 해석하는 활동이다. 그리고 이러한 해석은 그것을 만들어낸 사람에게도 참고가 된다. '낯설게' 지각되는 것은 지각하는 주체와 대상과의 관계에서도 드러난다. 이를테면 관계의 판타지로서 낯섦을 생각해보라(Holzbrecher, 1997: 95 이하 참조).

수행과제

- 학생들이 무엇을 '낯설게' 지각하는지 그림을 그리게 하거나 제스처 또는 팬터마임으로 표현하게 하거나 묘사하도록 하시오.
- 이어서 감정들을 말로 표현하게 하면서 그 결과에 대해 토론하게 하시오. 예를 들어 무엇이 '오히려 낯설게/불안을 일으키고', '오히려 매혹적인/호기심을 불러일으키는 것'으로 지각되는지 느낌의 정도를 말로 표현하도록 하고, 이러한 감정의 원인이 어디에서 유래하는지를 찾아보도록 하시오.

낯섦의 이미지는 불안과 매혹 사이를 왕래한다. 현대사를 문화사적으로 회상하는 것은 불안들을 극복하고자 하는 시도였을 뿐만 아니라, 잘 알려지지 않은 미지의 것에 대한 유혹이 사회발전의 강력한 원동력이었음을 보여준다. 자연의 폭압적 지배, 일상의 생존투쟁,

시대의 종말, '악마'(그리스어 diábolos = 모든 것을 혼란스럽게 만드는 자, 즉 인격화된 혼돈) 또는 지배적인 도덕질서에 대한 두려움은 과학적 · 합리주의적인 세계상의 발전을 부각시키는 정신사회의 이면을 표현한 것이다. 문화사적 시선은 우리의 서구 문화권에 이러한 존재론적 불안의 극복, 즉 '낯선 것'의 지배가 '자신'을 안정시키려는 목적이 있다는 것을 보여준다. 변증법적으로 그것과 쌍을 이루는 것이 바로 매혹이다.

매혹은 미지의 것에 의한 유혹과 미지의 것에 대한 흥분이다. 그뿐만 아니라 매혹은 낯선 것을 지배하려는 동인이 되었음을 '정복과 발견의 시대'의 역사에서 충분히 인식되었다(Holzbrecher, 1997: 18 이하 참조). 이러한 역동성은 '자신의 것'과 '낯선 것'이 동전의 양면을 표현하며, '낯선 것'과의 접촉은 언제나 자신의 지각모델에 따라 성찰한다는 것을 분명하게 보여준다. 교육학의 관점에서 성찰한다는 것은 타인과 낯선 것을 이해하고자 하는 시도임과 동시에 자기 자신을 이해하는 기회가 된다. 즉 내가 지닌 타인/낯선 것을 지각하는 안경은 어떻게 보일 것인가?

2 타자의 흔적

해석학은 200여 년 전부터 학문이론에서 텍스트를 설명하기 위한 방법으로 기여해왔다. 현대적 개념에서는 심층적인 기저 구조를 반영한 기호를 이해하는 것과 이를 파악하는 것이 중요하다고 할 수 있다. 그러나 고전적으로 이러한 기호들은 일반적으로 오래된 텍스트 형식으로 존재하며, 그 의미를 우리는 생성된 시기에 따라 이해하고자 한다. 구성주의와 관련하여 우리는 현재 지각된 것을 '기호 해석'으로 이해할 수 있다. 만약 우리가 낯선 나라로 여행한다면, 우리의 눈은 끊임없이 익숙한 것과 다르다는 이유 때문에 타인의 낱말, 제스처 또는 몸짓언어의 기호 해석에 관심을 갖게 된다. 우리는 이러한 해석 혹은 의미 파악 행위와 함께 타인에 대해 이미 알고 있는 것과 기호를 연결시킨다. 이제 사람들은 지각이 정확하게 일치하는 실제의 모사라고 생각할 때까지 해석학의 모델이 타인을 '훨씬 더 잘' 이해할 수 있다고 생각한다. 우리가 우리의 이미지를 가지고 실제를 더 이상 이해하지 못하면, 우리는 그것을 '낯설다'고 생각한다. 이럴 경우, 우리는 이것이 환상이라는 것을 나중에 인지하게 된다. 따라서 우리가 어떤 것을 '실제'로서 의미 있는 것으로 수용할 경우, 구성주의의 의미에서 그것은 '현실'의 소재로서 우리가 반복해서 만드는 새로운 구조다.

철학자 베른하르트 발덴펠스(Bernhard Waldenfels, 1991: 53)에 따르면, 정적인 의미에서 이해는 존재하지 않는다. "누구나 타인에게서 흔적만을 추적할 뿐이다." 따라서 낯선 경험과 낯선 이해는 언제나 역동적인 틈 사이를 왕래한다고 한다. 그리고 이것은 다음 세 가지로부터 영향을 받는다.

① 관찰자로서의 나
② 내가 지각하는 것(객체, 대상)
③ 나의 사회적 · 문화적 맥락(주변 환경)으로의 편입

왜냐하면 이러한 맥락은 나의 지각을 강조시키기 때문이다. 따라서 우리에게는 상호문화학습을 위해 낯선 것에 대한 이해와 자신의 지각이 서로 함께 어우러진 것으로 생각할 수 있는 이론적 구상이 필요하다.

3 낯선 것에 대한 해석 모델

타자를 판단하는 것은 일상적인 과정이다. 우리가 타자를 지각하자마자 끊임없이 그들을 평가하지 않는다면 아마도 일상에서 올바르게 방향을 잡을 수 없을 것이다. 그렇지만 이번 장의 요점은 에리히 프롬(Erich Fromm)이 말한 "우리는 타인을 판단하는 것처럼 자신을 성찰하지 못한다"이다. 이 말의 핵심은 "다른 사람에 대한 이미지와 판단은 우리 자신에 대해 무엇인가를 말하는 것"을 뜻한다. 다시 말해 거기서 우리 자신을 성찰하는 것이다. 그리고 이러한 인식은 상호문화학습을 위해 중요한 의미를 내포하고 있다.

오르트프리트 쉐프터(Ortfried Schäffter, 1991)는 '자신의 것'을 함께 생각하면서 낯섦과 상호작용하는 다음 네 가지 해석 모델을 제시한다.

① 고유성에 대한 전제로서 낯선 것

이 해석 모델에서 낯선 것은 '매혹적인 것'으로서 이해된다. 왜냐하면 그것은 사라져버렸거나 잃어버린 '원래의 것', '자연발생적인 것'을 나타내기 때문이다. 낯섦의 체험은 실존적인 의미에서 '체험의 문턱'으로 경험된다. 왜냐하면 그것은 서양의 문명사가 진행되면서 분열되었던 차원을 열어주었기 때문이다. 낯섦은 자신의 근원과 낯선 것의 공통분모를 발견하고 되찾음으로써 해석된다. 예를 들어 19세기 아시아 문화들은 '유럽의 유년 시절'로 간주되었다. 철학자 헤르더(Herder)는 동양 사상의 모든 이면에 내재하는 조화사상과 그것의 결과물로 나온 모든 살아 있는 생명체에 대한 평화 애호에 매혹되었다. 우리가 학문적인 관점에서 이러한 평가들을 관찰할 경우, 이러한 평가가 '맞는 것인가' 아니면 '틀린 것인가' 하는 문제는 중요하지 않다. 물론 도덕적 판단도 마찬가지다. 오히려 낯섦에 대한 이러한 해석 모델들은 그것이 적용되었던 것에 대해, 즉 해석의 모델이 발전되었던 시기에 무엇을 말하려고 하는지에 대한 질문이 중요하다. 해석 모델의 변화는 그 다음 낯선 체험의 방법 및 양식으로 자연스럽게 진행된다.

② 자신의 것에 대한 대립 상으로서 낯선 것

심리학적으로 이러한 해석 모델은 투영으로서 분류될 수 있다. 투영자가 자신의 이미지를 객관화하는 것처럼 낯선 것을 지각할 때, 심리적 과정도 함께 작동한다. 타인은 투영자 자신에게 투영된 영상으로 나타난다. 이러한 영상과 함께 투영자에게 긍정적 혹은 부정적 이미지가 그려질 수 있다. 자신의 문화 또는 사회가 어느 한 특징과 관련해서 부정적으로 지각될 경우, 낯선 것은 긍정적인 대립 상으로 나타나며, 그 역으로도 성립한다. 이에 대한 사례들은 조화롭고 갈등이 전혀 없는 공동체의 구조에서만 나타나는 것은 아니다. 이국적이고 에로틱한 장거리여행에 대한 광고는 생기 없는 지루한 일상을 표상한다. 젖과 꿀이 흐르는 동화 속 꿈의 세계에 대한 환상은 이런 파라다이스를 상상하는 사람들의 비참함과 배고픔을 암시한다. 공동체와 고향에 대한 맹세는 무질서하게 지각된 현실의 이면에 나타나게 된다.

그러므로 19세기 동양에 대한 유럽의 판타지는 현실을 제대로 모사한 것이 아니다. 오히려 그것은 빅토리아시대의 내숭떨기와 거기서 비롯된 남성들의 판타지에 대해 훨씬 더 많은 것을 이야기한다. 다시 말해 '동양의 이미지'에서 불가사의하고 매혹적인 대립 세계가 계획되었다고 볼 수 있다. 이러한 대립 세계는 자신의 세계에서 금지되고 떨쳐버리려고 노력했던 것을 구현하는 것처럼 보였다. 여성들이 하나의 관찰 대상이 되면서 여성에 대한 형상이 향락과 관능적 쾌락의 이미지로 변화되어갔다. 타인의 천사화(천사로 칭송되는 것)와 악마화(악마로 낙인찍히는 것) 사이에 자연스러운 변화가 존재한다는 것은 심리적인 역동성에 해당한다. 깊이 사랑하는 사람이 있을 경우, 그 사람이 우리를 실망시킨다면 우리는 그를 한없이 미워할 수밖에 없다. 이와 같은 작은 변화는 이미 이국적인 이미지를 부정적인 이미지로 변화시킬 수 있다. 따라서 이국적인 것에 대한 호의적 감정과 비우호적 감정 사이의 경계는 불분명하다.

'동양의 이미지'를 문화사적으로 관찰하면, 예를 들어 19세기 초에 터키인들에 대한 긍정적이고 이국적인 이미지들이 묘사되었다는 것을 확인할 수 있다. 터키인들의 수준 높은 문화는 존중받았다. 시간이 흐르면서 강화되기 시작한 유럽의 제국주의에서 '동양인'의 이미지는 점점 더 게으르고, 미개하고, 야만적이며, 도벽이 있는 존재로 등장한다. 그 때문에 동양인들은 문명화를 필요로 하는 존재처럼 보였다. 타인에게 투영된 부정적 이미지로 인해 자신이 속한 사회는 훨씬 더 긍정적인 인상을 갖게 한다. 즉, 자기 자신이 지닌 고유의 정체성은 타인을 '낯설고', '다르게' 지각되게 하는 경계화와 악마화를 바탕으로 해서 구성된다.

낯선 것은 매혹적이지만 불안을 야기한다. 낯선 것과의 교류로 인해 우리는 어느 정도의 불안과 환상을 갖는다. 이것은 한편으로 개인적이고 생애사적으로 요구되고, 다른 한편으로는 역사적으로 요구된 통치권 및 지배권의 요청이 반영되기 때문이다. 민족심리학자 마리오 에르트하임(Mario Erdheim)은 낯선 것에 대해 "사회적으로 무의식적으로 형성된 것"(Erdheim, 1990)이라고 했다.

③ 보충으로서 낯선 것

바로 앞에서 논의한 낯선 것에 관한 두 번째 해석 모델(대립 상으로서 낯선 것)에서 다른 것이 자신의 약점을 보충하거나 정체성을 강화하는 태도로 변화시키기 위해 이용될 경우를 생각해보자. 이 경우에 오르트프리트 쉐프터에 의해 확립된 이질적인 것이 자기 발전을 위한 역동적인 힘으로 등장한다는 낯선 것에 관한 세 번째 해석 모델을 만날 수 있다. 상호문화교육학에서 널리 알려진 주장인 '낯선 문화를 통한 풍부성'은 여기에서 적절한 표현이다. 그와 동시에 이러한 지각 모델의 문제점도 분명해진다. 한편으로 이 모델은 자신의 발전을 위해 낯선 것을 도구화하고, 다른 한편으로는 그것을 당연히 '이해하고 있다'는 것으로 받아들이도록 유혹한다. 낯선 것은 자신의 상반된 가치와 잠재적으로 불안정한 힘에 의해 힘을 잃게 된다. 국제적인 도시의 거리축제들은 분명히 지역문화생활의 풍부함을 나타낸다. 우리가 민속공연에 친숙한 것처럼 낯선 것은 더 이상 자신의 고유성에 의문을 제기하는 것이 아니라, 조화를 이루며 갈등을 중립화하는 데 기여하는 것으로 간주한다.

④ 상호보완으로서 낯선 것

쉐프터의 낯선 것에 대한 네 번째 해석 모델에서는 자신의 것과 낯선 것은 상호적으로 인물과 배경으로 이해되고, 하나는 또 다른 것의 조건으로서 지각된다. 여기에서는 다른 것이 다르게 존재한다는 것을 가능하게 한다. 그리고 그것을 자신의 것에 맞추고 수용하는 것이 아니라는 사실을 주장한다. 여기서도 낯선 것의 불안정한 힘은 그대로 유지된 채로 있다. 왜냐하면 '이해'는 장악하는 것으로 이해되는 것이 아니라, 이해의 '흔적'(waldenfels)을 찾도록 노력하는 것으로 존재하기 때문이다.

4 복잡한 세계-단순한 답변들: 근본주의적인 세계상

"비록 세계의 정복자나 지배자들은 어떤 것을 어떤 것으로 보려 하지 않고, 결코 그렇지 않은 하나의 세계로서 보려고 시도하지만, 세계에는 두 개의 상반된 가치가 공존한다. 확신은 더 이상 가정으로서, 역사는 구성으로서, 진실은 언제나 앞으로 밀치고 나아가지만 결코 끝나지 않고 진행되는 여정의 일시적인 체류지가 아니다."(Zygmunt Bauman, 1992: 220 이하 참조)

우리는 정체성에 관한 연구에서 자신의 이미지가 극히 복합적인 상호작용 과정을 표현하고 있다는 것을 알고 있다. 자기 자신을 어떻게 지각하는지는 상당 부분 내가 다른 사람에 의해 어떻게 지각되는지에 달려 있다. 또한 내가 무엇인가를 확인할 때, 그것은 나에게 어떤 특성들이 부여되는지에 달려 있다. 막스 프리쉬(Max Frisch)의 드라마 〈안도라(Andorra)〉에서 안드리(Andri)는 하나의 역할, 즉 '유대인'의 역할로 내몰린다. 그 결과 그는 사회적인 압박으로 인해 이러한 책임을 자신의 이미지로 받아들인다.

이질성, 즉 '혼돈'으로 지각되는 현실을 주관적으로 극복하는 가장 흔한 형태는 단순화다. 복잡성은 사람들이 단순하게, 그리고 모든 사람에 의해 분류된 외견상 '정상적인' 질서체계의 범주에 의존하면서 단순화된다. 과거 사람들은 복잡하게 얽혀 보이는 세계에서 분명한 것을 재생산하기 위해 인간을 피부색에 따라 분류했다. 오늘날에는 '문화의 소속'이라는 기준이 그것의 평가와 함께 경계선에 이용된다. 그렇게 함으로써 타인의 집단과 자신의 집단이 명백하게 정렬된다. 왜냐하면 이러한 해석 모델은 구체적으로 관찰하게 하는 시간을 절약해주기 때문이다. 사람들은 수업을 방해하는 15세의 학생이 사춘기 특유의 호르몬 때문에 그렇게 행동한다고 생각하지 않고, '터키 아이'이기 때문에 그렇게 행동한다고 생각한다. 이러한 확신은 발전을 저해하는 걸림돌이 된다.

'인종적 소속'의 구성과 함께 발전하는 역동성은 타 인종과 자민족 간의 상호작용으로 묘사될 수 있다. 사회집단들은 다른 사회집단에게 일정한 특징을 부여함과 동시에 자기 자신을 규정한다. 그렇지만 대부분 빈약하게 느끼는 자신을 과대평가하는 것은 종종 타인을 평가절하하는 결과로 이어진다.

"사람들이 차별을 받을 때 흔히 인종주의가 영향을 미친다. 인종주의는 일정한 특징들을 근거로 인간을 우등한 집단과 열등한 집단으로 나누고, 다른 집단에 비해 자기 집단의 우월성을 강조한다. 이러한 구분의 특징은 피부색, 국적 혹은 출신, 문화 혹은 종교 등이다. 따라서 여기에서는 오히려 선입견 혹은 무지가 문제시된다. 인종주의는 흑인, 이주자, 난민, 동 · 남부 유럽 출신의 집시와 그 밖의 소수민족들에 대한 차별과 배척을 정당화하고 가속화시킨다."(Aktion Courage, 1997: 11)

차별은 우월감을 만들 목적으로 상이한 것들을 구성하는 것이다. 그럼으로써 차별은 현대사회의 상반된 가치공존을 어렵게 한다. 종종 차별은 '근본주의적 세계상'에 힘입어 타자에게 도발적이고, 동요시키는 특성들을 수반한다. 이러한 종교적 혹은 정치적으로 근거가 있는 차별의 틀은 신뢰 받는 질서 구조에 녹아 있으며, 차별이 전 세계적으로 증가하는 것은 우려할만한 일이다. 그렇기 때문에 다음 장에서는 근본주의적인 세계상의 구조들을 제거하고, 특히 그것이 지닌 사회심리학적인 역동성을 명확하게 밝히도록 하겠다.

우리는 첫 번째 접근방법으로 근본주의적인 세계관들을 매우 보편화된, 대부분 종교적 혹은/그리고 정치적 색깔을 띠면서 절대적인 진리와 함께 나타나는 해석 모델로서 표현할 수 있다. 또한 우리는 서로 상반된 가치의 공존체험을 이용하는 형식에서 낯선 것이 본래의 이미지에서 어떻게 나타나고, 그것에 의해 어떻게 가공되는지를 인식할 수 있다. 여기서 지그문트 프로이트(Sigmund Freud)가 자신의 인성모델로 확인했던 내부세계와 외부세계 간의 경계선, 즉 자아와 이드('내적인 외국', '완전히 끓어오르는 흥분의 주전자') 간의 경계선이 식별된다.

자아는 '경계존재'로서 자기 무의식의 '카오스'와 초자아로서 내부 심리적으로 형태를 띠는 외부세계의 요구들 사이를 중재해야 한다. 외부현실에서 낯설게 지각되는 것은 자신의 억눌린 불안과 실현되지 못한 소망들을 상기시킨다. 상반된 가치공존의 체험들은 투영이라는 방어기제를 통해 내부 심리적으로 제거된다. 자아상과 세계상을 구성하는 이러한 유형에는 특히 다음 여섯 가지 특징이 나타난다(Holzbrecher, 1997: 116 이하 참조).

① 자기 자신과 현실을 '잘 다루고자' 하는, 즉 지배하고 질서를 (되)찾으려는 소망. 갈등에 대한 자아조절과 역동성의 순간을 강조하고, 정치적 이념과 행동방식에 대항하는 격렬한 투쟁은 이러한 소망과 일치한다. 민주주의와 사회라는 개념들은 질서 파괴라는 의미에서 카오스의 표현으로서 나타난다. 이와 반대로 '공동체'는 사회의 대립개념으로서, 예를 들어 긴장과 양가감정의 체험에서 비롯되는 불안을 연결하기 위해 민족적 혹은 종교적 정체성의 형태를 띠면서 사용된다.

② 분명한 경계의 '혼합'과 '제거' 상태에 대항하는 투쟁 속에서 카오스로 느껴지는 자신의 무의식에 대항하는 투쟁이 반영된다. 이것에 관한 역사적인 사례는 특히 파시즘이다. 자신('민족' 등)의 순수성과 동질성의 사상은 민족말살, 즉 '인종청소'의 모든 형태에 기초가 된다. 구성원들은 자신들의 소속감에 안전하다고 느끼며, 자기 세계의 영역을 '신성하게' 지각한다. 자아는 공동체와 하나가 되고, 공생의 희망은 자신과 세계 지각에서 낯선 것을 체험하지 못하도록 방해한다. "순수한 믿음이 지저분한 현실을 제거한다면, 이데올로기적 청소가 시작된다."(Herzinger/Stein, 1995: 207)

③ 이러한 세계관에서는 단지 타인에 대한 가치가 부여된 경계설정의 의미에서만 차이를 생각할 수 있다. 부정적인 평가는 모든 민족이 지닌 역사적 단일성(유일성)의 이데올로기에 힘입어 은폐된다. 그것은 명백하게 서로 구분되며, 물론 동등하지 않은 단위로 구분된 하

나의 세계상을 만든다. 그래서 '인종다원주의'와 '차이의 인정'을 말하는 것은, 예를 들어 정치적으로 우측에 서 있는 집단의 수사법에 속한다. 이 말은 어느 민족 공동체가 가지고 있는 문화유산의 순수성 보존만이 다른 문화의 가치도 존중하는 능력을 보증한다는 것을 의미한다. 낯선 사람은 만약 그가 '조상 때부터 살아온 지역'의 '집'에만 있을 경우, 자기 자신의 정체성에 충실하다. 이렇게 함으로써 만약 사람들이 보다 강한 쪽에서 자기 자신을 볼 경우, 분명한 것을 중재하는 정체성의 구성은 안전한 느낌을 갖게 한다. 따라서 자아상과 세계상 구성에 대한 이러한 유형의 다른 특징이 강조된다.

④ 명백한 서열이 질서를 보증한다. 지배적인 단계의 과대망상과 권력망상은 진실과 보편타당성의 요구를 통해, 또는 드물지 않게 '선택받았다'는 생각을 통해서도 확보된다. 한쪽의 권력 있는 지위와 엘리트 의식은 다른 쪽의 복종과 믿음을 통해서만 보호된다. 양쪽의 불안과 공격은 '보다 높은 목표'를 구성함으로써 연결되고, 그렇게 해서 잠재의식 속으로 들어온다. 수많은 근본주의 집단에서 엄격한 금욕이 홍보되는 것은 우연한 일이 아니다. 모든 형태의 감성을 억압하는 것은 불안, 죄책감, 복종의 혼합물이 생성될 때 결정적인 역할을 하는 듯하다. 이것은 종교적 이단의 경우에서만이 아니라, 정치적 스펙트럼에서 비롯된 근본주의 집단의 경우에서도 이데올로기적 유래와 상관없이 확인될 수 있다. 금욕을 통해 자기 자신이 지닌 감정의 카오스를 잘 다루고자 하는 요구는 이렇게 함으로써 정치적이든 내부 심리적이든 통치의 본질적인 조건이 된다.

⑤ 영웅들을 유형화하는 것처럼 자신의 역사에 대한 신화적 변용은 죄와 공포로부터 지켜주는 역할을 한다. 정체성의 형성은 일치를 느낄수록 점점 더 과거에 의존하게 된다. 여기에서 대략적으로 설명한 자아상과 세계상을 위해 기억된 불행과 죄과는 역사고찰의 토대

가 아니라, 건국신화적 성격을 지닌다. 타인의 불안과 불행에 대한 불감증은 약한 것을 인지하는 감정의 표징을 억제하면서 자아상을 형성했다.

⑥ 앞에서 언급한 모든 특징은 자신의 세계와 다른 세계와의 경계선을 명확하게 제시했다. 이러한 사고의 가장 두드러진 증상은 친구-적 도식이다. 이것은 긍정적이거나 부정적으로 나타나는 특성들에 대해 명확하게 가치를 부여함으로써 경계가 설정된다. 이것은 자아상과 세계상에 혼란을 일으킬 수 있기 때문에 타인과 접촉을 회피하고 투쟁하게 된다. 질서와 혼돈의 경계는 분명하게 구성된 정체성의 형성으로 인해 확실해진다.

세계상이 동서 대립을 통해 형성되고 대립의 틀이 조성되었던 전후 질서의 침식 이후, 현재 우리는 세계정치의 영역에서 일원적 세계상과 다원적 세계상 간에 갈등을 경험한다. 전자는 '혼돈스럽고' 양가적으로 느껴지는 갈등들을 방지하기 위해 하나의 초강대국(미국)에 의한 세계지배 조직을 목표로 둔다. 반면에 두 번째 모델은 다수의 권력 중심축이 존재하는 세계상을 목표로 한다. 후자의 경우 갈등세력들이 균형을 이루는 것, 즉 반파괴적인 형태로 불가피하게 생성되는 긴장관계를 조성할 필요가 있다. 세계정치 분야에서 이러한 첨예화와 함께 우리의 목표는 첫 번째 단계에서 다음과 같이 분명하다.

상호문화학습은 우리 사회의 문화적 다양성, 다원(극)성, 그리고 그것과 결합된 상반된 두 개의 감정을 학습하는 기회로 삼는 것을 목표로 한다.

5 모든 가치가 동시에 타당한 것인가?: 문화적 상대성과 규범문제

"모든 것은 동일하면서 다르다." 이 공식에는 상호문화교육의 노력이 기술적으로나 규범적으로 함축되어 있다. 우리는 다문화사회에 살고 있으며, 우리의 현실은 실제로 '글로벌화'되어 있다. 다시 말하면, 전 세계적으로 통용되는 커뮤니케이션 구조, 생산 및 소비구조에 의해 좌우되고 있다. '다문화적'이라는 말은 먼저 사회학적 기술의 범주에 속한다. 우리의 도시들은 학교 교실만큼이나 다문화로 구성되어 있다. 유럽은 우리가 원하든 원치 않든지 간에 혼합과 변화가 조성되어 점점 '다채로운' 대륙으로 변화되고 있다(Dohn-Bendit/Schmid, 1993). 이러한 설명은 자아도취에 빠지게 하는 '다-문화-수사학'과는 전혀 관계가 없다. 이것은 예를 들어 가난함과 부유함 사이에서 오는 이러한 사실을 인정하는 갈등들을 생산적으로 다루기보다는 오히려 그러한 갈등들을 부정한다. 타인과의 차이는 '문화적으로 동일한' 공간에서의 삶이 정치적으로 위험한 허구보다 훨씬 더 정체를 잘 드러낸다. 그렇기 때문에 사회집단뿐만 아니라, 개별 주체에게도 점점 더 커다란 도전이 된다. 따라서 다음 단계에서는 "여기에서 어떤 결론들이 내려지는가?" 하는 질문이 중요하다. 교육제도는 점점 더 다양해지는 생활세계, 환경, 성 및 문화에 따라 현실지각과 학습의 서로 다른 형태를 어떻게 다룰 수 있고, 어떻게 다루어야 하는가?

우리가 정치와 윤리적 이유로 타인의 통치형태에 대해 평가절하를 거부한다면, 곧바로 규범의 타당성에 대한 의문이 제기된다. 어느 한 독실한 이슬람교도인 아버지가 자신의 딸에게 수학여행이나 남녀

혼성 체육수업시간에 참여하는 것을 금지시키려고 하는 경우를 생각해보자. 그렇다면 '문화상대주의적'으로 개별집단의 규율, 여기에서는 가족의 종교규율 또는 '보편주의적' 제도의 규율, 즉 학교의 규율에도 유효한 것인가? 보다 일반적으로 표현하자면, 우리는 타인과의 관계에서 초문화적이고 모든 인간에게 적용되는 가치와 규범의 표상에 근거를 둘 수 있는가, 아니면 그때그때 '상대적'으로, 즉 그들 특유의 역사적 · 사회적 발전을 고려하여 이해하고 인정하는 것이 적절한가?

보편주의적 입장은 오랜 기간 누구나 반박의 여지가 없는 타당성을 요구할 수 있었다. 그런 반면, 이러한 해석 모델은 특히 문화인류학적 연구에 의해 문제시되었다. 수세기에 걸친 유럽의 지배역사는 인종주의적 색채를 띠면서 바라보는 유럽 중심의 세계상으로 정치-경제에 기초한 비판을 통해 '상대주의적' 입장이 특히 강조되었음을 알 수 있다.

보편주의 성향의 옹호자들은 어떤 사회 또는 문화에 속하든지 인간의 공생에는 '보편적인 것들'이 존재한다는 것에서 출발한다. "따라서 그들은 역사적으로 개별사회 체계뿐만 아니라, 개인의 사고와 행위모델이 보편적인 전체 체계 내에 통합되고 단일화된다고 생각한다. 이를 통해 보편타당한 구조들이 생성된다."(Kiesel, 1996: 12) 그렇기 때문에 '초문화적 정체성', 즉 '문화를 초월하는 교육과정'을 발전시키고, 역사에 사로잡힌 것으로 간주되는 '문화'에 대한 주장을 극복하는 것이 적절하다(Kiesel, 1996: 114 이하 참조).

보편주의적 입장은 성향적으로 '진화론'에 근거한 '발전단계'를 내포한다. 그럼으로써 이 입장은 거의 불가피하게 상위의 꼭짓점에 있는 자신을 높은 가치로 간주한다. 학교는 역사적인 관점에서 보면 동질화 효과를 가져오는 보편주의적 요구를 발전시켰다는 것을 확인할 수 있다. 역사적으로 전승되고, 밀접하게 이해되는 능력 개념은 불가피하게 '타자'의 차별로 이어졌고, 급기야 규범과의 관계에서 타자의 '결핍'이 분명하게 드러나는 결과를 초래했다. 이것은 바로 다양성을 인정하는 것과 상반된다(Prengel, 1993).

문화상대주의 성향은 문화적 평등을 필요로 하며, 인종 관점을 회피하는 통찰을 요구한다. 동시에 자신의 지각과 이해에 대한 한계의 인식을 포함한다(Nieke, 2000). 공통의 규범보다는 오히려 자기 문화를 인식하고 타 문화를 민감하게 지각함으로써 문화들 간의 연결통로가 만들어질 수 있다. 각각의 관점에 대한 역사적 제약들이 강조되고, 모든 인간에게 통용되는 진술이 만들어질 수 있다는 어떤 입장이 존재한다. 바로 이런 생각을 비판하는 것은 적절하다(Kiesel, 1996: 118).

철학적 전망이든 교육학적 전망이든 양자의 입장은 첨예하게 구분되어 있다. 이와 반대로 교육현장에서는 양자택일이 중요한 것이 아니라, 이 입장들을 긴장의 장으로서 이해하는 것이 중요하다. 동시에 이렇게 함으로써 전문적인 교육행위의 본질적 특징이 양가적이고 끊임없이 변화하는 행위구조의 지각과 구성에 있다는 것이 뚜렷해진다. 이러한 활동은 성공을 거두면 거둘수록 상반되는 입장을 더욱 분명하게 한다. 그렇기 때문에 핵심어를 중심으로 핵심(+)과 그것에 대한 비판(−)이 다음과 같이 기술될 것이다(Kiesel, 1996: 111 이하; Schöfthaler, 1983: 333 이하 참조).

문화보편주의

+ 초문화적으로 유효한 '보편적인 것들'(예: 도덕체계)에서 출발한다.
+ 모든 인간에게 존재하는 '본질적인 인간다움'
+ '초문화적 지향성: (민족)문화로의 집착을 극복하고, 포괄적인 교육 개념으로 확대(예: 담론 능력이 있는 성숙한 주체)
– 역사적이고 문화적으로 제약된 차이에 대해 살펴보지 못한다. 보편적인 관점은 이성의 논리에 기초한 담론윤리처럼 스스로 인종 중심적이다.
– 보편적인 원칙은 동질화 효과를 냄과 동시에 '결핍'을 확정 · 배제시키는 효과가 있다.
– 동화적 통합개념은 소수자를 열등한 존재로 배제하는 효과가 있다.
– '진화론적' 발전단계 및 발전위계는 대부분 하위/상위가치와 결부되어 있다.
– '보편적인' 원칙을 발전시키기 위해 문화 밖에 놓여 있는 어떠한 입장도 존재하지 않는다.

문화상대주의

+ 민족적 차이와 문화적 다양성의 인정
+ 타인의 특별한 역사-사회적 문맥('자신의 것에 대한 논리')에서 타인의 이해
+ 문화의 '동등성', 민족 중심적인 관점으로의 기회
+ 상호 주관적 인정: 자아존중과 타자존중처럼 타자지각과 자아지각을 통한 변증법
– 등가(等價)의 요구는 가치의 상대주의/무-관심으로, 즉 행위의 무능력으로 이끌 수 있다.
– 인권침해에 대한 정당화의 위험이 '문화적으로 제약된 것으로서' 수

용될 수 있다.

— 갈등해결의 기준이 제시되지 않는다.

— (제도적인) 교육현장에서는 고수될 수 없다.

수행과제

- 교육현장에서 보편적 타당성(학교라는 제도 측면에서)과 인종집단의 소수이해관계 간의 갈등이 두드러지게 나타나는 사례를 수집하시오.
- 당신이 '보편주의'와 '상대주의' 사이에서 긴장의 장에 놓여 있는 것을 고려하여 이것을 논의하시오.

상호문화교육과 관련해서 키젤(Kiesel)은 '상호작용적 성향'을 옹호한다. 상호작용적 성향과 함께 정체성 확립은 다양한 상호작용 파트너들과 모순되는 행위요구를 하는 상호작용의 과정이라고 묘사된다. 상호문화과정에서 공동으로 지향하는 틀을 발전시켜야 한다. 이것은 공동의 상호문화적 일상지식을 부여하기 위해 새로운 의미를 서로 이해하는 데 목표를 두고, 계속해서 다양한 일상이론의 조정을 요구한다(Kiesel, 1996: 209 이하 참조). 니케(Nieke)는 담론윤리의 연장선에서 '상호이해의 윤리'를 요구했다. 상호이해의 윤리에서는 "문화세계와 생활세계의 경계로 인해 나타날 수 있는 '의사소통의 제한'도 의식적이 되고 근본적으로 지양될 수 있다."(Nieke, 2000: 185)

6 상호문화적 의사소통의 걸림돌: 우리는 서로 이해하지 못한다

한 여학생이 학교에서 흡연을 했다는 혐의를 받는다. 학교에 불려간 아이의 부모는 딸이 "품행이 바른 여자아이"라고 주장했으며, 절대 그런 짓을 하지 않았을 것이라고 말한다. 하지만 교장은 이 사실을 확신할 수 없다. 나중에 확인된 바에 따르면, 이 여학생은 "교장의 눈을 단 한 번도 마주치려고 하지 않았다"는 행동을 해서 의심받은 것으로 밝혀졌다. 교장은 다른 많은 나라에서 눈을 피하는 행동이 존중과 복종의 증거가 된다는 것을 알지 못했다. 이와 반대로 독일사회에서는 시선을 마주하는 것이 정직함의 증거로서 작용한다. 수업시간에 상상력을 가지지 못하면 '상호작용의 단절' 상황이 발생한다. 교사가 질문할 경우, 시선을 회피하는 (터키, 아랍권, 아프리카 등지에서 온) 학생의 행동 때문에 그 학생은 교사 자신의 설명을 제대로 이해하지 못했다는 인상을 받게 된다. 그래서 교사는 추가적인 설명을 하기 시작하고 더불어 신경질적이 된다. 학생은 교사가 항상 모든 것을 반복해서 설명하는 데에서 학생을 얼마나 멍청하게 여기면 저럴까 하는 의문을 갖게 된다. 그래서 교사와 학생 양쪽 모두 불편하게 느낄 것이고, 상대방에 대해 서로 비호의적인 반응을 나타낼 것이다.

이 사례는 상호문화적 의사소통을 성공시키는 데 있어서 언어적인 능력만 중요한 역할을 하는 것이 아니라는 것을 명백히 보여준다. 훨씬 더 큰 의미에서 비언어적 표현은 자세히 관찰할 때에야 비로소 문화적인 코드로서 알려지는 상호작용 현상에 영향을 미친다. 이것은 언어적 소통이 명확하지 않을수록 몸짓기호, 제스처 그리고 다른

'부가 현상'들이 더 뚜렷해진다는 데 기인한다.

한 터키인 어머니가 학부모 모임에 참석했지만 교사가 말하는 것을 모두 이해하지 못할 경우, 무의식적으로 교사의 몸짓, 손짓, 눈짓 혹은 목소리에 더 많은 주의를 기울이고, 이런 기호에 대해 자신이 문화적으로 학습된 의미를 부여할 것이다. 그러나 이것은 원래 교사가 말하고자 했던 것과 항상 일치하는 것은 아니다. 왜냐하면 몸짓기호의 해석은 문화를 기반으로 하는 배경에서만 파생되는 것이 아니라, 학부모 모임이라는 상황에서 교사와 터키인 어머니 사이 혹은 교사와 이주자가정의 학생 사이에 발생하는 권력구조의 차이, 즉 역할구조의 텍스트 내에서 해석되기 때문이다. 문화 공간 내에서 큰 스펙트럼처럼 비언어적 의사소통 의미의 인식은 교육의 전문성을 발전시키는 데 매우 중요하다. 자신의 문화에 기반을 두고 형성된 신체언어의 효과에 대한 지식은 의식적으로 형상화되어 통용될 수 있는 일종의 전제조건이다.

수행과제

- 앞으로 매일 한 가지씩 신체언어적 의사소통과 관련된 독특한 제스처에 초점을 맞추어 평소보다 의식적으로 당신과 마주치는 사람들을 관찰하고, 그들의 신체언어적 기호를 생각하시오.
- 동시에 당신 자신의 신체언어적 표현 또한 더 강하게 의식하시오. 나는 타인에게 어떤 영향을 끼칠 수 있는가?
- 그들은 나의 신체언어적 표현을 어떻게 해석할 것인가? 나는 무엇을 표현할 것인가?

신체적 거리

남유럽, 아랍권 혹은 남아메리카 문화권과 같이 '접촉' 혹은 '접촉문화권'의 구성원들은 대부분 매우 가까운 곳에서 서로를 마주보고 이야기한다. 따라서 서로에게 더 큰 유대감을 느끼는 것을 당연하게 여기며, 서로 눈을 더 자주 마주친다. 이들은 북유럽이나 일본과 같이 '거리가 멀리 떨어진 문화'에 있는 사람들과 대화할 때보다 목소리를 더 크게 낸다(Apeltauer, 1995: 135). "인사를 하는 경우, 거리감 또는 근접성은 주로 제스처나 신체접촉의 리듬과 같은 측면과 결부되어 있다. 얼마나 오랫동안 서로 손을 잡고 있어야 하는가, 손을 잡는 세기를 어느 정도로 해야 하는가, 나머지 한 손도 같이 마주 잡아야 하는가? 포옹을 할 것인지, 입맞춤을 할 것인지, 만약 한다면 어떻게, 어디에서 얼마나 자주? 사람들이 서로 거리를 유지한 채 일정한 형식의 인사를 할 경우, 예를 들어 절과 같이 겸손한 자세에 의거한 제스처의 형식이 있는가? 눈빛으로 인사하는 것으로 충분한가? 누가 인사방식을 결정하는 것인가?"(Oomen-Welke, 2003: 75)

수행과제

나는 거리감에 대해 어느 정도 가까이 혹은 어떤 상황에서, 어떤 상호작용 상대자와 '적절'하고 편안하다고 느끼는가? 나는 누군가가 '너무 가까이 다가오면' 어떻게 반응하는가?

자세

수행과제

- 이웃 사람의 행동을 설명할 수 있는 알맞은 형용사를 찾아내거나 생각하시오. 가장 좋은 방법은 카페에 앉아서 지나가는 사람들을 마치 연극무대의 배우들을 바라보듯이 관찰하고 난 후 간단하게 작성하는 것이다. 이 사람의 자세와 걸음걸이 속도는 그에 관해 무엇을 말할 수 있을까?
- 이 사람은 어디 출신이며, 어디로 가고 있고, 무엇을 계획하고 있는가? '다르게' 보이는 이방인들은 다른 방식으로 걸어가는가? 이러한 자세로 놀이를 해보고 시험해 보시오. 어떤 '역할'이 당신 자신에게 가장 잘 어울리는가? 당신은 어떤 역할을 맡고 싶은가?

몸짓/표정

수행과제

앞에서 한 연습을 이번에는 '표정을 읽으면서' 더욱 발전시키시오. 이어서 거울 앞에 서서 생각하고 있는 다양한 '성격'을 모방하시오. 사진 작업을 위한 자극: (경우에 따라서는 학생들과 함께) 다양한 표정이 드러난 사진을 모아서 그에 따른 설명을 생각하시오.

제스처

제스처의 영역은 다른 문화적 관습에 거의 종속되지 않는다. 예컨대 '동그라미 표시'(엄지와 검지는 서로 접촉하고, 나머지 손가락들은 느슨하게 풀려져 있는 상태)는 영국, 독일, 스칸디나비아 반도 그리고 스페인에서 '좋다'라는 의미를, 프랑스에서는 '숫자 0'을, 남 · 동유럽지역에서는 상스러운 의미를, 튀니지에서는 협박, 그리고 한국에서는 돈이라는 의미를 지닌다(Apeltauer, 1995: 130 이하 참조).

긍정 표시와 부정 표시에서도 큰 차이가 존재한다. 대부분의 나라에서는 고개를 끄덕거리는 것이 '맞다'는 긍정 표시를 나타내는 반면, 그리스와 남부 이탈리아 그리고 터키에서는 고개를 들어올리는, 심지어는 눈썹을 위로 치켜뜨는 행위만으로도 부정 표시가 된다. "자세히 보지 않는 사람은 이러한 제스처를 우리의 전형적인 긍정 표시로 혼동할 수 있다. 왜냐하면 이것은 일반적으로 반복되고 그에 따라 머리 또한 다시 낮아지기 때문이다."(Apeltauer, 1995: 131)

누군가를 부르는 것은 주로 들어 올린 손의 손바닥을 몸 쪽으로 향하게 하고, 검지를 앞뒤로 움직이면서 표현된다. 그러나 그리스나 아랍권에 있는 나라들은 이러한 표현을 불쾌한 것으로 간주한다. 이런 방식은 매춘부나 개를 부를 때 사용되는 표현이기 때문이다.

수행과제

- 교사는 수업시간에 사진 또는 동영상을 찍어서 되도록 그룹을 형성하여 시각적으로만 인지할 수 있는 기호를 바탕으로 자신의 자세나 제스처를 해석하시오. 이 표시들은 얼마나 정확한가?
- 언어적 어려움으로 인해 보이는 것에 대한 의미에 의존할 수밖에 없는 사람은 어떤 결론에 도달할 수 있을 것인가?

신체 접촉

"독일의 홈스테이 주인들은 프랑스의 여자 교환학생이 키스를 받으려고 뺨을 내미는 동안 악수를 청하지만, 자신의 인사가 무시되었다는 생각에 여자아이는 불안해하고 실망한다. 자신이 환영받지 못한 것일까? 왜 이렇게 쌀쌀맞게 대하는가? 반대의 경우, 독일의 여자 교환학생은 프랑스의 홈스테이 주인들이 자신의 뺨에 뽀뽀를 하려고 하자 깜짝 놀라며 뒤로 물러선다. 이 프랑스인 부부는 그녀를 이상하게 여기며 괴벽을 가진 것으로 추측한다. 또한 이 독일 여학생이 자신들을 부담스럽게 여긴다고 말이다. 이런 식으로는 서로 어려운 관계만 형성될 뿐이다."(Oomen-Welke, 2003: 75)

수행과제

인사법은 인간의 첫 번째 접촉 가능성에 대한 다양성과 잘못된 해석의 위험성을 연구하기 위한 가장 좋은 분야다. 사람들이 어떤 상황에서 어떤 방식으로 서로에게 인사를 하는지 머릿속에 생생히 그려보고, 당신이 친한 친구와 회사 사장 혹은 프랑스인 동료에게 인사할 경우, 어떻게 다양하게 행동하는지를 구체적으로 표현하시오.

시선 접촉

우리 독일사회에서 시선을 회피하는 사람은 바로 신뢰할 수 없는 사람이라고 판단된다. 왜냐하면 눈을 직접적으로 마주치는 행위는 진실함과 정직함의 상징이 되기 때문이다. 북아프리카나 터키의 시골에서는 오늘날까지도 여전히 여성들이 남성들의 눈을 똑바로 쳐다보는 것을 허용하지 않고 있다. 여성의 눈 마주침이 '유혹'이라고 생각하기 때문이다(Apeltauer, 1995: 138).

수행과제

당신은 길거리나 강의실 등에서 타인으로부터 응시되는 것에 대해 불편함을 느껴 보았는가? 예를 들어 당신 주변 사람들은 당신이 '필요' 이상으로 시선 접촉을 할 때 어떤 반응을 보이는가? 이러한 반응을 어떻게 해석하는가?

목소리(속도, 소리 톤, 소리 강도)

독일이나 일본 등에서는 큰 소리로 말하는 것을 버릇없거나 교양이 없는 것으로 취급되는 반면, 남유럽권의 국가들에서는 조용히 말하는 것이 소심함과 비굴함을 연상시킨다. 예를 들어 한 프랑스 여성이 독일 여성보다 높은 목소리로 말할 경우, 그 여성은 독일에서 히스테리하거나 잘난 체하는 것으로 평가받을 수 있다.

수행과제

누군가 단조로운 어조로 말하거나 더 큰 음역대로 말할 때, 더 깊은 울림을 가지고 말하거나 높은 톤으로 말할 때, 큰 목소리로 말하거나 조용한 목소리로 말할 때, 느리거나 빨리 말할 때 등에 대한 평가를 하시오. 문화적 배경이 목소리의 역할에 어느 정도의 영향력을 행사하는지 확인하시오.

말의 휴지(休止)

누가, 언제, 어디서 그리고 어떤 형식으로 말할 기회를 가지는지, 즉 말의 휴지를 준수하는 것 역시 문화적인 관습에 기초한다. "단어 이해에 대한 정당성은 지위, 즉 권력 포함의 정도 그리고 보다 효율적인 상황판단에 의해 결정된다. 많은 문화권에서는 지위가 높은 사람이 말할 때 조용히 있는 것을 예의라고 여긴다. 수많은 평등권 문화에서는 (어떤 상황이냐에 달려 있지만) 자신의 차례가 오기 전에 되도록 화자의 말을 끝까지 듣는 것이 적절하다고 본다. 이 두 가지 방식의 결합은 독일어권과 다른 많은 나라의 학교에서 규칙으로 간주된다. 교사가 언제나 발화의 우위권을 가지며, 학생들의 대화교육은 이러한 근본적으로 점진적인 대화지분을 확보한다. 중간에 끼어들거나, 교사가 말할 때 동시에 말하는 것과 같이 규칙에 어긋나는 행동은 예의가 없는 것으로 간주된다."(Oomen-Welke, 2003: 77)

미국에서 공부하는 한국인 유학생들은 영어지식에 대해 시험을 치를 때 대부분 간결한 대답만 시험지에 작성했다는 이유로 많은 학생들이 시험에 통과하지 못했다. "조사에 따르면 첫째, 교사를 포함한 높은 직위의 사람에게 길고 장황한 답안지를 제출하는 것은 원칙적으로 예의에 어긋나며, 둘째, 마찬가지로 사적 활동을 자세하게 기술하는 것 또한 무례하거나 부적절한 것으로 취급되고, 셋째, 교사가 학생에게 반문하며 답변을 보다 정확하게 증명하라고 요청하는 것은 한국의 수업 또는 시험원칙에 해당한다. 그러나 실제로 이러한 반문은 교사의 지위를 강화하는 데 이용된다. 따라서 이러한 반문에 대해 학생이 부가적인 설명을 덧붙이는 것 또한 적절하지 못하다고 취급받는다."(Klages-Kubitzki, 1997: 196; Oomen-Welke, 2003: 77에서 재인용)

성공적 또는 방해받는 의사소통이 되는 것은 몸짓언어 기호와 더불어 다른 수많은 요소에 달려 있다.

사회적 지위

학부모들과 면담할 때 우월감을 갖지 않으려고 노력하는 교사들 또한 종종 자신의 직업을 더 '높은' 지위로 간주하고, 그에 걸맞게(정중하게? 조심스럽게? 조용하게? 비굴하게?) 행동한다는 것을 의식해야 한다. 나이와 성별은 어떤 특정한 지위를 부가하는 데 종종 중요한 역할을 한다.

문화적 사고의 모형

목표를 확실히 정하고, 체계적인 방법으로 목표에 도달하기 위해 '효과적인' 수단을 찾는다. 일정한 사고모형의 근본은 쉽게 경제적인 분야, 결국 그 중심에 기술적인 실행 가능성이 존재하는 일종의 세계관 속에서 발견할 수 있다. 산업화된 사회에서는 이러한 형식적인 구축을 통한 사고모형의 인용이 경제적 성공과 높은 사회적 지위를 획득하기 위한 전제조건이 된다. 그러나 일상적인 대화는 다른 논리에 입각한다. 이 경우 대화를 나누는 실상은 보다 '연상적으로 포장'되거나 놀이로서 접근되는, 즉 하나의 생각이 다른 어떤 생각을 뒤따르는 형식을 취한다. 이러한 두 가지 사고모형은 시대에 따른 역사문화에서 가지가 사방에 뿌리내리는 사고문화와 일치한다.

대화에서 A는 자신의 일정한 노정에서 원래의 주제로 빠르게 되돌아갈 수 있다. 이와 반대로 B는 대화를 '부차적인' 관점으로 시작한다. 이것은 그가 이런 방식으로 대화를 이끌어나가는 것이 조화로운 분위기와 효과적인 합의를 만들 수 있을 것이라고 간주하기 때문이다. A에게는 의사소통에서의 문맥이 중요하지 않은 반면, B에게는 보다 중요한 역할을 한다는 것을 알 수 있다. B는 대화가 어떤 방식으로(비언어적 방식을 포함해서) 표현되는 것이 더 분명한지를 확실히 깨닫고 있다. 말의 형식과 억양, 즉 함축적인 신호들은 명시적으로 보이는 것, 즉 내용보다 더 큰 효과를 나타낼 수 있다. A와 B가 마주칠 경우, 오해가 일어날 것은 불을 보듯 뻔하다.

상황적 문맥의 평가

의사소통연구에서는 '열린', '추측되는', '폐쇄적' 그리고 '명목상의 문맥'을 구분한다(Apeltauer, 1995: 119 이하 참조). '열린 문맥'에서는 역할이 분명하고, 단어나 제스처의 의미가 대중적으로 알려졌으며, 모든 대화상대자들은 방해가 있을 경우 이에 대한 논의를 할 수 있을 정도의 능력을 지니고 있다. 이와는 반대로 '폐쇄적 문맥'에서는 서로에 대해 아무것도 알지 못한다(이를 연상하기 위해 우리는 아프리카의 원주민과 처음 접촉하는 탐험가를 떠올릴 수 있다). 이 두 문맥 사이 어딘가에 있는, 타인을 알고 이해하는 '추측되는 문맥'이 중요시된다.

상호문화적 의사소통은 서로의 상대자가 타인에 대해 완전히 낯설지 않을 경우, 대략 자신에 대한 '타인의 관점'이 불완전한 '추측되는 문맥' 정도의 수준일 때 발생한다. 사람들은 다만 더듬어가면서 앞으로 나아갈 수 있을 뿐이고, 상대방의 모든 행동을 인식하고 이러한 행동들에 대해 어떤 평가를 내릴 수 있을지, 즉 어떤 '적절한 방법'으로 대처해야 하는지를 자문할 것이다. 그렇지 않다면 상대방의 심기를 불편하게 만들 수 있기 때문이다.

더 자세히 관찰한다면 내부 문화적인 일상대화의 큰 부분이 '명목상의 문맥'으로 움직이고, 단지 점진적인 차이점들만 확인될 수 있다는 것을 알 수 있다. 지속적인 접촉을 위해 사람들은 타인을 이해하는 것처럼 행동한다. 그리고 사람들은 타인에게 특정한 의도를 두고, 인지한 기호들을 특정한 방법으로 해석한다.

낯선 이에 대한 '내재적 상(像)'

낯선 이를 인지하는 것은 대부분 사전의 표상이미지에 의해 영향을 받았거나 채색된 것이다. 이러한 선입견을 가지고 실상을 파악하는 것은 어려운 일이다. 특히 '선입견의 해체'로 형성되는 언어적 그림은 돌담을 연상시키는데, 이 담을 허물었을 때에야 비로소 순수한 시선으로 실상을 파악할 수 있다. 이와 반대로 '내적으로 확정된 이미지' 혹은 '표상이미지'라고 불리는 개념은 인지과정의 심리적 역동성을 연상케 한다. 우리가 무엇인가를 보거나, 듣거나, 냄새를 맡거나, 맛을 보거나, 감촉을 느끼는 등의 감각적 자극들은 우리가 여태껏 경험해왔던 것과 비교되면서 우리 안의 특정한 기억들을 상기시킨다. 이미지로 말하자면 일종의 '정서적 채색'이라고 볼 수 있다. 이것은 속성과 역동성에 있어서 주로 지금까지의 일상적 혹은 역사적 경험에 의존한다. 표상이미지의 세계는 각각의 감각적 자극을 조화로운 상(像)으로 재빠르게 '고평가'할 수 있게 한다. 그래서 우리는 자아가치 의식을 안정시킬 수 있고, 그럼으로써 세상에서 방향감각을 빠르게 구축할 수 있다.

한편으로 모든 사람은 특정한 생애사적 경험을 한다. 이 경험은 자신의 지각세계에서 '전형적인 모형', 즉 표상이미지로 굳어진다. 다른 한편으로는 사회집단이나 문화가 (광의의 의미에서) 공동의 사고, 전통

그리고 역사적 경험들을 바탕으로 어떤 큰 의미를 부여하는 '이미지 세계'를 생산한다는 견해는 적절하다. 그래서 이스라엘인과 독일인 간의 접촉은 대학살이라는 경험이 더 큰 개연성을 가지고 스며들어 있다. 비록 트라우마의 경험이 상대방의 이미지에 영향을 끼치지 않는다 하더라도 대부분 어떤 정형화된 사고의 틀이 구성된다. '자신'의 집단에 대한 이미지는 긍정적으로 구축되는 반면, '다른' 집단에 대해서는 부정적인 이미지를 불러일으켜 자기 자신의 가치를 높이는 데 사용된다. 이러한 생각들은 우리에게 색안경을 낀 채 다른 사람들을 지각하도록 한다. 이러한 '색안경'의 은유는 지각의 구성을 매우 분명하게 한다. 우리는 타인에게서 우리가 보고 싶은 것만 본다는 것이다.

그러나 우리가 '거짓 없는' 인상을 얻기 위해 이런 색안경을 벗는다는 것은 잘못된 생각이다. 구성주의의 인식론에 따르면, '실제' 그 자체는 인식할 수 없다. 다만 주관적이고 집단적인 경험으로 구성되어 큰 의미를 가지는 '현실'의 형태로 나타날 뿐이다.

웹 사이트 안내

인터넷(특히 학문적 연구소의 웹 사이트)에서는 문화에 제약을 받는 행동방식의 사례들과 관련된 많은 텍스트가 있고, 그것을 통해 발생할 수 있는 의사소통의 방해요소들이 있다(탐색어 예: 상호문화적 의사소통, 상호문화적 의사소통을 방해하는 요소 등).

7 의사소통모델과 사례

상호문화적 의사소통 능력은 언어적 측면을 제외하고는 많은 부분에 '감정이입'이라는 개념을 통합하는 감정적이고 사회적인 부분

능력들로 구성된다. 그 밖에 여전히 '외부로부터의' 갈등과 방해, 즉 어떤 이론적인 입장에서 비판적으로 연구하게 해주는 '재귀성'이 문제가 된다. 이것은 이러한 분석 작업을 통해 직업적인 일상을 더욱 민감하게 하는 교육적 전문성에 대한 근본적인 부분이다. 다음에 소개하는 의사소통모델(Schulz-von Thun, 1981)은 다양한 방법으로 '타인의 흔적(waldenfels)'을 찾도록 기회를 제공하고, 그에 따른 낯선 것의 이해 과정을 경우에 따라 자아-확신으로 사용하도록 기회를 제공한다.

프리트만 슐츠 폰 툰(Friedmann Schulz-von Thun)은 한 '화자'가 신호를 보낼 경우에 의사소통의 네 가지 영역을 구분했다.

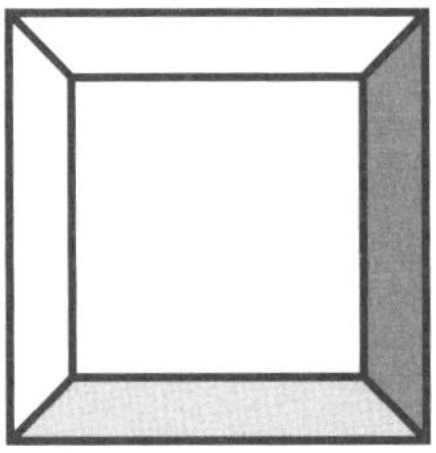

사례

아이젤(Aysel)이라는 터키 여학생이 교실 앞에서 교사를 기다리고 있다. 그녀는 교사에게 중요한 것을 알리고자 한다. 드디어 교사가 교실 앞에 도착했을 때, 그녀는 말한다. "저는 선생님을 네 개의 눈으로 기다리고 있었어요." 교사는 그녀의 말을 중단시키면서 "아이젤, 첫째로 '저는 선생님을 기다리고 있었어요'라고 말하는 것이고, 둘째로 사람은 한 쌍의 눈밖에 가지고 있지 않아. 아마도 네 개의 티눈은 있을 수 있지만……."(Wallrabenstein, 1996: 14)

사실단계에서 아이젤은 터키어의 표현에서 유래된 단어('네 개의 눈')를 번역함으로써 자신의 위급한 상황을 대화로 나타내고자 했다. 자아공개단계에서 그녀는 개인으로서 특정한 욕구와 터키어를 구사하는 구성원으로서 '네 개의 눈'이라는 은유를 보여주었다. 그녀가 교사를 상대로 이러한 문장을 표현한 관계는 이 텍스트만 관찰해서는 판단하기 어렵지만, 언어와 같이 부가된 추가정보(제스처, 자세, 문맥 등)가 중요한 역할을 할 것이다. 교사의 대답을 통해 이후 그녀가 제시할 호소로서 함축된 메시지 "나와 대화하기 위해서는 너는 시간이 필요하구나"라는 문장이 쉽게 추론될 수 있다.

슐츠 폰 툰(Schulz-von Thun)의 모델은 또한 청자를 포함시키고 있다. 청자는 무엇인가를 이해하기 위해 '네 개의 귀'를 가지고 있다. 원래 사실적인 정보만 식별하는 사람은 '사실의 귀'로 듣고, 다른 단계는 무시한다. 이 단어들은 무엇을 말하고 있는가? 이 단어들은 (정확하게) 어떠한 의미를 지니고 있는가? 다른 사람들은 함축적으로 무슨 말을 하려고 하는가? 언어에 부가된 어떤 추가정보(제스처, 자세, 목소리, 소리의 강도)가 대화를 하는 데 있어서 의사소통의 의도를 뒷받침하고 있는가?

이와 반대로 '관계의 귀'는 첫 번째로 '어떻게', 즉 정서적인 메시지 혹은 복합적인 질적인 관계를 식별하는 상황에서 분명하게 나타난다. 이렇게 표현함으로써 화자는 나/우리에게 어떤 관계를 구성하려고 하는가? 화자는 나의 상황이나 상황의 차이를 어떻게 해석하는가?

분명하게 드러나는 '호소의 귀'는 대화자들이 무엇을 할 것인가라는 메시지를 읽는 상황에서 확인될 수 있다. 타인은 나/우리에게 의식적 또는 무의식적으로 어떤 행위를 요구하는가?

'자아공개의 귀'로 듣는 능력은 타인이 자신과 자신의 세계상 및 자신의 상황에 대해 진술하고자 하는 것을 발견하도록 노력하는 것을 내포한다. '낯선 것의 이해'에 관해 이야기될 경우, 능력은 자아공개의 귀로 듣는다는 것을 의미한다.

수행과제

- 교사는 어떤 '귀'로 듣는가? 교사는 이런 반응으로 자신에 대해 무엇을 말하고자 하는가? 학생과의 관계에서 어떤 질적인 관계가 나타나는가?
- 의사소통모델(화자-청자의 관점)을 통해 의사소통 또는 수업방해요소에 대한 다음 사례를 분석하고 논의하시오.

어떤 7학년 교실에서 학생들은 학교의 전통인 농업 프로젝트(농장 경영자의 방문 등)라는 과제를 바로 끝마쳤다. 결과물은 부모들에게 소개되었다. 저녁모임을 준비하고 있을 때였다. 시리아에서 온 한 남학생이—그를 하페즈라고 부르기로 하자—(활기 있게) "전 아랍음식을 가지고 올게요!"라고 말했다. 교사는 신중한 반응을 보이며 어머니께 모든 부담을 주면 안 된다고 반대했다. 하페즈는 (즉각적이고 승리감에 도취된 듯한 웃음을 띠며) "전 여동생도 있는데요"라고 말했다. 그러자 교사는 "우리의 작은 마초"라고 말했다. 그리고 교사는 그에게 다가가 그의 비꼬는 말투를 질책했다(Auernheimer, 1996: 50).

당신은 3주 전부터 두 명의 터키 남학생이 있는 6학년 A반의 수업을 맡고 있다. 그 두 명은 같은 반의 학생들보다 나이가 두 살 정도 많고, 아직 6개월 정도밖에 독일에 살지 않았기 때문에 독일어가 서툴다. 그들은 종종 수업을 방해한다. 왜냐하면 그들이 수업 중 많은 것을 이해하지 못했기 때문이다. 또한 그들은 많은 것, 가령 독일 역사나 독일 지리에 대해 흥미를 느끼지 못한다. 수업이 지루하다고 느껴질 때면 그들은 자리에서 일어나 교실을 이리저리 뛰어다니며 학우들의 물건을 빼앗거나 그들을 화나게 한다. 그러면 항상 무슨 일이 발생하고, 그 두 아이는 반에서 계속적인 수업이 불가능할 정도로 말썽을 부린다. 훈계는 거의 효과가 없다고 생각하면 된다. 당신이 그들에게 자리에 앉으라고 강하게 지적하면 처음 한동안은 말을 듣는 것처럼 보이지만, 몇 분이 지나면 다시 모든 것을 잊고 두 학생은 다시 교실을 헤집고 다닌다. 결국 조용한 수업 분위기를 요청하는 학생들을 위해 당신은 그들의 행동을 제지할 필요가 있다. 따라서 당신은 방과 후에 그 두 학생을 불러서 그들이 어떤 것에 불만인지 단호하게 물어보고, 전에 터키 학교에 있을 때도 이런 식으로 행동했는지를 묻는다. 그중 한 남학생이 당신을 보며 말한다. "원래 저희도 착하게 행동했어요. 하지만 독일 선생님들은 체벌을 안 해요. 독일 선생님들은 제대로 된 선생님들이 아니에요."(Becker, 1995: 156)

열두 살짜리 터키 남자아이인 위날은 여교사인 P가 맡은 4학년 반에서 유일무이한 터키 학생이 아니다. 그녀는 다른 학생들과는 문제가 없다. 터키 학생 중 두 명은 위날과 마찬가지로 학년이 끝나갈 때쯤 독일어를 한마디도 못한 채 전학을 왔다. 하지만 최근에 다음과 같은 현상이 계속 발생하고 있다. 1교시에 위날은 수업에 전혀 참여하지 않은 채 앉아만 있다. 그는 손을 들지 않기 때문에 호명도 되지 않는다. 2교시에 그는 갑자기 부산스러워진다. 그는 자주 뒤를 돌아보고 자신의 짝, 앞에 앉은 사람 혹은 다른 터키 학생들과 대화를 해보려고 시도한다. 하지만 그들은 그에게 관심을 갖지 않는다. 또한 위날은 물건을 자주 떨어뜨린다. 그는 의자 밑에 엎드려서 자신의 책과 필기도구를 찾으려고 애쓴다. P교사는 그런 모습을 보고서 '또 시작이군'이라는 생각을 하며 끙끙거린다. 그녀는 이제 제발 그만 자리에 앉고 다른 터키 친구들과 마찬가지로 수업에 참여하라며 위날을 야단친다. 그는 교사의 호통에 위축되면서도 자신의 짝이 자기 물건들을 바닥에 떨어뜨렸다고 주장한다. 그러면서 그는 짝의 책을 바닥으로 밀어버린다. 이에 그 짝은 자리에서 일어서서 그런 행동을 용납할 수 없다며 거세게 항의하고 위날을 향해 덤벼들려고 한다.

P교사는 여기에 개입하여 거짓말하지 말라고 하면서 위날을 꾸짖는다. 또한 그녀는 위날이 잘못을 저지르는 것을 보았다고 말한다. 위날에게 모두

의 이목이 집중된다. 교사는 그의 짝을 쳐다보면서 진정시키고 달래려고 노력한다. 위날은 그 틈을 타 소리를 지르며 교실을 이리저리 뛰어다닌다. 이에 P교사는 마음의 평정을 잃는다. 그녀는 위날에게 당장 자리에 앉으라고 야단을 친다. 그녀는 그의 행동에 유감을 표하며, 자신은 방해받지 않고 수업을 하고 싶다고 말한다. 또한 그녀는 위날의 아버지에게 연락을 취할 것이라고 경고한다(Schmidtke, 1981: 183).

이탈리아, 터키 그리고 모로코 등 타국에서 온 학생들이 다수 포함되어 있는 한 학급이 수련회를 가게 되었다. 도착 후에 학생들은 설거지를 맡아서 하기로 약속했다. 설거지 담당 조를 짜는데, 한 터키 남학생이 손을 들며 설거지를 하는 일에 대해 거부 의사를 표시했다. 자신의 집에서 남자들은 절대 설거지를 하지 않으며, 따라서 여기서도 설거지를 할 수 없다는 것이 그의 주장이었다. 담임교사는 이 의견을 받아들여 그 학생을 설거지 담당 조에서 제외시켰다. 다른 아이들은 이에 대해 매우 화가 나서 나중에 집에 돌아갔을 때 부모들에게 이런 상황에 대해 설명했다. 그리고 이는 학교에 대한 항의로 이어졌다(Offenburger 재직 동료교사의 보고서).

방해와 갈등요소를 분석하는 것은 그에 대한 원인을 발견하고, 갈등 혹은 상호작용 모형을 만들기 위한 목표와 직결된다. 원인을 밝혀내는(이해하는) 것은 '어려운 일상적인 상황'을 지적하는 방해요소를 이해시키는 것과는 아무 관련이 없다.

스스로 성찰한다는 의미에서 타인의 '개별논리' 및 주관적인 행위이유에 대한 분석적 이해와 자신의 의미모형에 근거한 평가 간의 차이점을 파악하는 것은 근본적으로 상호문화적 능력과 교육의 전문성에 속한다. 우리가 일상적인 지각에서 이 두 가지를 서로 혼합시켜 적용했기 때문에, 즉 '이해'를 종종 '용서'와 동일시했기 때문에 이것을 강조하는 것은 그만큼 더 중요해 보인다.

앞에서 언급한 의사소통모델은 화자와 청자 양쪽의 행위를 위한 분석적 도구를 제공하며, 이러한 도구를 통해 또 다른 질문들이 제시될 수 있다.

수행과제

사례를 분석하는 자극요소

- 갈등의 '사실단계'로서 무엇이 동일시되는가? 이 사실단계는 양쪽에게 동일한가 혹은 상이한가?
- '자아공개': 어떤 주관적인 행위원인이 학생들의 행동을 위해 동일시되는가? 학생들은 자신과 자신의 일상생활 및 지금까지 제도로서 학교에서의 경험 등 무엇을 진술할 수 있는가?
- 학생들은 교사와의 태도에서 '관계'의 어떤 형태를 표현하는가?
- 학생들의 행동방식에서 어떤 '호소'가 추론될 수 있는가?
- 만약 당신이 뚜렷한 '사실의 귀'를 가졌거나, 원래 '호소의 귀'나 '관계의 귀' 혹은 '자아공개의 귀'로 지각했을 경우, 이와 유사한 상황에서 어떻게 반응할 것인가?
- 만약 여기에서 이주 배경을 지닌 자녀들이 관련 없을 경우, 이 사례의 의미에서 무엇이 달라질 수 있는가?

상호문화교육의 많은 저자들(예: Diehm/Radtke, 1999; Bukow, 1996)은 갈등의 인종화 혹은 문화화의 사례에 대해 경고한다. 학교 내에서 거의 반사적으로 사춘기를 겪고 있는 '터키 출신 소년' 혹은 '무슬림 출신 소년들'은 여교사의 권위를 수용하는 데 어려움을 느낄 것이다(Auernheimer 외, 1996). 이와 반대로 독일가정에서 자란 남자아이에게는 이러한 태도를 설명하기 위한 심리적 또는 심리사회학적인 개연성이 부여될 것이다. '인종화'되고 '문화화'된 의미모형의 위험성은 '터키인' 혹은 '이슬람인'이라는 정체성에 대한 상투적 이미지가 함축되어 있는 유일한 사례나 다른 해석에 의해 형성된다는 데 있다. 이러한 포괄적 논리는 당연히 지향성을 단순화시킬 것이고, 같은 종류의 다른 상황들이 이와 크게 다르지 않은 현실을 보여준다는 것이다. 그리고 그에 대해 잘 알고 있다는 느낌을 갖게 할 것이다. 그뿐만 아니라 이러한 의미모형은 이주자 자녀들이 정상적인 수업 흐름을 방해한다는 문제점을 처음부터 지니고 있다는 견해를 확장시켜 사람들이 이런 아이들의 특징을 일반화시키는 것을 촉진시킬 것이다.

수행과제

교사들이 수업에서 (성별, 환경에 따른) 문화적 차이를 어떻게 다루는지 관찰하시오. 교사들이 어떤 태도를 취하며, 이런 태도를 정당화시키기 위해 어떤 주관적 이론을 계획하고 있는가? '인종화'되고 '문화화'된 의미모형이 교사들에게 영향을 미치게 된 원인을 논의하시오.

8 교환학생 프로그램: 상호문화적 의사소통의 위기

교환학생 프로그램은 청소년들에게 "낯선 문화의 가정에서 자신의 문화를 완전히 융합하게 하는" 첫 번째 기회를 제공한다(Oomen-Welke, 2003: 80). 이것이 성공할 경우, 종종 나중에 생물학적으로 끊임없이 영향을 끼치는 상호문화적 이해를 위한 정서적인 바탕이 형성될 것이다. 이것이 실패할 경우, 앞으로 낯선 이 또는 낯선 것을 거부하게 될 가능성이 크다.

아직까지는 이러한 실패를 방지할 수 있는 분명한 교수법이 존재하지 않는다. 그럼에도 불구하고 교환 파트너들 간 실패한 의사소통의 경험은 어느 정도의 틀을 형성하며, 이것을 통해 우리는 교훈을 얻을 수 있다. 이를 위해서는 프로그램 측면이나 학생그룹의 측면에서 적절한 준비가 필요하다. 여기에서는 교환학생 프로그램에 대한 실질적인 조언을 주지는 않지만, 다음에 이어지는 근본적인 성찰은 이 영역에 대한 지향성을 제시할 수 있는 지식이나 반영할 수 있는 지식을 발전시키는 데 기여할 수 있을 것이다.

웹 사이트 안내

실질적으로 찾을 수 있는 인터넷 사이트는 다음과 같다.
www.ausgetauscht.de, www.schueleraustausch.de

교환학생 프로그램에서 가장 중요한 문제 중 하나는 이 프로그램이 주로 자아를 형성하는 시기의 청소년들을 대상으로 한다는 것이다. 청소년들은 자신들의 일상적인 '지각의 경향'을 수면 위로 부상시키는 것을 어려워한다. 또한 타인의 의미모형이나 행동방식뿐만 아니라, 수준 높은 자신의 문화적 특징을 인식하는 데도 어려워한다.

이러한 혼란을 극복하는 법을 배우고, 자책에 너무 빨리 빠지지 않게 하는 것이 가장 큰 도전이자, 상호문화학습에 있어서 주된 교수-학습의 목표가 될 것이다. 학생들은 교사가 '아비투스(습관)'로 구현하는 것을 지속적으로 학습하게 될 것이다. 상호문화교육에서 지각이 가능한 요소(태도방식, 대화법, 문화적 산물 등)는 '빙산'에서 떠오르는 부분만 보인다는 '빙산 모델'이 가장 많이 사용된다. 일반적으로 가치, 표상이미지/타인의 이미지, 즉 역사공동체적, 사회심리학적 그리고 문화에 영향을 받는 자아상과 세계상의 대부분은 수면 아래에 숨겨져 있다.

여기에서 소위 I-문화와 K-문화가 구분된다.

공동체	I-문화	K-문화
가장 큰 의의	개인	씨족공동체
가장 중요한 관련 인물	핵가족의 구성원, 친구들	대가족의 구성원, 마을/도시/ 지역
중요한 가치관	개인의 결단, 평등, 자유, 주체의 자아계발	(종교)단체의 지향성, 단체의 전통과 의무
의사소통의 근본적 지향성	객관적인 문제해결과 최대한 효율적인(시간, 힘을 절약하는) 해결책. 그러나 사적 의사소통에서는 진실과 사실로 설명	비언어적 메시지의 해결 능력, 조화로운 관계 유지, 즉 사회적 가치관과의 일치
생애사적 경험의 특징	불확실성, 개인화의 강요, 성공의 강요/실패의 두려움, 익명 기관을 통한 사회적 안전대책	가족 내에서의 상대적 보호, 사회적 네트워크의 안전대책, 사회적 행동양식에 대한 상대적으로 높은 예측 가능성

다른 모든 학문적 모델과 마찬가지로 이 모델 또한 복잡한 현실을 이해하고자 하는 보조적인 구성이 될 것이다. 왜냐하면 이 모델은 단순하기 때문에 매력적이다. 이 모델은 너무 단순화되어 상투적인 것들만 만들어지는 것은 아닌가 하는 의심이 든다. 그 밖에 (지각과 사고 및 행위가 특정한 모형을 유발하고 재생산하는 시스템으로 이해되는) 이 두 '문화' 간의 '간극'은 다른 나라의 구성원들뿐만 아니라, 한 공동체 내에서도

발생할 수 있다. 'I-문화'의 구성원들은 형식적인 교육시스템을 경험하고, 스스로를 '성공적으로' 그 시스템에 통합시키는 그룹이 될 것이다. 'K-문화'의 구성원들은 이전의 전통적인 '환경'(schulze)에서 발견될 수 있다. 이런 모델의 문제점은 결국 ('국민성' 혹은 정신심리학의 의미에서) '문화적' 또는 '인종적 특성'을 부가하는 수단으로서 악용된다는 것이다. 세계화된 공동체의 복합성과 역동성이 적을수록 정당화되는 정체성은 구성될 것이다. 나는 어떤 경우라도 어떤 단계에서 차이점들이 인식될 수 있는지, 즉 누가 차이점을 어떤 방법으로 '방해하는 것'으로서 느끼는지 정확히 관찰하고 논의하는 것을 지지한다.

그래서 빙산 추론이 처음에는 적절한 것으로 보이지만, 내 생각으로는 '보이는 부분'과 '보이지 않는 부분' 간의 역동성을 인식할 수 없다는 점에서 비판적이다. 첫 번째 접근에서 한쪽은 다른 쪽의 표현으로 이해될 수 있다. 태도방식/언어행위와 문화적 생산물은 심층구조와 지각 및 사고 틀을 지시한다. 프랑스 사회학자 피에르 부르디외(Bourdieu, 1974, 1982, 1987)는 아비투스(습관) 개념에서 '생산물' 혹은 '생산원칙'이 중요하다고 주장한다.

'구체화된 경험'으로서 아비투스(습관)는 다음과 같이 하나의 생산을 표현한다.

- 역사 공동체적 문맥에서,
- 내면화되는 문화/환경에 특수한 사회화 틀이 생성되고,
- 지각과 경험 형성의 특수한 틀로,
- 사고와 느낌의 특수한 틀 등, 즉 자아지각과 세계지각의 특수한 틀이 생성된다.

이러한 틀은 생산원칙적 입장에서 다음과 같이 작용한다.

- 정치적이고 사회적 관점에 영향을 미치고,
- 미학적 관심(선호)의 특수한 형식을 강조하고,
- 신체언어의 형식으로 표현하며,
- 예술적이고 문화적 생산물로서 혹은
- 언어행위로서 나타날 것이다.

상호문화학습은 다음과 같은 목표를 지닌 아비투스(습관)의 연구로서 이해될 수 있다.

- '각인된' 역사-공동체적 영향과 사회문화적 영향을 인식할 뿐만 아니라,
- 주체와 관련된 동화과정(나는 나 자신/내가 속한 공동체의 어떤 이미지와 '타인'/외부세계의 어떤 이미지들을 일상과 자전적인 문맥에서 나에게 동화시켰는가?)을 인식한다.
- 그렇게 함으로써 점점 더 강하게 스스로 규정하는 지각능력과 반영능력 및 행위능력을 발전시킬 것이다.

발전적 관점: '접근의 아비투스'

학문적으로 사고(학습)하는 것은 일상적 지각과 구분된다. 이것은 방법론적으로 조정하도록 지각하고, 검증할 수 있는 개념을 발전시킨다. 여기서 제안한 '접근의 아비투스' 개념의 토대는 한편으로는 '낯선 시선'의 능력을 가능하게 하는 문제 제기이며, 다른 한편으로는 낯선 이와 행하는 방법론적으로 성찰적이고 능동적인 논쟁이다.

여기에서 어떤 방법론이 성공할 것인가라는 핵심 의문은 한편으로는 일상적이고 자명하게 된 것을 다시 '낯선 것'으로 지각하는 익숙함, 즉 기호를 통해 작동한다. 이렇게 함으로써 기호는 역사적-공동체적 및 문화적 구성물을 의미하도록 한다. 다른 한편으로 위에서 언급한 상호문화적, 즉 대화적인 목표설정의 의미에서 미지의 것에 대한 접근과 불안해하면서 낯선 이에 대한 접근을 하도록 도움을 주는 방법을 찾는 것이다.

의문 제기는 물론 먼저 '현장'에서 관찰된 낯선 현실과 관계가 있다. 그래서 먼저 널리 알려진 일상적 의식의 '맹목성'과 반대되는 것으로서 '일반적인' 호기심과 집중력을 얻을 수 있다. 그러나 큰 장점은 다소 분명하게 인식하도록 유도하는 관심을 확인하는 것, 즉 하나의 주제에 집중된 의문을 제시하는 것이다. 왜냐하면 이러한 집중 없이는 분석적인 관점을 수용하는 데 성공할 수 없다는 위험성이 존재하기 때문이다. '멀리 떨어져 있지 않은' 이런 형식에서 사람은 자신의 '지각경향'의 포로가 되기 쉽다.

게슈탈트 교육학의 담론에서 '접촉'의 개념은 중심적인 역할을 수행한다. 이것의 의미는 낯선 것에 대한 지각에서 오랫동안 평가를 개방 상태로 놓는다는 것이다. 이해라는 것은 먼저 '그 앞에-서 있게-내버려두다'라는 의미이다(Hoffmann, 1991). 이것을 배워야 하는 이유는 우리의 일상적인 지각이 대부분 우리의 '맹점'에서 각인되었기 때문이다. 이 맹점은 문화적이고 공동체적 맥락에서 더 강력하게 자리가 잡힐수록 더욱 더 보이지 않게 된다. 또한 의문 제기는 낯선 것에 대한 접근방법과 마찬가지로 특히 자신의 지각과 관련이 있다(의사소통 모델에서 '관계'와 '자아공개의 귀'를 비교하시오). 나는 어떤 방법과 강도로 그것에 영향을 미치는가? 그것은 나를 어느 정도로 사로잡고 낯설게 하는가? 나의 자아가치성을 위험에 빠뜨리는 지각을 방어하기 위해 나는 어떤 전략을 세우는가?

(상호문화)체험은 수동적인 '경험'과 동일시되지 않는다. 체험은 이에 반해 의미 있는 지각과 반사적인 처리 및 표현(의사소통, 즉 미학적인)을 통해 (언제나 의식적으로) 생산하고 형성하는 '관계-형성'이다. '접근의 아비투스'는 상호문화체험을 위해 생산수단의 기능이 부가되는 방법을 강조함으로써 나타난다. 대략 서술된 아비투스의 방법은 다음과 같은 것을 가능하게 한다.

- 더 의식적으로 경험하고 지각하도록(모든 상호문화적 상황에서 모든 의미가 '현존') 하고,
- 상호문화적 대화, 즉 서로 경청하는 것을 유도하고,
- 점점 더 증가하는 복잡한 방법으로 맥락의 지식이 동화되도록 하며,
- '현실'에 대한 구성 특성의 관점에서 자아 비판적으로 의문을 제기하도록 하고,
- '아주 다른 시각에서 보일 수도 있구나'라는 인식에서 출발하여 가능한 한 다른 관점으로 '이야기하고', '상징적 접근'으로서 창의적인 표현형식의 다양성을 발전시키도록 한다.

다음 사례들은 학생/청소년 교환 프로그램에 대한 보고서에서 유래한 것이다(독일-프랑스 청소년부서의 미발간 자료).

① “우리는 학교당국과 제3의 기부단체로부터 보조를 받기 위해 가급적 개학에 맞춰서 교환학생 프로젝트를 제출해야 한다. 이러한 보조 없이는 교환학생 프로그램이 실행될 수 없다. 하지만 독일에서 이미 완성된 프로젝트를 제시했을 때 프랑스에서는 어떤 교환 프로그램을 실행하고자 하는지에 대해 아직 계획조차 하지 않았다. 그들은 교환학생 프로그램을 매우 단기적으로 계획한다. 즉, 우리가 모든 것을 맡아서 해야 한다는 것을 의미한다. 그것은 그들과의 지속적인 교환이 불가능하다는 것을 의미하기도 한다. 그들은 최우선으로 교환학생 프로그램, 즉 학생들이나 교환 상대국가가 아닌 교장이 모든 책임을 맡고 있다. 나는 프랑스 동료들과 함께 교환 프로그램과 그 내용에 대해 논의하기 위해 약 2~3개월 전에 프랑스를 방문했다. 그러나 그들은 교환 프로그램에 대한 이해뿐만 아니라 관심도 없었다. 그 밖에도 그들은 ‘서부 브르타뉴(지방)의 식수 질’이라는 주제에 관해서도 흥미를 갖고 있지 않았다. 그들은 스스로 충분히 해결할 수 있는 식수에 대한 문제점을 인정하려고 하지 않았으며, 논의조차 하고 싶어 하지 않았다. 따라서 프랑스 동료는 우리의 주제에 대해 관심을 갖지 않았고, 학생들과 학부모들도 전혀 준비가 되어 있지 않았으며, 그 자신도 적극적으로 참여하려고 하지 않았다.”(독일 측 프로젝트 파트너)

② “독일 측 프로젝트 담당자는 혼자서 교환 프로그램의 내용과 흐름을 결정했다. 그녀는 나에게 정확한 정보를 전달하지 않았기 때문에 그 어떠한 협동작업도 가능하지 않았다. 그리고 나는 이미 작업이 완성된 현실 앞에 놓여 있었다. (……) 독일 측은 우리와 함께 일하려고 하지 않았다.”(프랑스 측 프로젝트 파트너)

③ 초등학생 대상의 독일-프랑스 만남 프로그램에서는 ‘학습’에 대한 의미 평가에서 차이가 나타났다. 독일 측의 관점에서는 사회적 학

습과 상호작용에 중점을 두고, '놀이식'의 프로젝트 지향적인 교육을 선호하는 반면, 프랑스 측의 관점에서는 '학습'을 지식의 전달이라고 간주하고 있다. 그 결과 프랑스 동료 교사들은 독일식 학습활동을 엄청나게 소모적인 '여가활동'이라고 평가한다. 이러한 놀이는 프랑스에서는 오로지 유치원에서만 존재한다.

④ 또 다른 교환 프로그램에서는 독일 측 프로젝트 파트너들은 교환 프로그램의 목표로서 청소년들이 '낯설고' 어려운 상황들을 극복할 수 있도록, 개인의 다문화성을 보다 더 적절하게 잘 다룰 수 있도록, 그리고 선(先)사회적 태도를 습득할 수 있도록 학습해야 한다는 것이다. 프랑스 측 프로젝트 파트너들은 "독일 학생들이 여기에서 휴가를 즐기는 것이 아니라, 열심히 공부해야" 하고, 프랑스 언어능력을 더 키워야 하며, "프랑스 문화를 배워야" 한다는 것, 즉 역사적 사건을 알아야 한다는 것을 목표로 삼았다.

수행과제

토론에서 몇 가지 제안 사항

- 앞에서 언급된 다양한 평가와 기대로부터 발생할 수 있는 갈등 시나리오를 발전시키시오.
- 원인들의 다양한 각 단계를 비교하면서 가능한 갈등 원인을 논의하시오(예: 주관적이고 사적인 관련과 의사소통의 심리적인 결핍 및 전문분야의 이해에 대한 차이, 직업적 사회화와 제도적 강요에 대한 결속력의 차이, 문화적으로 침투된 지각/사고/행위 틀의 차이 등).
- 이와 같은 종류의 갈등이 완화되거나 해결될 수 있는 시나리오를 발전시키시오: 이와 같은 종류의 제안들이 '문화 없이'는 불가능하기 때문에 먼저 '타인'의 관점으로 들어가서 이해하고, 그다음 당신에게 '가까이 놓인' 관점으로 처리해야 한다.

다음은 터키에서 온 편지다. 편지의 내용은 과연 상호문화의 오해일까?

페트라에게

나는 이 편지를 세 번째 쓰기 시작했지만 매번 중간에 그만두었어. 여기에서는 편지를 쓰기 위해 1시간조차 낼 수 없어. 이 편지는 우리가 이미 여행에서 돌아왔을 때 네가 있는 하노버(Hannover)에 도착할지도 모르겠구나. 하지만 이젠 상관없어. 가슴이 후련하기 때문이야.

처음엔 여기가 정말 좋았어. 내가 지금 지내고 있는 집에 귀나이(Günay)라는 여자애가 있는데, 조금 지루하기는 해도 매우 사랑스러워. 그녀의 가족들도 놀라울 정도로 친절하고 배려심이 많았어. 쾨제(Köse) 부인은 오갈 때마다 배웅하면서 뽀뽀해주는 것이 조금 도가 지나치다고 생각했지만 어찌 보면 감동적이었던 것 같아. 지속적인 관심과 보살핌, 또한 집에서 "밥은 전자레인지에 있으니 데워 먹어. 저녁때 보자. 안녕~ 마미"라는 쪽지만 있는 것에 비해 나쁘지 않은 기분전환이었어.

하지만 내가 쾨제 가족들에게 실수를 저질렀나 봐. 어제부터 집안의 공기가 무겁고 나에게 더 이상 배웅의 뽀뽀를 하지도 않았어. 왜 갑자기 이들이 침묵을 지키는지 전혀 모르겠어. 사실 이젠 별로 상관도 없지만. 중요한 것은 드디어 나 개인의 시간이 생겼다는 거야.

여기서는 심하게 말하자면 혼자서는 아무것도 할 수 없어. 나는 어제 시내에서 2시간 동안 나탈리(Natalie)와 옌스(Jens)를 만날 계획이었어. 나 혼자서. 나는 귀나이라는 여자애를 제대로 알지도 못해. 그리고 나탈리와 옌스는 내 가장 친한 친구란 말이야. 우리가 대화하는 동안 그녀가 왜 옆에 앉아 있어야 하냔 말이야. 그래서 내가 혼자서 2시간 동안 외출한다고 설명하려고 했어. 단 2시간 동안만! 정말 대단한 반기인 셈이지! 이제는 확실해졌어. 나는 바다괴물과 유령으로 구성된 가족들에게 제물로 바쳐진 거야. 그들은 당연히 또다시 나를 데리고 (내게 수천 번도 더 설명해준) 숙모나 사촌을 방문하려고 했지만 나는 생각했어. '지금이 아니면 안 된다.' 그리고 난 이제는 그들 가족모임에 동참하는 것을 그만두었으면 좋겠다고 매우 친절한 목소리로 설명하려고 노력했어. 그들이 내 영어에서 어떤 끔찍한 것을 해석했을지도 모르겠어. 어쨌든 가족들은 조용해졌고, 저녁 때 다시 여기 돌아왔을 때는 바늘이 떨어지는 소리조차 느낄 정도로 조용했어. 내가 어떻게 할 수 있는 것이 없어. 마치 일곱 살짜리 여자아이같이 매번 나를 이리저리 조종하도록 내버려둘 수는 없잖아. 나는 일주일 동안 담배를 피운 적이 없어. (내가 저녁마다 뜰에서 몰래 하나씩 피우는 것을 네가 봤어야 해. 여기는 정말 시대에 뒤떨어져!) 식사 시간이 유일하게 내 페이스를 일관되게 유지시킬 수 있었던 시간이었어. 그들은 끊임없이 기름진 음식을 내 접시에 올려놓으려고 해. 내가 육식을 거의 끊었는데도 말이야. 하지만 여기서 '싫다'고 말하는 것은 한 편의 극적인 드라마와도 같아. 마치 못 들은 것처럼 자꾸만 재촉하다가 내가 단호해지기 시작하면 갑자기 모욕을 받은 것처럼 행동해. 이제는 기뻐. 내일 다시 집에 가는 비행기에 타게 될 테니까. 그리고 내가 귀나이를 집으로 교환방문하도록 할 것인지는, 사실 갈팡질팡해서 잘 모르겠어(Leenen/Grosch 1997).

수행과제

위와 같이 실패한 의사소통의 원인, 즉 갈등 단계를 파악하시오. 이것을 동일한 방법으로 학생들에게 수행하도록 하고, 그들의 결과를 비교하시오. 터키 교환학생 프로그램을 위한 교과서에 이 텍스트를 게재한 두 저자는 교환학생의 고통이 묘사된 '귀나이로부터 온 편지'를 사촌에게 쓰라고 제안한다(예: 몰래 담배를 피운다거나, 항상 혼자서 무슨 일을 하려고 한다거나, 첫째 날부터 반누드 상태로 뜰에서 일광욕을 하고 있는 모습이나, 아침에 얇은 티셔츠 차림으로 복도를 가로질러 욕실에 가는 등).

청소년들과 함께 이와 같은 갈등을 해결할만한 아이디어를 발전시키시오. 이때 청소년들에게 나타나는 전형적인 발달과제는 자율적으로 행동하기를 원하는 것과 같이(편지 참조) 문화적으로 독특한 방법으로 형성되었다는 명제를 고려하시오.

2장

학교와 이주

1 유럽사의 특징으로서 이주

독일의 쾰른 시민이 지닌 강한 이질성에 대해 논할 경우, 항상 카를 추크마이어(Carl Zuckmayer)의 말이 인용된다.

> "당시 로마 출신의 용병대장이 있었다. 잘 익은 올리브처럼 갈색 피부를 가진 시커먼 사내였다. 그는 금발의 소녀에게 라틴어를 가르쳤다. 그다음 유대인 출신의 한 향료 상인이 집안으로 들어왔다. 그는 성실한 사람이었으며, 결혼 전에 기독교로 개종해서 가톨릭 집안의 전통을 세웠다. 그런 다음 그리스 출신의 의사가 왔으며, 또한 켈트족 출신의 로마 병사, 스위스의 연방주 그라우뷘덴 출신의 용병, 스웨덴 출신의 기사, 나폴레옹의 병사, 탈영한 카자흐 출신의 기병, 흑림 지역 출신의 뗏목꾼, 알자스 지방에서 이주해온 방앗간 견습공, 네덜란드 출신의 뚱뚱한 선장, 헝가리 지역의 마자르 사람, 헝가리 출신의 병사, 빈 출신의 장교, 프랑스 출신의 배우, 보헤미아 출신의 음악가가 들어왔다. 이들은 라인 강변에 모여 살면서 드잡이를 하고 술을 퍼 마시고 노래를 부르며 아이들을 낳았다!"(재인용: Dietmar, 1991: 11 참조)

이주는 유럽 역사의 중요한 특징 중 하나다. 우리는 그것을 역사서에서 알 수 있다. 한편으로는 직업을 얻기 위해 지역이나 국경을 자발적으로 넘어갔고, 다른 한편으로는 어쩔 수 없이 그렇게 하지 않을 수 없었다. 왜냐하면 그들이 그렇게 하지 않았다면 아마도 굶어 죽었을지도 모르기 때문이다. 그러나 '노동이주' 외에도 언제나 정치적 · 종교적 이유, 흔히 다수자 사회가 가하는 박해를 피해 이주한 이주자들도 있었다. 중세 이후 유대인들은 그들의 신앙 때문에 박해를 받았고, 이러한 박해의 역사는 나치의 대량 학살에서 최악의 상태에 이르렀다. 또한 17세기에는 수십만 명의 위그노파 사람들이 남부 프랑스 지역에서 추방당했다. 프로이센의 왕은 경제발전에 필요한 숙련공들을 이용하기 위해 그들에게 브란덴부르크에 정착할 것을 권장했다. 그 밖에도 19세기에는 수천 명의 아일랜드 사람들이 기아에서 벗어나기 위해 미국으로 이주했다는 것은 잘 알려진 사실이다(Sassen, 1996; Bade, 1992 참조).

다른 한편으로 새로운 경제 중심지들은 원근지역의 노동력을 엄청나게 흡수하는 역할을 했다는 것을 알 수 있다. 특히 영국의 동부지역, 파리 그리고 스페인의 카탈로니아에서 프랑스의 프로방스에 이르는 해안지역, 이탈리아의 포 강 유역, 중부 이탈리아, 북해 연안과 루르지역들이 당시에 새롭게 부상하는 유럽경제의 중심지였다. 구직자들의 급격한 유입으로 인해 산업화가 강화되었다. 이와 함께 발달한 공장과 교통로(도로, 철도)의 건설은 엄격하게 말하면 서로 밀접하게 연관되어 있었다. 20세기 초 (프로이센, 러시아, 오스트리아에 의한 폴란드의 분할로 인해 제약을 받았지만) 대량의 동서 이동은 이 세기에 전형화된 집단이동의 서막이 되었다(Sassen, 1996: 225 이하 참조). 연속되는 전쟁, 정치적 박해, 빈곤 탈출 및 일자리를 찾기 위한 이주는 이주행렬만큼이나 풀기 어려운 원인들로 혼재되었다.

과거의 이주가 도시와 농촌이라는 소규모 지역에서 발생한 전형적인 '이농'이라면, 이젠 그 규모가 점점 더 유럽 전체로 확대되었다. 지역의 사회적 불평등이 강화되었고, 대륙 차원에서도 지역 간 불평등이 심화되었다. 발전의 '중심지'는 외곽지역, 이른바 '주변지역'의 노동력 덕분에 더욱 부유해졌다. 이주지역들은 점점 더 중심지의 세력권 안으로 편입되었다. 그 때문에 기존의 주변국들, 예를 들어 이탈리아 또는 스페인도 그들 입장에서 보면 이주의 목적지가 되었다. 따라서 최근 나타나는 중앙아프리카에서 북아프리카, 남부 이탈리아와 북부 이탈리아를 거쳐 독일로 이어지는 세계화의 발전 격차와 심화되는 불평등을 나타내는 노동이주의 발전단계가 생겨난 것이다.

1960년대에 독일 사람들은 그들을 '외국인 노동자'라고 불렀다. 노동능력을 갖추고 일자리를 원하는 이주자들의 끊임없는 유입이 없었다면, 전후 독일의 '경제기적'은 생각할 수 없는 일이었다. 1961년 베를린 장벽이 건설될 때까지 동독 지역 난민의 마르지 않는 물결이 서독 경제에 필요한 노동 수요를 메웠다. 그 이후에는 남부 유럽 국가들과 노동이주협정이 체결되었다. 1964년 백만 번째 '외국인 노동자'인 아르마도 로드리게스(Armado Rodrigues)가 포르투갈에서 독일의 노이도이처(Neu-Deutzer) 역에 도착했을 때, 그는 독일경영자협회로부터 소형 오토바이 한 대를 선물로 받았다. 그러나 일상에서 사용하는 노동이주자에 대한 명칭은 그들이 자신들의 임무가 끝나면 다시 각자의 고향으로 되돌아갈 '손님'으로 환영을 받았다는 것을 말해준다.

역사가이자 이주연구가인 클라우스 바데(Klaus Bade)는 다음과 같이 말한다.

> "1966~67년의 불경기를 제외하고 지속적으로 경제성장을 이룩할 때, '외국인 노동자들'은 노동시장에서 공급과 수요라는 긴장관계에

서 균형을 잡아주는 역할을 했다. 즉 우선은 노동시장의 측면에서, 그다음엔 구매력 측면에서 변화가 심한 노동력의 가용자원을 조정했다."(Bade, 1992: 395 참조)

경제이론가들은 그때그때 수요에 따라 동원한 다음, 다시 되돌려 보낼 수 있는 '산업예비군'에 관해 말했다.

경기가 후퇴하자, 노동이주 관련 업무가 현격하게 줄어들었다. 그래서 1970년대 초에는 '모집 중단'이 있었다. 모집 중단으로 말미암아 '새로운' 노동이주자의 수는 현격하게 감소한 반면, 가족을 데리고 오는 기존의 노동이주자들의 수가 증가하는 결과를 가져왔다. 비록 독일이 이주국가로 발전했다는 사실을 공식적으로는 부인했지만, 장기체류 경향이 더욱 증대되었다.

전 세계의 이주가 세계화 과정의 결과로서, 부연하자면 다음의 몇 가지 이유에서 그것이 더욱 확대되고 있다는 것을 알 수 있다.

- 경제 및 정치의 세계화와 함께 다국적기업들이 전 세계에 걸쳐 있는 발전중심지로부터 이익을 가져다주는 세계노동시장의 형성(아마도 그것은 국제적 차원의 복지 불균형)을 심화시킨다.
- 전문가들의 평가에 따르면, 특히 분쟁, 정치적 탄압 혹은 종교적 박해로 말미암아, 그리고 경제위기 혹은 가난과 기아로부터 벗어나기 위한 난민의 숫자가 급격하게 증가할 것이다(Nuscheler, 1995: 68 이하 참조).

유엔난민기구(UNHCR: www.unhcr.de)가 발표한 통계에 따르면(2002년 10월 18일), 매년 유럽으로 유입되는 이주자의 수는 전 세계 이주자의 약 1/4에 달한다.

(단위: 명)

	난민	망명 희망자	귀환자	자국 내 추방자	합계
아시아/태평양	5,835,700	48,700	49,200	2,968,300	8,901,900
유럽	2,227,900	335,400	146,500	2,145,600	4,855,400
아프리카	3,305,100	107,200	266,800	494,500	4,173,600
아메리카	682,500	449,600	200	720,000	1,852,300
합계	12,051,200	940,900	462,700	6,328,400	19.783,200

"약 91만 5,000명의 사람이 144개국에 망명신청을 했다. 그 가운데 절반 이상이 선진공업국가에 분포되었다(59만 5,700명 신청). 같은 기간에 총 93만 2,000건의 망명심사가 이루어졌다. 그 가운데 44만 5,000건이 기각되었고, 16만 8,000명이 난민으로서의 법적 지위를 부여받았다. 그리고 인도주의 차원에서 7만 8,000명이 수용국에서 계속 체류하도록 허락을 받았다."(UNHCR 〈난민〉 No. 4/2002: 13)

웹 사이트 안내: 국제인권, 국제법 및 외국인법률 관련 주요 웹 사이트

http://migration.uni-konstanz.de/german/indesx.htm
http://www.integrationsbeauftragte.de/amt/index.stm(연방정부의 통합담당관)
http://www.destatis.de/(연방통계청)
http://www.auslaender-statistik.de/
http://www.uno-fluechtlingshilfe.de/
http://www.amnesty.de/
http://www.fh-frankfurt.de/wwwfb11/FLUCHT.HTM
(난민기구 웹 사이트와 프랑크푸르트의 웹 사이트)

2 외국인 교육학에서 상호문화교육학으로: 교육학에 대한 도전으로서의 사회발전

소위 외국인 노동자들의 모집은 교육학의 주제가 아니다. 왜냐하면 1세대 노동이주자들은 젊고 미혼이었으며, 기존의 교육체계에서 큰 문제가 되지 않았기 때문이다. 외국인 노동자를 모집하는 기업들의 입장에서 보면, 그들은 곧 자신들의 고향으로 다시 돌아갈 사람들이었다. 그들 자신도 대부분 자신들의 '고향'에서 삶의 터전을 새로이 마련하기 위해 가능한 한 짧은 기간 내에 돈을 벌기를 희망했다. 그러나 이러한 예측은 생각대로 이루어지지 않았다. 독일의 생활비는 생각했던 것보다 훨씬 더 비쌌다. 그래서 원래 계획했던 것보다 독일에서의 체류기간이 늘어나는 일이 빈번해지고, 또한 가족이 생기고, 고향에서 친척들을 초청했다. 그러자 아무 준비도 하지 않은 이주 1세대의 자녀들이 학교에 다니기 시작했다. 따라서 '외국인 노동자의 자녀들'에 대한 생각에는 다음과 같은 담론들이 깊게 자리하고 있다.

- 그들은 문제를 만든다.
- 그들은 결함, 특히 언어적인 결함을 지니고 있다.
- 그들은 짐이 될 수 있다(Auernheimer 외, 1996 참조).

보살핌과 상담, 그리고 결핍 제거의 필요성은 이주자 자녀들에 대한 이와 같은 유형의 사고에서 자동적으로 생겨났다(Hamburger, 1994: 73 이하 참조). 그러므로 '외국인 교육학(Ausländerpädagogik)'의 출발점은 특히 언어적인 결함을 극복함으로써 이주자 자녀들의 취학, 그리고 이를 통해 보다 나은 사회통합이 가능하도록 노력을 기울이는 데 주안점을 두었다. 일반적으로 '통합'(특히 정치적 결정권자의 입장에서)은 동화의 의미, 즉 이주자와 그들 자녀들이 기존의 상황에 일방적으로 적응하도록 이해되었다. 동시에 모국어수업 혹은 이주자 그룹이 자신들의 고유한 '문화 정체성'을 유지하는 데 도움이 되는 교육의 수단을 통해 그들에게 모국으로 돌아갈 수 있는 선택권을 열어놓았다.

하지만 이러한 결함유형에 근거한 밑그림은, 예를 들어 외국인과의 차이에 대한 인정 또는 존중보다는 온정주의적 태도와 교화적인 호소-교육을 내포하고 있다. 그러나 언어수업이 지닌 의미에도 불구하고 커뮤니케이션상의 결함만을 없애는 데 집착하는 것이야말로 전체 문제를 축소시킨다는 인식이 대두되었다. 왜냐하면 노동이주의 사회적 차원, 그리고 다수자 사회와 소수자 사이의 관계에서 비롯되는 차별들을 함께 고려하지 않았기 때문이다(Hamburger, 1994 참조). 이러한 출발점에 대한 전체적인 비판에도 불구하고 '외국인 노동자의 자녀들'에 대한 문제를 책임지고, 그들에게 필요한 도움을 줄 수 있는 유일한 사람이 학교에 몸담고 있는 교사들이었던 것만은 분명하다.

'외국인 노동자'는 언제 일어날지 모르는, 혹은 경제적인 이유로 불가피하게 귀향할지 모른다는 불안감에 사로잡혀 있었다. 학교는 교실을 늘려 오직 '외국인 노동자들의 자녀들'을 위해 설치된 학급에 모아놓고 그들 모국의 교사들로부터 수업을 받을 수 있도록 하는 교육계획안이 대안으로 떠올랐다. 1975년 독일의 바덴뷔르템베르크(Baden-Württemberg) 주는 바이에른(Bayern) 주의 사례를 본받아 모국어를 사용하는 초등학교 학급을 도입했다. 같은 해 바덴뷔르템베르크

주 정부의 문화교육부는 다음과 같이 공고했다.

> "외국인 노동자의 자녀들을 위한 기존의 수업체계는 그들을 통합하는 데 초점이 맞춰져 있으며, 외국인 노동자들과 그들의 자녀들이 임시로, 그리고 한정된 시간 동안 독일에 체류한다는 점을 고려하고 있지 않다. 이들을 자국의 교육체계나 문화권으로부터 분리시키는 것이 과거나 지금도 외국인 자녀들을 위한 교육적 노력의 목표가 아니라 일시적으로 이곳에 거주하는 자녀들을 적절하고 필요한 만큼 편입시키지만, 가능한 한 그들이 자신들의 모국어, 자신들의 문화와 문명을 간직하도록 하는 것이 교육의 목표다."(Hamburger, 1994: 59 이하 재인용)

사회발전 과정을 살펴보면, 1970년대 초반 불어 닥친 경제위기와 더불어 (외국인 노동자 모집 중단으로 말미암아) 가족 상봉의 증가, 그 결과 실제로는 노동이주자들과 그들의 자녀가 장기체류하는 쪽으로 선회하는 구조적인 변화가 이미 일어났다는 것을 알 수 있다. 이러한 변화는 다음과 같은 핵심어로 요약해서 설명할 수 있다.

- (외국인) 노동력의 안정적 수요를 가져온 독일 경제의 호황 국면이 지나가고, 이제 그 수요가 개별 지역의 특정 기업분야에 따라 세분화된다. "실업률의 지속이라는 전제 하에서 독일에 거주할 최소한의 권리를 갖고 있는 외국인의 위치는 '실업 문제'의 책임을 떠넘기기 위한 수단이 되고 말았다."(Hamburger, 1994: 72 참조)
- 이주자들의 출신지역이 변하고 있다. 지금까지는 이주자들이 일정한 목적을 지닌 남부 유럽에서 모집되었다면, 이제는 독일 여권을

소지한 동유럽 출신의 '역이주자'와 전 세계의 위험지역과 분쟁지역 출신의 이주자들이다.

- 외국인 이주민의 구조변화는 그들을 주택시장에서도 강력한 경쟁자로 만들었다.
- 정치는 한편으로 통합에 대한 요구가 점점 더 커져갔지만, 다른 한편 제한 및 거부조치를 통해 이주자들은 불청객이라는 점을 그들에게 분명하게 보여주었다.

이러한 근본적인 사회문제는 교육정책 분야에서도 드러났다. 즉 사회적인 재화 분배에서 동등한 권리와 존중받을 권리가 모든 시민에게 부여되었지만, 그것은 이주자들에 대한 구조적 차별과 어떻게 동일시될 수 있는가? 구체적으로 예를 들어, 만약 독일의 몇몇 연방주에서처럼 이주자 자녀들이 몇 년 동안 정규학급에 편입되는 것이 아니라 분리 또는 격리된 '예비학급'에 머물 경우, 과연 그들에게 동등한 교육기회가 부여된 것인가 하는 문제가 제기된다.

앞에서 언급한 사회적 변화와 함께 '외국인 교육학'에 대한 비판은 1980년대 초반 출신국 관련 조항에서 출발해 중간단계를 거쳐 '외국인 교육학'을 상호문화교육학의 구상으로 전환하는 결과를 가져왔다. 그때까지 개발된 교육안에 대한 비판은 다음과 같다.

- 언어적 장애를 극복하는 데 초점이 맞춰지면서 이주자들을 소외 계층화하는 사회적 원인들에 대해 주목하지 못했다.
- 사회적인 문제들을 교육적인 관점에서만 살펴보려고 한다. 즉, 사회적인 문제들을 교육적 혹은 심지어 치료적 수단으로 해결될 수 있다는 환상이 만들어진다.

- 이주자 자녀들만을 대상으로 하고 있으며, 그들의 사기저하에 대한 위험을 피하는 한 '외국인 교육학'은 장애에 초점을 맞추고 있는 특수교육학이다(Roth, 2002: 44 이하 참조).
- 학교가 지닌 단일문화 및 단일 언어적 성격에 대해 전혀 문제 삼지 않는다(Gogolin, 1994 참조). 학교는 이주자의 자녀들이 기존의 교육안에 적응해야 한다고 생각한다. 즉 변화된 사회적 조건들 때문에 커리큘럼상의 내용들을 재검토해야 할 어떤 이유도 발견하지 못한다. 특히 1980년대 교육현장에서는 외국인 교육학 구상이 지닌 문제점을 극복하기 위해 다음과 같은 교수법상의 변화가 일어나기 시작했다.
- 선입견에 대한 이해와 그것의 해체 같은 목표는 먼저 이주자의 출신국에 대한 정보의 확대('터키의 관습 등')가 그것에 기여한다는 가정 아래 이주자의 출신국에 관한 정보를 매개로 수행한다. 그러나 교육학자들은 그로 인해 '전형적인 것', 그리고 민속적인 것에만 고착화될 위험이 생겨날 수 있다는, 즉 구분하지 않고 동질로 생각하는 하나의 민족문화만 지향할 수 있는 그러한 교수법에 대해 비판한다.
- 독일인의 자녀들과 비교하여 이주자의 자녀들이 할 수 없는 것, 혹은 가지고 있지 않은 것에 초점을 맞추기보다는 다양성에 의한 풍부함을 강조했다. 학교축제나 도시축제들은—특히 학교에서 시내로 이어지는 통행로와 관련하여—다문화를 표현할 수 있는 전초기지로, 다시 말해 문화적 차이를 느끼고 이러한 전통들을 동등하게 받아들일 수 있는 기회로 활용되었다. 그렇게 해서 처음에는 이러한 사고의 전환이 커다란 공감을 불러일으키는 듯했다. 그러나 여기서도 (더 이상) 동질의 통일체로서가 아니라, 혼합문화로 이해될 수 있는 이주자문화의 민속화를 장려한다는 비판이 제기된다. 그 밖에 다인종의 공생에 관한 생각은 거창하게 계획된 다문화거리축제의 의미에서 보면 낯선 사람과 교류하는 데서 발생하는 어려움을 배제한다.

- 출신국의 전문가로서 이주자의 자녀들을 교수활동에 활용하자는 아이디어가 자주 제기된다("너희 이탈리아에서 그것은 어떠니?" 등). 이러한 생각은 최근 입국한 이주자가족의 경우에는 공감할 수 있을 것이다. 그러나 만약 그들의 자녀가 오래전에 이미 '교육적으로 내국인화'되었다면, 즉 오래전부터 독일에 살면서 휴가 때나 부모의 모국 방문에 동행할 뿐 이미 자신들만의 '혼합문화'를 발전시킨 경우에는 그러한 교수법상의 발상이 의문시될 수밖에 없다. 그러므로 민족성 부여와 갈등의 문화화라는 상호문화교육의 중요한 함정이 명확해진다.
- '이질성 극복'은 특히 상호교류촉진을 통한 선입견의 해체, 그리고 상호 관용 및 수용으로 이어지는 중요한 교육목표다(Schneider-Wohlfart 외, 1990 참조). 1990년대에 이르러 베를린 장벽 붕괴 이후의 사회적 변혁은 지금까지 알지 못한 드라마틱한 도전에 직면하게 했다. 특히 전후 심화된 '동-서' 질서의 기본개념 해체, 그리고 그때까지 '동'에 속한 국가 및 지역 출신 이주자의 폭발적인 증가, 그리고 경제적인 측면에서 더욱 강력해진 세계화의 추세는 극우주의 광고물에서 표현되는 사회적인 양가감정의 경험을 불러일으켰다. 상호문화교육학자들은 인종주의 및 극우주의와의 빈번한 충돌, 즉 거기에 내포된 정치 및 사회적 원인들과의 충돌이라는 과제에 직면했다. '반인종주의 교육'(Rinke, 2000: 101 이하 참조)의 조짐 또는 구조상 제한적이고, 제도적으로 고착된 소수민족 차별화에 대한 비판을 핵심 내용으로 하는 이론들의 연구들이 점점 더 증가하게 되었다.

한편으로는 교수법 영역에서 지속적으로 구상과 항목의 세분화가 생겨났으며, 다른 한편으로는 지식과 교육의 세계화라는 이슈에 따라 그것의 통합이 일어났다. 따라서 다음과 같은 교육의 경향들을 알 수 있다.

- 고유한 민족 중심으로 채색된 낯선 것에 대한 시선을 인식하기 위해서는 상호문화적인 만남을 학습기회로 활용하려는 경향
- 만남과 갈등을 상호문화적인 접촉의 핵심 범주로 수용하려는 경향 (Nieke, 2000 참조)
- 생활세계, 지역, 유럽과 글로벌사회를 서로 영향을 끼치는 유기적 관계로 받아들이는, 다시 말해 상호문화학습과 글로벌 학습은 서로 밀접한 연관성이 있으며, 이 경우에 '지속성/생태', 그리고 '평화정책'과 '인권'에 관한 시각을 통합하는(3장의 3절 참고) 경향을 알 수 있다.

3 '비스듬하게 기울어진 탑': 독일 학제에서 이주의 역사를 지닌 어린이와 청소년

2002년 말과 2003년 초 국제학업성취도평가(PISA: 이하 '피사'라고 칭함) 연구에 대한 발표만큼 지난 몇십 년 동안 독일교육계를 혼란에 빠지게 한 사건은 없었다. 국가별 비교에서 독일 학생들의 좋지 못한 성적은 사회적 이슈가 되었다. 그러나 이것은 본래 독일 교육제도가 가져온 실패의 결과로서 이주 배경을 지닌 청소년들은 세간의 주목을 끌지 못했다.

> "파티는 디스코텍에 자주 가지 않는다. 그는 여자 친구도 없고, 비싼 브랜드의 옷도 없다. 18세의 청년은 모든 게 돈이 없으면 안 된다고 간결하게 설명한다. 그리고 파티는 돈도 직업도 없다. 직업

훈련이나 노동시장에서 그가 잡을 수 있는 기회는 거의 제로에 가깝다. 파티는 실업계 중 · 고등학교 7학년까지만 다녔다. 그는 베를린에서 학업을 마치지 않은 외국인 졸업자의 24%에 속한다."

(Mavromati, 2003 참조)

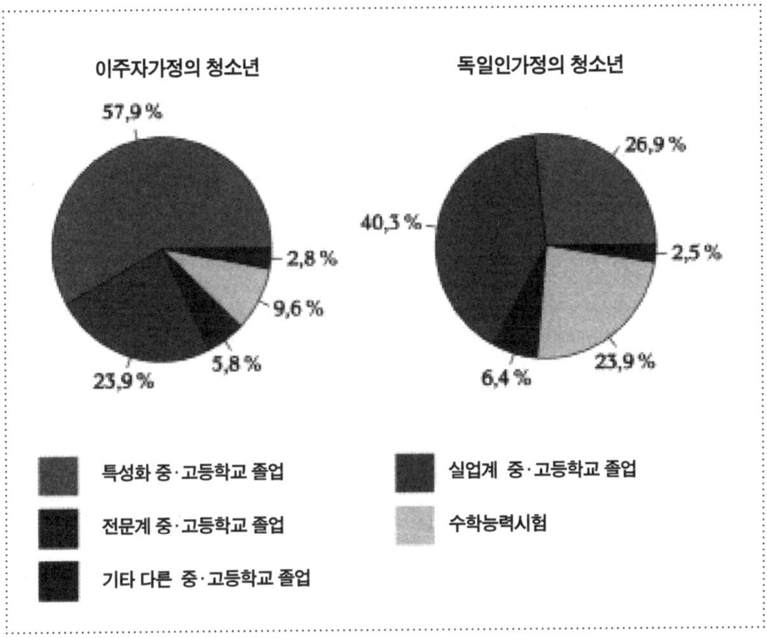

이주자가정 출신과 독일인가정 출신 청소년의 중등교육과정 졸업생 비율
(출처: Diefenbach, 2002: 33 재인용. Gogolin 외, 2003: 6 참조)

피사 연구자들은 국가별로 이주 배경을 지닌 학생들을 4개의 그룹으로 구분한다.

- 남부 유럽 및 남 · 동유럽 출신의 노동이주자: 일반적으로 이들은 독일에서 자신들의 가정을 구성했다. 이들의 자녀는 독일에서 태어나

면서부터 '제3세대'로서 살고 있다.

- 루마니아, 폴란드 그리고 구(舊)소비에트연방 소속 국가 출신의 독일계 이주자: 이들은 대부분 1990년대에 이주했으며, 이들의 자녀들 또한 대부분 부모의 출신국에서 태어났다. 가족들이 이주했을 때, 이들은 독일어를 전혀 하지 못하거나 조금 아는 정도였다. 예를 들어, 이들은 학교 재학과 관련해서는 첫 번째 그룹과 공통점이 있지만, 독일 체류 가능성과 관련해서는 그들과 근본적으로 다르다. 즉, 독일 여권 소지자로서 이들에 대한 통합은 이론의 여지가 없다.
- 전쟁난민과 망명 희망자: 전쟁난민그룹의 대부분은 구(舊)유고연방 출신이다. 그 밖에 전쟁난민 출신국은 매우 다양하다. 체류 가능성이 매우 불안정하다는 것이 이 그룹의 공통점이다. 그들은 흔히 '참고 기다릴 뿐' 추방당할 수 있다는 생각을 하지 않으면 안 된다. 이러한 상황에서 자신을 개발하기 위해 지속적으로 학교를 다닌다는 것은 거의 불가능하게 보인다.
- 유럽연합회원국 출신의 이주자 및 국제적인 노동유연성 차원에서 독일에 입국한 사람들: 이 그룹의 규모는 작지만, 가족의 생활수준이나 교육에 대한 관심은 앞의 세 그룹과는 근본적으로 구별된다 (Baumert/Schümer, 2001:341 이하 참조).

피사 연구자들은 '문화자본(Kulturelles Kapital)'이라는 부르디외(Bourdieu)의 구상에 기초해 이러한 구상을 효율적으로 다룰 수 있는 이정표를 만들었다.

"부르디외에 따르면, 모든 문화수행자와 문화자원은 (상징적 권력수단으로서) 하나의 사회체제 내에서 그 체제를 유지하는 데 필요한 능력이나 태도 그리고 가치지향을 전달하는 데 기여하는 문화자본으로 이해될 수 있다. 문화적 재화나 문화자원의 경우에는 예술작품 혹은 문학 같은 유형적인 재화만이 아니라, 예를 들어 학위 혹은 타이틀 같은 잠재적 권력을 제도화한 형식들도 중요시된다. 특히 한 인간의 내면화된 감정이나 사고모형, 그리고 행동모형 모두 문화자원에 속한다. 부르디외와 파스롱은 이와 같이 감정 및 사고모형, 그리고 행동모형을 만드는 규범체계를 '아비투스(habitus)'라고 부른다."
(Baumert/Schümer, 2001: 329 참조)

이러한 구상에 따라, 이를테면 체류기간, 한쪽 또는 양쪽 부모의 출신국, 수학과 자연과학 및 읽기능력을 연관 짓는 비교적 세분화된 사회계층모델이 개발될 수 있었다. 주지하는 바와 같이 피사는 15세 학생들만 대상으로 삼았다. 이주가정의 청소년들과 관련해 피사 연구의 가장 중요한 결과는 다음과 같이 요약될 수 있다.

- 15세 학생 중 21.7%는 한쪽 부모가 독일에서 태어나지 않았다. 그리고 15.3%는 양쪽 부모가 모두 외국에서 태어났다(Baumert/Schümer, 2001: 341 참조). 이 숫자를 보면 분명히 독일은 이주 국가이며, 그 수는 증가할 것이다. 따라서 학생 전체의 민족적 혹은 문화적 '동질성'은 이제 (더 이상) 현실에 맞지 않는 가설이라는 것을 알 수 있다.
- 15세 학생의 약 절반 정도는 그들의 아버지가 독일에서 태어나지 않은 반면, 본인들은 이미 태어나면서부터 독일에서 살고 있다. 청소년의 70% 이상이 유치원부터 의무교육이 끝날 때까지 계속 독일의 학교를 다녔다.
- 전반적으로 이주자그룹은 중간 혹은 상위 교육과정으로 올라갈수

> 록 수적 열세가 뚜렷하게 나타나지만, '이주자그룹의 다양한 학교별 분포'도 확인할 수 있었다. 아버지가 터키나 유고슬라비아 출신 청소년그룹의 경우에 각각 실업계 고등학교에 다니는 비율이 약 56%에 달할 만큼 가장 큰 그룹을 이루고 있으며, 아버지가 이탈리아와 그리스 출신 청소년의 비율이 그 뒤를 이었다. 이에 비해 역이주자 가정의 교육열은 훨씬 더 강해 보인다. 중간 및 상위 교육과정에 재학 중인 터키 및 유고 출신의 청소년들과 역이주자가정 출신의 청소년들과는 약 15% 정도 차이를 보이고 있다(Baumert/Schümer, 2002: 196 참조). 물론 이러한 결과는 지역적으로 세분화해서 살펴보아야 한다. 왜냐하면 국가별 이주모델은 크게 다르기 때문이다. 독일 연방주 바덴뷔르템베르크와 자르란트의 경우에는 그리스와 이탈리아 이주자가정의 비율이 12% 또는 14%에 달할 만큼 높다. 바덴뷔르템베르크의 경우에는 구 유고연방 출신 가정의 청소년 비율이 13%로 가장 큰 비율을 차지하고 있다. 또한 자유도시 브레멘, 연방주 노르트라인베스트팔렌, 연방주 헤센, 그리고 그 밖의 대도시의 경우에는 터키 출신 이주자의 비율이 가장 높은 지역에 해당된다. 이들 지역의 경우에는 그 비율이 20%에 달하거나 아니면 그 이상을 차지한다(Baumert/Schümer, 2002: 192 이하 참조).

다른 한편, 상급 학교의 문턱이 얼마나 높은지 혹은 얼마나 낮은지는 개별 연방주의 교육 정책에서 직접 찾을 수 있다. 예를 들어, 바덴뷔르템베르크, 바이에른, 라인란트팔츠와 슐레스비히홀슈타인 주에서는 (양쪽 부모 모두 이주자인 경우) 청소년의 약 60%가 실업계 고등학교에 다니는 반면에, 발전된 통합 학교구조를 지닌 연방주(노르트라인베스트팔렌, 헤센, 자르란트, 브레멘)의 경우에는 그 비율이 30~40% 대로 떨어진다(Baumert/Schümer, 2002: 196 이하 참조). 독일의 경우에는 상급학교의 세분화에 따라 조기에 상급학교 진학을 결정하는 구조이며, 몇몇 연방주의 경우에는 그에 상응하는 경직된 진학규정들 때문에 그 구조가 여전히 강화되고 있는데, 국가별 비교 연구자들은 이러한 구조에서는 '상급학교 진학과 관련해 학생 스스로가 개입할 수 있는 기간'이 너무 짧다고 생각한다(Baumert 외, 2001: 374 참조). 국가 간 비교에서도 알 수 있듯이 독일과 같이 너무 이른 시기에 상급학교 진학을 결정하는 나라는 별로 없다.

- "양쪽 부모가 모두 독일에서 태어난 가정 출신의 청소년들은 실업계 고등학교가 아닌 다른 상급학교에 진학할 수 있는 기회가 순수 이주가정 출신의 같은 또래 학생들과 비교해 훨씬 더 많다."(Baumert 외, 2001: 374 참조) 연구에 따르면, 체류기간은 본질적으로 보다 나은 독일어 사용능력, 그리고 그렇게 함으로써 학교를 마칠 수 있는 훨씬 더 큰 가능성으로 이어진다는 점을 재차 확인할 수 있다.
- "이주 배경이 있는 청소년들과 이주 배경이 없는 청소년들 사이에서 기회의 차이는 서로 다른 사회계층 및 지식계층 청소년들 사이에서의 차이보다 훨씬 더 적다는 사실을 분명히 인지하는 것이 무엇보다 중요하다."(Baumert 외, 2001: 374 참조)
- "교육과정에서 이주가정의 청소년들이 받는 불이익은 일차적으로 사회적 상황이나 가족의 문화적 격차를 이유로 그 책임을 돌릴 수 없다. 이 경우에는 독일어 사용능력이 결정적인 역할을 한다. (……) 의무교육이 끝날 때쯤에 이주 배경이 있는 청소년들의 읽기능력을 관찰해보면, 양쪽 부모 모두가 독일에서 태어난 가정의 자녀들과 국가별로 혼합된 가정의 자녀들의 경우에는 읽기능력의 수준별 분

포에서 큰 차이를 보이고 있지 않다는 것을 알 수 있다. 그러나 이러한 상황은 부모 모두가 이주한 가정의 자녀들의 경우에는 매우 다르게 보인다. 읽기능력이 매우 떨어지는 청소년의 비율은 20%를 상회한다. 이들 가운데 70% 이상의 청소년들이 독일의 학교를 마쳤음에도 불구하고 이들 청소년의 약 50%는 기초적인 언어능력 1단계를 넘지 못하고 있는 실정이다. 조사결과에 따르면, 언어능력의 결핍은 누적되어 전문분야에도 영향을 미치고 있는 것으로 보인다. 그 때문에 읽기 및 이해능력이 부족한 사람들은 대학의 모든 전공영역에서 공부를 하는 데 제약을 받는다."(Baumert 외, 2001: 379 참조)

- "독일에서 읽기능력이 불충분하거나 현저히 떨어지는 잠재적 위험군은 다른 나라에 비해 큰 편이다. 15세 연령 청소년그룹의 약 23%가 여기에 해당된다. 사회적 신분이나 부모의 교육수준, 그리고 가족의 이주사나 성별이 상대적으로 이와 같은 잠재적 위험군에 속할 수 있는 위험 가능성에 영향을 미친다. 하위계층의 자녀들을 지원하는 데 있어서 커다란 성과를 거두고 있는 다른 OECD 국가들보다도 독일에서는 전반적으로 그러한 특징과 위험군 사이에 훨씬 더 밀접한 관련성이 있다."(Baumert 외, 2001: 402 참조)

설령 이주가정 출신의 청소년그룹을 결과에서 제외시키더라도 —피사 연구자들이 지적하듯이—(알다시피 좋지 못한) 전체 결과를 눈에 띄게 개선시키지 못하고 있다. 그 이유는 다음과 같다.

- 성적이 좋은 학생과 성적이 나쁜 학생 간의 편차가 독일만큼 큰 나라는 없다.
- 독일만큼 사회적 신분이 교육의 성과를 강력하게 결정하는 나라도

드물다.

- 독일처럼 일찍이 상급학교 진학을 결정하는 나라도 없다. 성적이 비슷한 학습 집단에 대한 요구가 생성된다. 물론 그것이 교사의 희망과는 일치하겠지만, 학생의 능력개발 및 향상에는 도움이 되지 않는다.
- 인문계 고등학교는 우수 학생들의 (대학학습능력이 있는 학생들 가운데 절반가량은 국제 경쟁력을 갖춤) 학습향상뿐만 아니라, 학습능력이 떨어지는 학생들에게조차 성공적이지 못하다.
- '전형적인' 이주국가들, 예를 들어 스웨덴의 학습능력평가 결과는 교육시스템을 통해, 이를테면 체류국의 수업언어뿐만 아니라 출신국의 언어를 습득하는 데 있어서 체계적이고 목표지향적인 지원을 통해 이주자 자녀들의 언어 및 성적부진을 극복할 수 있다는 것을 보여주고 있다. 왜냐하면 후자의 경우는 또 다른 언어를 습득하는 데 있어서 인식의 기초를 형성하기 때문이다.

2004년에 발표된 초등학교 읽기능력에 대한 국제적 연구보고서(IGLU: Internationale Grundschul-Lese-Untersuchung)는 능력보다는 사회적 배경이 교육의 기회를 결정하고 있다는 것을 알 수 있다[물론 독일은 중등교육과정과 관련해서 국제학력평가(PISA)보다는 전반적으로 훨씬 좋은 성적을 받았다]. "독일가정의 4학년 학생이 비독일가정의 동급생보다 교사로부터 인문계 고등학교에 진학할 것을 제안 받는 기회가 5배나 더 많다. 그뿐만 아니라 비교 가능한 사회적 배경과 비슷한 읽기능력을 가진 경우에도 독일가정 출신의 학생은 인문계 고등학교 진학을 권유받을 기회가 1.7배나 많다."(프랑크푸르트 방송, 2004년 1월 28일자)

해석의 모델

오래전부터 이주에 관한 연구는 교육차별을 설명하기 위한 단초, 즉 어떤 이론에 힘입어 차별이 학교에서 행해지고 있는지에 관해 설명 또는 그것을 입증하고자 많은 노력을 기울이고 있다. 이때 자주 등장하는 설명 모델은 다음과 같다.

> "평균적인 서부 독일의 한 대도시에 설치된 외국인 자문위원회가 학습장애아를 위한 특수학교에 눈에 띄게 높은 '외국인 비율' 때문에 1995년에 개최한 〈이주자 자녀들의 학교교육 실패〉를 주제로 한 토론에서 주 정부 대표자, 해당 지역 교육청의 대표자, 학교상담소 대표자, 그리고 초등학교 및 특수학교의 몇몇 교장 순서로 발언할 기회를 가졌다. 모두 1시간 동안 조직의 특성에 기초한 상세한 조사를 통해 이주자 자녀들의 부족한 학업성과에 관해 설명했다.
> 요약하면, 빈번한 전학으로 인해 자녀들에게 과도한 부담을 주는 '좋지 못한 개인적 경험'을 겪었다는 것을 알 수 있다. 이때 자녀들이 갖는 '이중의 침묵'이 문제시되는데, 특히 아랍, 터키 그리고 모로코 출신의 자녀들에게 해당되는 '문화충격'이 문제시된다. 문화충격은 이슬람가정에 만연된 '근본주의'로 인해 더욱 강화된다. 많은 아이들이 '자신의 의지와 상관없이 독일에 있다'고 말한다. 그들은 교대근무를 하는 부모의 소홀함을 경험했다고 말한다. 그것은 행동장애, 특히 공격적 태도로 이어지고, '약물남용 및 판매행위'로도 이어진다고 한다. 이슬람가정의 경우에 사람들은 점점 더 '동화에 대한 거부적인 태도'를 관찰할 수 있다고 한다. 즉 이주자 출신의 학부모들은 학부모 모임에도 참석하지 않으며, 여자아이들의 경우에는 학교에 보내지 않거나 남학생과 여학생이 함께 수업을 받는 수영시간

이나 수학여행에도 참가시키지 않는다고 한다."(Diehm/Radtke, 1999: 55 이하 참조)

여기서 무엇보다 인성과 관련된 특성, 그리고 이주자가정 및 그 자녀들이 지닌 특성을 그들의 교육 실패에 관한 설명의 근거로 여기는 시각이 분명하게 형성된다. 이러한 해석의 변형은, 이를테면 훨씬 높은 기대치를 자신의 자녀들에게 요구하는 그리스인들의 '교육열'과 같이 민족 특유의 심성과 연결된다. "그렇지만 좀 더 자세히 들여다보면, 지금까지 이러한 결과는 항상 깨지기 쉽고 모순적인 것으로 판명되었다." 교육에 대한 높은 기대치는 모든 이주자그룹에서 언제나, 그리고 성별과 관계없이 확인할 수 있었다. "이와 반대로 교육에 영향을 미치는 또 다른 사회적 요인들과 생활수준에서 비롯되는 요인들이 중요하다는 사실이 밝혀졌다. 이때 독일에 살고 있는 이주자들의 사회적 · 경제적 상황이 특히 중요한 비중을 차지한다. (……) 여기에 이주라는 조건 하에서 다음 세대에 문화자본을 넘겨주는 데 별다른 성공을 거두지 못하고 있다는 점이 추가된다. (……) 아무튼 이주자의 출신국이 문제 된다는 것은 아무런 설득력이 없다는 것이 확인된다."(Gogolin 외, 2003: 18 참조)

고몰라/라트케(Gomolla/Radtke)는 개인에게 초점을 맞춘 설명과는 정반대되는 해석의 단초를 제공한다. 이들에게 그것은 '제도상의 차별(institutionelle Diskriminierung)'(그들 저서의 제목처럼)로 이어지는 학교체계의 특징이다. 그들은 자신들의 연구를 통해 제기한 질문, 즉 학교에서 경우에 따라 진로선택 결정에 영향을 미치는 "일반적인 인지모형,

규범, 습관 및 학교생활이 민족의 특성에 따라 다시 교육과정 수료에 얼마나 견고하게 불균등한 분포를 만들어내고 있는지에 대한 질문" (Gomolla/Radtke, 2002: 17 참조)을 심도 있게 다루고 있다. 이 질문은 특히 갈등의 민족화로 나타난다. 그렇기 때문에 '터키 아이들'이 흔히 상급학교 진학에 대한 권유를 덜 받는 대신 학습장애아들이 다니는 학교에 많은 다니는 결과가 나타나는 것은 일종의 교사들의 인지 및 상호작용의 모델이다.

이주 및 학교교육 연구는 아마도 구조적인 조건들이(외국인 권리의 의미와 소홀해진 통합지원 등을 참조) 수습하기 어려운 방식으로 개인과 관련된 요인들에 초점을 맞추고 있기 때문에 명확한 설명의 단초를 쉽게 발전시키지 못했다는 것을 확인하는 데 그치고 있다. 그렇지만 국제적인 비교연구는 "다르게 조직된 학교나 수업과정이 출신과 학업성취 간의 엄격한 의존관계를 느슨하게 만들 수 있다는 점"을 보여주고 있다(Gogolin 외, 2003: 19 참조).

그렇다면 "어떤 구조적인, 즉 교과과정 또는 교육적 조치들이 이주자가정의 아동과 청소년의 능력을 발휘할 수 있도록 지원하고 후원할 수 있는가?" 하는 질문이 제기된다. 물론 울프 프로이스-라우지츠(Ulf Preuss-Lausitz, 2003)는 이주자가정의 자녀들에게 더 많은 기회의 균등을 보장하는 것만이 학교정책의 과제라고 생각하지는 않고, '광범위한 사회 전체의 발전'과 연계시켜야 한다고 말한다. 그의 평가에 따르면, 특히 독일 학제에서 이주자가정의 자녀들이 불이익을 받는 이유를 다음과 같이 설명한다.

너무 적은 '문화자본', 그리고 지식과 시민사회 및 개방성에 기초한 '위험사회' 내부의 미발달된 개방성이 첫 번째 이유다. 효율적인 현대사회의 특성, 특히 불확실성이 지속되고, 서로 다른 생활양식을 받아들이며, 가족 내에서의 차이를 위계가 아닌 협의 하에서 조화를 모색하고, 개인을 '자신의 삶을 위한 기획실'로 생각하는 것 등을 충분히 뒷받침하지 못하고 있다.

두 번째 이유는 전통적인 독일의 교사, 학교의 커리큘럼 및 특성에 의한 것으로, 이들이 가족의 사회화와 연계되지 않은 채 학교 및 직업교육시스템을 이루고 있다는 것이다. 더욱이 독일학교의 '중산층 특성(Mittelschichtcharakter)'은 지나치게 독일인 중심적이며, 이주자가정의 노동자 자녀들(그리고 농장 일꾼의 자녀들)에게 이중의 불이익을 가져다준다. 교육시스템에서 이주자가정의 자녀들은 독일 노동자 자녀들이 40년 전에 가졌던 지위를 넘겨받았다. 즉 다수가 실패하고, 소수만이 신분상승에 성공한다.

세 번째 이유는 지금까지 공적 삶으로부터 이주자가정의 청소년들과 성인들을 배제한 것이다. 지금의 사회는 이주자의 생존문제와 연계되어 있지 않다. 여기서 말하는 연계란 이른바 민족문화에 대한 적응을 의미하는 것이 아니다. 그것은 개방적이고, 제휴전략을 통해 현명하게 조화를 이루는 것을 의미한다. 교육정책만으로는 학교교육 및 시민사회의 실패를 극복할 수 없다. 노동시장, 직업교육정책, 청소년정책, 외국인에 대한 적대적 태도를 없애기 위한 노력, 주택정책, 도시계획, 문화정책 등이 모두 함께 협력해야 한다.

2000년 발효된 신국적법 덕분에 수십 년 전부터 필요성이 인식되었던 근본적인 발전이 이루어졌다. 독일에서 태어난 이주자가정의 자녀들은 모두 자동으로 독일 국적을 갖는다. 그리고 그들이 독일인으로 남을 것인가 하는 문제는 (23세 이후) 오로지 그들의 결정에 달려 있다. 더 이상 '메메트-해법(Mehmet-Lösung)'은 가능하지 않다. 국외 추방-입국 차단-처벌을 희망하는 것은 정책 전반을 가로막고 있다는 점을 의미한다. 학교뿐만 아니라 이제는 인종적으로 혼합된 사회에서 정부가 '최종적으로' 관여하지 않으면 안 된다. 물론 그것이 올바른 길을 보증하지 않는다. 프랑스의 사례가 그것을 잘 보여준다. 이주자들의 조직과 성공을 거둔 이주자 개개인을 사회정치, 문화, 노동시장 및 교육정책과 관련된 프로젝트에 끌어들이지 않고서는 모든 조치가 순수한 배려에 지나지 않으며, 결국 실패할 것이 자명하기 때문이다. 만약 모두가 유럽의 시민사회가 지향하는 기본적인 가치, 즉 문화적 다양성과 개인의 민주적 가능성 확대, 그리고 마지막으로 사회 및 개인의 안녕이라는 기본적인 이해에 동의한다면, 모든 측면에서의 고려는 의미를 갖게 된다. 또한 대화 및 협상 분야가 발전되어야 한다. 그것은 기초, 즉 민주적 다양성으로서 비위계적 다름 위에서 — 집단과 집단 사이, 집단 안에서의 개인과 개인 간의 관계에서도 — 오늘날 시민사회의 토대가 될 것이다(Preuss-Lausitz, 2003 참조).

프로이스-라우지츠는 자신의 연구결과에서 다음과 같은 15개의 요구사항을 제기했다.

이주자가정 자녀 지원을 위한 학교 및 학교정책의 15개 요구사항

① 취학 전 예비학교 및 초등학교 수업에서 이주자 출신국의 언어 포함: 독일인 교사의 2개국 언어능력 및 2개국 언어수업—이주자 출

신국 언어의 문자 습득을 위한 추가 교과과정 편성

② 이주자가정의 자녀들을 위한 특별반 편성 금지: 특별반은 학습효과가 없으며(독일어 습득 효과도 없음), 일부 학생들의 따돌림 문제도 해결하지 못한다. 학교 및 경우에 따라서는 사회생활에 있어서 이주자가정 자녀들의 개선과 관련된 현실적인 문제를 매년 학교연보에 기록해야 한다.

③ 학습장애아들을 위해 설립된 특수학교로 이주자가정 자녀들 전학 보내기 중지: 주민의 수만큼이나 그들의 수가 2배나 크기 때문에 특수학교로 이주자 자녀들을 강제로 전학시키는 것은 학교의 편의에 지나지 않고, 해당 학생들에게도 전혀 도움이 되지 않는다. 보다 효과적인 일을 할 수 있도록 특수교육 전공 교사들을 일반학교에 배치해야 한다.

④ 주요 이주국가 출신의 교사들에 대한 보다 적극적인 고려, 동일한 재정 지원(경우에 따라서는 급료 관련 법령의 변경 또는 특별규정), 정규수업에 전문교사로 배치, 이주자가정 출신의 대학입학 자격 취득자 가운데서 사범대 지원자 모집: 지금까지 성공을 거둔 이주자가정 출신의 자원들을 너무 소극적으로 이용하고 있다. 훨씬 더 다양한 국가 출신의 경찰, 청소년보호 담당자, TV 아나운서 등이 필요하듯이 기회균등과 사회적 포용을 개선하기 위해 다양한 국가 출신의 제2 및 제3 세대의 교사들이 더 많이 필요하다.

⑤ 특별 교과과정에서 출신국가별 단체에 소속된 예술인, 사업가, 스포츠맨, 사회활동가들의 활용('KIDS', 예술인들을 학교로 보내기 등)

⑥ 성공한 이주자가정 출신의 청소년 및 청년들(자영업자, 서비스업 종사자, 예술가, 대학졸업자, 그리고 수공업자 등), 성공적인 학력 평가 관점에서 학교의 정규과목이나 대규모 학교 행사에서 학생들에게 구체적인 전망을 제시할 수 있는 프로그램 제공

⑦ 학내에 독일어/터키어뿐만 아니라, 행정사무국의 공지문에 다국어 도입(학생들 스스로 상황에 따라 그것을 자신들의 학습과제로 삼을 수 있다)

⑧ 복수주의 관점 하에서 교과과정의 체계적인 계발과 시험(독일-폴란드 교과서심의위원회와 유사한 심의위원회 설치): 역사, 문학, 예술, 언어영역에서뿐만 아니라, 가능하다면 체육이나 수학 및 자연과학에서도 도입하지 않을 이유가 없다.

⑨ 미취학 어린아이들을 보살필 수 있도록 배려하는 동시에 이주자가정 자녀들의 부모/어머니들에게도 독일어 학습과정 제공(베를린의 경우가 훌륭한 사례가 될 수 있으며, 경험적으로 활용될 수 있다)

⑩ 오후에 학교 건물을 이용하는 협력 프로젝트에 대해 이주자단체 등과 협의

⑪ 자격을 갖춘 이주자가정 출신의 청소년/대학생을 활용하여 사회적 관심의 대상이 되는 학교에서 학생들을 위한 다양한 특별활동과 보충학습과정 제공

⑫ 학교에서 이주자들의 미술전시 및 예술협회 행사를 위한 공간 제공

⑬ 학교연보에 매년—실현 가능한—학교 및 경우에 따라서는 이주자가정 자녀들의 사회생활 개선과 관련된 목표 제시

⑭ 매년 학교에서 발행하는 경과보고서에 대한 성공요인과 실패요인을 비판적으로 규명하고, 향후 업무내용에 대한 평가

⑮ 기존에 있는 것과 유사하지만 이주자협회와 청소년복지국 및 시의회와 함께, 예를 들어 2년마다 지역단위의 평가회의 개최

"이것은 체계적인 요구사항들이 아니다. 이주자가정 출신 자녀들의 학습 및 사회활동의 증진, 그와 동시에 21세기 미래에 능력이 있고 사회적으로 정의로운 시민사회에서 '공동성 가운데 다양성'을 수용하는 데 초점을 맞추고 있는 아직 완벽하지 않은 제안에 해당한다."

(Preuss-Lausitz, 2003 참조)

웹 사이트 안내

국제교육학연구를 위한 독일연구소(DIPF)의 웹 사이트, 특히 이주자가정이 겪는 특수한 문제, 그리고 최근의 교육정책과 관련된 토론 등에 관한 유용한 인터넷 자료(다운로드): http://bildungsplus.forum-bildung.de/templates/index.php
그 밖의 중요한 웹 사이트: http://www.bildungsserver.de/
연방통계청: http://www.destatis.de/themen/d/thm_bildung.htm
에센 대학의 이주연구, 상호문화교육학 및 2개 국어 교수법 연구소: http://www.imaz.uni-essen.de/
오스나브뤼크 대학의 이주 및 상호문화연구소: http://www.imis.uni-osnabrueck.de/
이주문제를 다루는 국제 잡지: http://www.migration.ucdavis.edu/
국제이주기구: http://iom.int/
독일노동조합총연맹(DGB)의 온라인 잡지: http://www.migration-online.de/
이주문제에 관한 가상 도서관: http://www.ercomer.org/wwwvl/
소수민족 및 이주연구 관련 포털: http://www.bonn.iz-soz.de/themen/migration

4 이주자가정 출신의 아동 및 청소년을 위한 학교의 대처방안들: 학교발전을 위한 기고문

불필요한 오해를 피하기 위해 이러한 대처방안들이 강조되지만, 이것은 1970년대 '외국인 교육학의 패러다임'으로 회귀하자는 것을 의미하지는 않는다. 학교의 대처방안들이 설령 (더 이상) 중심에 놓여 있지 않더라도 이것들은 상호문화교육학의 일부이자 일부일 수밖에 없다. 이때 온정주의적 '특수교육학', 즉 부족하다는 것에 초점을 맞추는 원론적인 태도 및 배려 중심의 태도에서 벗어나는 것이야말로 매우 시의적절한 의미를 갖는다. 하지만 이러한 것들이, 예를 들어 '능력 제고 구상'을 기초로 삼고 있듯이 사람들은 미래에 잠재능력과 이주자가정 출신 청소년들 개인이 지니고 있는 잠재력의 확인 및 그것을 인정하는 데 관심을 기울이고 있다는 점을 알게 될 것이다(Stark, 1996 참조). 물론 이러한 '학습 패러다임'은 이주자가정 출신의 아동이나 청소년들에게만 적용되는 것이 아니라는 점은 당연하다. 여기에는 배려나 설득의 태도와는 다른 하나의 인간상이 근간을 이루고 있다. 첫 번째 접근에서 발달심리학적으로 현재의 잠재능력을 자극하여 개인의 발달을 촉진시키는 것을 목표로 삼는 '인간중심' 또는 발달과제 중심적 '교육과정과 능력 제고 구상'의 원칙들에서 내용상의 커다란 진전을 확인할 수 있다(Meyer M., 1998 참조).

이와 같은 심리학적 측면에서의 잠재능력계발은 사회적 · 문화적 맥락에서의 고려와 불가분의 관계를 맺는다. 이것은 기본적으로 다음과 같은 평가에서 출발한다.

> "여기서는 출신과 출생의 배경이 대립관계에 놓여 있는 것이 아니라 무엇인가 새로운 것을 떠맡게 된다. 그러므로 이주자들은 하나의 국가, 하나의 문화 또는 하나의 언어로 분명하게 묶을 수 없는 일상의 세계와 생활세계를 가지고 있다. 오히려 그들의 일상의 세계는—사람들이 그것을 공간적으로 생각한다면—국민국가라는 경계를 뛰어넘어 펼쳐져 있다. 우리는 그것을 '초국가적 사회활동 공간'이라고 말한다. 사람들은 또한 자본과 상품, 정보와 사상, 그리고 문화적 행위에서 보듯이 초국가적 공간 속에서 활동한다."(Gogolin, 2003: 30 참조)

사회생태학적 시각에서 보면 다음 사항들은 체계적으로 서로 연관된 분야에서 출발하며, 일반적으로 그 바탕 위에서 상호문화학습,

그리고 특수하게는 이주자가정의 아동과 청소년들을 위한 교육적 지원방안들이 마련되거나 강구될 수 있다.

① 수업 영역
② 학교 영역(지역 환경)
③ 각 연방주의 교육정책 영역
④ 국가의 교육체계 영역
⑤ 유럽(혹은 세계)의 교육체계 영역

1) 행동영역 수업

국제학업성취도평가(PISA)의 결과는 오래전부터 잘 알려져 있던 사람들의 인식을 다시 한 번 확인시켰다. 외국어 습득은 출신국의 언어구조를 매개체로 보고, 그것과 조화를 이룰 때 성공을 거둔다. 그것은 다음과 같은 것을 의미한다. 즉 제1언어(모국어 또는 가족언어)의 장려는 제2언어(통용어인 독일어)를 쉽게 습득하는 데 도움이 된다. 제1언어의 무시 또는 배제는 제2언어 습득을 어렵게 만든다. 따라서 먼저 일반적으로 '모국어수업'이라고 부르는 것의 의미, 목표, 내용 그리고 구성형식에 대한 질문이 제기된다.

> "나는 우리가 모국어인 터키어를 배울 수 있는 것을 좋다고 생각한다. 터키어 수업을 통해 우리의 언어는 확장되고 교정된다. 물론 부모나 친지로부터 듣는 터키어는 예를 들어 문학 텍스트를 이해하고 해석할 만큼 충분하지는 않다. 나는 터키어를 배워야 하고 배우고 싶다. 왜냐하면 나는 내 부모와 터키어로 대화를 나누기 때문이다.

그들은 독일어를 잘하지 못한다. 만약에 내가 방학 중에 터키에서 의사소통을 하고자 한다면, 나는 당연히 터키어를 잘하지 않으면 안 된다. 나는 터키어를 통해 나의 문화도 배운다. 그리고 나는 어떻게 터키의 소녀들이 사는지도 배운다. 언어지식이 없다면, '내 문화'를 습득하지 못할 것이다."(카난, 터키 소녀, 16세)

"만약에 독일과 터키 사이에 지속적으로 경제적 관계가 발전하게 된다면, 반드시 터키어를 구사하고 훌륭한 교육을 받은 젊은이들이 필요할 것이다. 모국어인 터키어 수업에 참여한 학생은 예를 들어, 터키에 있는 독일 방직공장의 엔지니어가 될 수 있을 것이다. 특히 모국어수업은 독일어와 터키어 양쪽 모두를 충분하게 구사할 수 있을 만큼의 언어능력이 없는 젊은이들에게 큰 도움이 될 것이다. 양쪽의 언어 모두를 잘하는 사람은 살아가면서 좋은 기회를 가질 것이고, 독일과 터키 사람들 사이를 언어적으로 연결할 수 있을 것이다. 이 사람은 한편으로 '적응'하는 동시에 '자신의 문화'를 간직할 수 있다."(외뮈르, 터키 소년, 14세; 재인용. Böcker, 1994: 125 참조)

모국어수업은 당사자들에게 많은 기대감을 가져다준다. 그것은 가족 내에서, 지인들 사이에서 혹은 부모의 나라로 여행할 경우, 의사소통에 아무런 문제가 없을 뿐만 아니라, 문화적 정체성을 장려하는 것을 넘어 글로벌 노동시장에서 훨씬 더 좋은 기회를 제공할 수 있다. 독일 연방주마다 다양하게 도입된 모국어수업을 둘러싼 논쟁에서 흔히 다음과 같은 반론이 제기된다. 즉 모국어수업은 큰 비용이 드는 추가 교과과정이며, 목표어(독일어)의 습득에도 도움이 되지 않고, 당사자들에게는 학습 부담을 더욱 가중시키는 일이 될 것이며, 더욱이 독일에 머물고자 하는 많은 외국인 가정의 요구와 (더 이상) 맞지 않는다고 말한다(Böcker, 1994 참조).

본질적으로 이러한 판단의 문제는 흔히 서로 다른 관점들을 구분하지 못하는 데 있다. 우리가 당사자의 시각에서 논의하는 것인가? 교육정책 혹은 문화정책 관점인가? 또는 제2언어 연구의 학문적 결과들을 논의의 토대로 삼고 있는 것인가? 주체의 관점에서 보면, 모국어/제1언어 구사능력은 본질적으로 (낯선) 환경에서 자존감을 되찾을 수 있으며, 인성발달에 본질적으로 기여한다는 것은 분명히 이론의 여지가 없다. 또한 학습심리학적으로, 예를 들어 제1언어의 숙달은 또 다른 언어학습을 방해하는 것이 아니라, 오히려 용이하게 해준다는 것은 잘 알려진 바다.

외국인 문제를 담당하는 연방정부의 한 관리(2001: 36)는 이렇게 주장한다.

> "높은 비율의 교육 실패는 이주자가정 자녀들이 2개 국어를 사용해서가 아니라, 우리의 학제가 학생들의 2개 국어 사용에 어떻게 대처하는가 하는 방법론의 문제에서 비롯된 것이다. '먼저가 아니라 올바르게 배우자는' 과제가 이주자가정의 자녀들에게는 주어지지 않는다. 두 개의 언어를 함께 사용하면서 성장한다는 것은 두 개의 언어가 상호작용하며 학생들의 언어발달에 영향을 미친다는 것을 의미한다. 따라서 양쪽 언어를 목표로 삼는 학교의 정책은 잠재적으로 어린아이가 양쪽 언어를 능통하게 사용하는 실질적인 2개 국어 사용능력을 갖추는 데 도움이 될 것이다."

1970년대 이후 '모국어수업'의 기본모델들은 다음과 같이 구상되었다.

- 새로 이주한 또는 '정규학제'로 수용하기에는 독일어 실력이 충분하지 못하다고 간주되는 혹은 그렇다고 인정되는 아동이나 청소년들을 위한 예비학급 또는 특별학급의 다양한 형태: 이 범위 내에서 수업도 모국어(공식어)로 진행될 수 있다.
- 영사관의 책임(예: 바덴뷔르템베르크 주의 경우) 또는 교육청 감독 하에서의(예: 니더작센 주의 경우) 모국어 보충수업 등
- 소위 검증시험을 통한 모국어의 인정(예: 슐레스비히홀슈타인 주의 경우) 및 중등교육과정에서 필수 외국어 과목 대신 모국어수업 선택 혹은 출신국가의 언어로 시험에 응시할 수 있는 기회 제공(예: 작센 주의 경우) [외국인 문제를 담당하는 연방정부의 한 관리 2001: 9 이하 참조]

'예비학급', 좋게 말해 정규학급과 비교해서 예비학급의 기간과 구성이 논쟁의 대상이었으며, 지금도 논쟁의 대상이 되고 있다. 각 연방주의 실시 내용을 비교하면 대략 두 가지 기본모델을 추론할 수 있다.

첫 번째 경우에는 '예비학급'을 가능한 한 긴 시간 동안 가지려는 경향이 있다. 이와 같은 경우, 예비학급은 정규학급과 비교해서 상대적으로 구속력이 없는 동시에, 예를 들어 교사들에게도 이와 같은 과제를 준비하도록 하기 위한 교육정책상의 조치들이 취해지고 있지 않다는 것을 알 수 있다.

두 번째 경우에는 이주 및 난민 출신 자녀들을 가능한 한 빨리 정규학급에 편입시키고자 '예비학급'에서 짧은 시간 집중적으로 지원

하기 위해 노력한다. 이러한 교육정책상의 기본시각은 초등학교 예비교사들이 상호문화수업을 준비하기 위해 기울이는 노력, 그리고 이주자가정 자녀들에 대한 교수법 및 학교조직상의 업무통합을 위한 노력들에 의해 측면지원을 받는다.

크리스티나 알레만-기온다(Christina Allemann-Ghionda)는 유럽 4개국에서 시행하고 있는 이주자가정 출신 자녀들에 대한 통합형식을 비교 · 연구했다. 먼저 그녀는 다음 세 가지 통합형식들을 구분했다.

① 적합한 학년으로의 직접 편입
② 새로 들어온 어린 학생들만을 위해 개방된 수용학급, 입문학급 또는 적응학급에 배치
③ 먼저 적응학급에 편입하는 경우, 언어가 차지하는 비중이 적은 과목부터 정규학급으로의 부분 편입

그녀는 "추세를 살펴보면, 학교들이 보다 까다로운 통합 형태인 ①과 ③을 일반적으로 회피하고 있다"고 주장한다. "이와 같은 경우, 교육적 고려보다는 인사정책이나 조직 및 재정상의 요인들이 (……) 훨씬 더 결정에 영향을 미친다. 독일 연방주 및 3개 언어지역인 스위스의 3개 연방주를 비교해보면, 독일어권의 시스템은 일반적으로 분리(그리고 격리) 형태를, 프랑스어권 및 이탈리아어권의 시스템은 통합적 학교운영형태를 선호하고 있다는 것을 보여주고 있다. 이러한 차이는 프랑스어를 모국어로 사용하거나 이탈리어를 모국어로 사용하는 지역이나 연방주의 학교에서는 특별학급이 큰 의미를 갖지 않는다는 사실과 부합한다."(Allemann-Ghionda, 2002: 443 이하 참조)

수행과제

여러분이 살고 있는 연방주에는 (서로 다른 학교단위에서) 모국어 또는 상호문화교육을 위한 수업모델이 어떠한 것이 있으며, 어떤 개선안이 있는지에 관한 자료를 수집해보시오(Walter, 2001 참조).

웹 사이트 안내

"독일 학교의 다국어 구사능력. 독일 연방주에 대한 개관"이라는 주제 하에서 연방정부의 통합담당관리가 인용한 정기간행물은 http://www.integrationsbeauftragte.de/publikationen/diskussion10.pdf에서 다운로드하여 볼 수 있다.

인터넷 참고문헌 http://bildungplus.forum-bildung.de/templates/index.php 또는 고골린(Gogolin), 노이만(Neumann), 그리고 로트(Roth)의 교육기획입안 및 연구지원을 위한 독일연방 및 주 협동위원회(BLK)-평가보고서 "이주자가정의 아동 및 청소년 지원(BLK Heft 107)"(2003)은 www.blk-bonn-de을 이용할 수 있다. 이 두 간행물은 현재의 학술적인 논의 수준을 소개하고 있을 뿐만 아니라, 독일의 각 연방주 및 국제회의에서도 혁신적인 발전을 보여주고 있다.

연방정부가 설립한 민주주의와 관용을 위한 협회의 웹 사이트(www.buendnis-toleranz.de/)에는 상호문화교육을 위한 16개 연방주의 활동사항들이 제시되어 있다.

모국어수업에 관한 링크 안내: http://links-guide.ru/sprachen/muttersprache.html

그 밖의 참고문헌

— Ingrid Gogolin/Ursula Neumann/Lutz Reuter (Hg.)(2001): Schulbildung für Kinder aus Minderheiten in Deutschland 1989-1999. Schulrecht, Schulorganisation, curriculare Fragen, sprachliche Bildung. Münster/New York/München/Berlin.

— Hans H. Reich(2000): Die Gegner des Herkunftssprachen-Unterrichts und ihre Argumente, Deutsch lernen 2/2000: 112-125.

— Norbert Rixius/Eike Thürmann/Landesinstitut für Schule und Weiterbildung(1987): Muttersprachlicher Unterricht für ausländische Schüler, Berlin.

— Karin Wolff/Ingrid Gogolin(2000): Zunächst einmal richtig deutsch lernen, Pädagogik 7/8 2000: 80f.

— Ein Sammelband zum Thema "Interkulturelles Lernen im Fachunterricht" (Sek. I): Hans H. Reich/Alfred Holzbrecher/Hans Joachim Roth(2000): Fachdidaktik interkulturell. Ein Handbuch, Opladen.

이 참고문헌에 실린 논문: Katharina Kuhs: Zweitsprache Deutsch: 257-285.

노르트라인베스트팔렌 주의 소도시 조에스트(Soest)에 소재하고 있는 학교 및 교육에 관한 연구소의 아이케 튀르만(Eike Thürmann)은 모국어수업의 계발에서 정규수업의 변화 가능성을 발견한다. 그는 다음과 같이 주장한다.

> "모국어수업이란 두 개의 언어 그리고 그 이상의 언어를 연계시키는 것이며, 다국어를 구사할 수 있도록 교육하는 것이다. 주제 및 내용을 중심으로 수업하며, 서로 다른 과목과 학습영역(언어, 문학, 사회, 종교수업)을 포함시키는 것이다. 다국어 구사능력 등과 그 이유 및 가능성 그리고 문제점에 관심을 기울이는 것이다. 청소년들에게 문화적 다원주의에 대한 삶을 준비하도록 상호문화의 목표를 설정하는 것이다. 관점의 변화를 현실에 적용하는 것이다."(Thürmann, 1996: 22 참조)

정규수업의 틀에서 상호문화의 관점을 지닌 다국어교육의 일반적인 구상과 모국어수업을 통합하는 것이 상호문화교육학의 시각에서 강하게 요구되는 목표다. 이것은 외국인교사들을 학교의 교육과제로 통합 또는 그들의 업무를 먼저 진지하게 수용하고 평가하는 기회도 제공할 것이다.

"학교교육과 언어교육이라는 새로운 기본조건의 구상은 가르치는 언어의 다양성—영어가 지닌 특별한 지위를 인정할 경우—을 장려하면서 소수만이 사용하는 모국어를 진학에 필요한 중요한 외국이로 인정해야 한다. 이러한 구상에서는 소수자의 언어와 출신국의 언어가 동등한 권리를 지닌 다국어의 일부—국적과 무관하게—이며, 모든 학생에게 개방된다. 이러한 수업은 정규수업의 일부이며, 학교의 감독을 받는다. 그리고 성적산출이나 진학을 하는 데도 중요하다. 여기서 유럽 학교들은 교과과정, 그리고 내용 및 방법론—교수법상의 참고사항들—을 제시할 수 있다. 다국어 구사능력을 위해 동등한 권리를 갖는 교육의 일부로서 출신국의 언어를 포함시킴으로써 이주자가정 출신의 학생들에게 학교교육이 지닌 매력도 증진시키게 된다. 그러므로 독일 학교에서는 아동과 청소년들의 언어능력을 향상시키기 위해 새로운 기본조건들을 만들 시점이다. 새로운 교사 양성과 재교육 강화, 유연한 수업모델의 계발, 그리고 이 분야에 상당한 정도 학교의 자율을 보장하는 것이 여기에 해당한다고 할 수 있다.

끝으로 학교교육을 위한 새로운 길을 모색하고, 서로 다른 문화—다른 나라 사람들이 사용하는—와 언어 구사능력을 더 이상 무가치하게 만들지 않고—즉 그것을 이용하지 않고 방치하거나 '장애요인'으로 수용하는 것이 아니라—그것을 인정하고 다국어 구사능력을 증진시키기 위한 교육의 틀을 지속적으로 발전시키는 것이 매우 중요하다."(외국인문제를 담당하는 연방정부의 한 관리 2001: 40)

수행과제

- 모국어교육을 담당하는 교사들과 접촉하여 수업을 발전시키기 위한 그들의 생각과 과제에 관해 함께 토론해보시오.
- 여러분이 '상호문화교육'을 계발하기 원하는 학교에서 2개 언어 혹은 다국어수업에 대한 미래의 모델을 기획해보시오.

'상호문화의 목표를 지향하는 다국어수업'에 대한 전망이 전교생 가운데 일부 학생에게만 도움이 되는 '특수'교육적 측면에서의 지원보다 훨씬 더 중요하다는 사실을 분명하게 보여주고 있다. 그것은 다음과 같은 사실에서도 알 수 있다.

- 다국어수업의 발전은 세계화 및 유럽의 통합과정에 대한 적절한 답변이 될 수 있다는 것을 보여준다.
- 모든 교과수업에서 상호문화적 관점을 발견할 수 있다.
- 학제 또는 연구과제 중심적 교수법의 단초들은 각 분야를 포괄하는 전망과 학교의 문을 개방할 수 있는 기회임을 보여준다. 다시 말하면, 이것은 교수법 및 학습법의 다양성을 촉진한다는 의미에서 '내부로 이어지는' 문이며, 지역과 연계될 수 있다는 의미에서는 '외부로 이어지는' 문이다.
- 전교생이 각자 다르다는 것은 교수법상의 과제로 이해될 수 있으며, 학습 및 성적의 개념을 발전시킬 수 있는 시각의 확장을 가져다줄 수 있다.

사회 및 문화적 배경이 다른 학습 집단의 학습 및 성적평가는 교사에게 가장 어려운 과제 가운데 하나다. 언어가 약한 학생들을 평가할 경우, 어떤 방식을 고려할 수 있는가? 학생 개인과 계발 혹은 생활환경과 관련한 문제들을 평가할 경우, 학생들의 사회 및 문화적 배경을 어느 정도 고려해야 하는가? 이러한 질문에 대한 대답은 간단하지 않다. 예를 들어, (차별적) '외국인 보너스'의 형태가 바로 그런 경우다. 그러나 '확장된 성적 개념'에서 출발한다면 새로운 전망이 대두된다. 전통적인(좁은 의미에서) 성적 개념이 결과 또는 미리 확정된 기준범위에 초점이 맞춰진 반면, '넓은 의미에서의' 학습 및 성적 개념은 그 밖의 사항들, 즉 '사회적 기준'(구체적인 학습 집단의 성적 수준)과 '개인적 기준'(개인의 학습 및 성적발달 향상)을 추가로 고려해야 한다. 그 밖에 중요한 '개념 확장'은 학습결과 이외에 학습과정, 예를 들어 풀이방법이 얼마나 '지적'인가 하는 문제도 함께 고려한다. 결국 이러한 구상은 학습자를 평가할 때 기초로 삼는 확장된 지적능력 또는 학습 및 성적 개념에 바탕을 두고 있다(Bohl, 2001 참조). 이러한 맥락에서 하워드 가드너(Howard Gardner)의 '다중지능개념'(2002)은 매우 흥미롭다는 생각이 든다. 논리적이고 수학적인 능력만이 고려되는 것이 아니라, 예를 들어 언어 혹은 음악을 통해 입체적으로 제시할 수 있는 능력을 함께 고려한다. 마찬가지로 이러한 구상 속에는 '육체적-운동감각적인 지능'도 포함된다. 예를 들어, 춤을 추는 능력, 인간관계(예: 사교능력), 개인이 지닌 지적능력(자아지각능력)이 여기에 해당된다. 이러한 구상에 기초한 학교수업은 어떠하겠는가?

이처럼 확장된 성적 개념은 학생들이 지닌 다양한 능력을 장려하고, 장려할만한 잠재능력으로 받아들일 수 있는 길을 제시해준다. 이럴 경우, 이주자가정 출신 자녀들이 겪는 이중의 문화생활이 더 이상 그 배경을 고려하지 않고 모든 학생에게 획일적으로 적용되는 학습목표에 따라 제거해야 할 '장애요인'으로만 간주되지는 않을 것이다.

피사의 연구결과와 여기에서 제시된 결론에 대해 많이 지적하고 싶다. 그러나 나는 교수법 및 방법론적 구상에 집중하는 것이야말로—구체적인 수업구성과 관련해서—가장 의미 있는 도전이라고 생각하며, 그 목표는 학습 및 성적 개념의 다양성을 생산적으로 다루며, 아동과 청소년들이 오늘날 살고 있는 생활세계의 다양성, 그와 동시에 그들의 능력과 발전 가능성에 대해 관심을 갖고자 한다. 결국 이주자가정 출신의 자녀들을 가르치는 것은 교사들에게도 자신들의 전문성을 계발할 수 있는 훌륭한 학습기회가 된다.

2) 행동영역 학교

수업 행위는 학교시스템의 일부다. 상호작용의 영역으로서 수업은 이주자가정 출신 자녀들의 능력향상과 관련해서 교사에게 다양한 수업구성의 가능성을 제공한다. 그렇지만 이러한 시도는 일반적으로 학교라는 시스템, 그리고 특수하게는 동료교사와 교장, 해당 학교의 조직 및 교육능력, 지역과 주민을 포함한 구체적인 학교여건에 의해 많은 '제약'을 받는다. 학교의 어떤 구조적인 조건들이 '후원 및 필요의 문화'를 장려하는가 하는 문제에서 '시스템으로서의 학교' 영역을 생각한다면, 분명히 다음과 같은 다섯 가지 요인이 중요한 역할을 한다.

① 입학단계의 구상

언어적 어려움으로 인해 어린 자녀들의 등교를 미루거나 배제하는 것은 원칙적으로 옳지 못하다. "독일의 몇몇 연방주는 이러한 원칙을 규정이나 법령에 분명하게 명시했다. 즉, 문화 혹은 언어 문제와 관계없이 이주자가정 출신 자녀들을 모두 받아들이는 것은 통합의 원칙에 해당된다. 그 때문에 몇몇 연방주는 원칙적으로 1학년과 2학년에 학생들을 분리하는 예비조치들(예: 준비학급이나 예비학급)을 취하지 않는 쪽으로 나아가고 있다."(Gogolin 외, 2003: 63 이하 참조)

이러한 목표는 바로 입학단계에서 이주자가정 출신 자녀들을 지나치게 많이 특수학교 또는 예비학교로 보내는 '구조적 차별'(Gomolla/Radtke, 2002 참조)이 완화되리라는 것을 기대할 수 있다.

수행과제

여러분이 거주하는 연방주에는(그 밖의 연방주에서도) 입학단계에서 이주자가정 출신 자녀들을 위한 특별한 조치 또는 프로그램이 존재한다면, 그것이 어떻게 실행되고 있는지 알아보시오.

웹 사이트 안내

Gogolin 외 2003: http://bildungsplus.forum-bildung.de/templates/index.php의 인터넷 참고자료 다운로드

② 언어 수준의 진단방식

현재 독일의 몇몇 연방주에서는 이주자가정 출신 자녀들의 언어 수준을 세분화해서 이해하기 위한 토론과 구체적인 작업들을 진행하고 있다. 교육기획입안 및 연구지원을 위한 독일 연방 및 주 협동위원회(BLK)에서 심사를 담당하는 사람들은, 예를 들어 베를린 시(Bärenstark), 바이에른 주(Screening), 함부르크 시(HAVAS-5), 니더작센 주(Screening)의 방식들을 일목요연하게 정리해서 평가하고 있다. 이들은 일련의 공통점, 예를 들어 이러한 방식들이 "제도교육의 교육적 맥락에서 출발했다는 것", 즉 "학교에서 교사에 의해 적용될 수 있는 실무에 가까운 수단을 목표로 삼고 있다고 말한다. 수행 및 평가기한은 실행할 수 있는 범위 내에서 유지된다. 또한 그림 자료나 아동들이 관심을 갖는 자료들은 말하기를 유도하기 위해 사용되며,

가족들의 언어사용 배경에 관한 추가적인 정보" 등이 제공된다. "그러나 함부르크의 방식이 다른 주의 방식들과 비교해서 가장 큰 차이점은 독일어 이외에 현재 6개 이주자 출신국의 언어와 함께 언어수준을 높이고자 하는 데 있다. 독일어 습득이 성공적인 학교생활을 담보한다는 견해에서 벗어나 독일어에 대한 충분한 이해가 2개의 언어 또는 다국어를 사용하는 아동의 언어적 능력에 대한 충분한 통찰에서 비롯된 것인가에 대해 논의하지 않으면 안 된다. 2개 언어사용자의 언어습득에 관한 연구는 입학하는 전체 이주자가정 출신 자녀들이 사용하는 언어, 즉 독일어 이외에 가정에서 사용하는 언어를 파악하는 일이 훨씬 더 의미가 있다는 것을 보여준다. 이와 같이 한 아이가 지니고 있는 언어능력에 관한 포괄적인 통찰이 지닌 장점은 경우에 따라 부족한 독일어능력이 일반적인 언어발달 지체에 그 원인이 있는지에 대한 정보를 얻을 수 있기 때문이다. 따라서 제2언어로서 독일어의 체계적인 교육이 아이에게 도움이 되는지, 혹은 별도의 언어치료교육 또는 언어치료가 필요한지를 결정할 수 있다. 마찬가지로 두 개의 언어 발달에 기초해서 언어태도에 미치는 일반적인 인식발달의 영향들도 일찍이 알 수 있다."(Gogolin 외, 2003: 81 이하 참조)

③ 정규수업에서의 지원

단순한 수업 참여는 이주자가정 자녀들에게 성공적인 결과를 가져다주지 못한다. 피사 연구자들뿐만 아니라, 교육기획입안 및 연구지원을 위한 독일 연방 및 주 협동위원회(BLK)의 평가자들도 지적했듯이 학습능력을 향상시키기 위해서는 특별수업이 필수적일 뿐만 아니라, 과목별로도 가능한 범위 내에서 언어적 고려가 필요하다. 다시 말하면, "주제 학습 혹은 과목 학습에 필요한 언어수단들을 전달하는 교사는 독일에 잘 알려져 있지 않은 사고의 발전을 필요로 한다. 이와 관련해서 다른 나라의 경험에 관심을 기울여 독일의 실정에 맞게 계속 발전시켜야 한다. 예를 들어, 영국에서 '커리큘럼을 가로지르는 언어'—자유롭게 번역하면 과목별로 언어 배우기—가 여기에 해당된다(Bourne, 2003 참조). 여기에 필요한 전제조건은 언어진단과제뿐만 아니라 진단결과에 기초한 학습향상을 위한 방법을 계발할 수 있는 교사의 능력이다."(Gogolin 외, 2003: 60 참조)

④ 전일제 학교의 학습보충 및 발달과정

피사에서 상위에 있는 대부분의 국가는 학교를 전일제 형식으로 운영한다. 물론 최상위 성적이 학교의 운영형식으로만 설명될 수는 없다. 그러나 융통성과 유연한 방식으로 '주기적이고' 생산적인 학습문화라는 의미에서 구성 가능한 학습시간이 훨씬 더 많다는 것은 분명한 것처럼 보인다. 즉 학습단계는 여가구성과 사회교육학적 의미의 지도 혹은 학습부진 및 성적이 우수한 학생들이 목표하는 학습발달을 위한 것으로 전환된다. 이로써 전일제 학교는 매우 발전적이고 통합된, 그리고 비슷한 방식으로 필요와 발달에 초점이 맞추어진 교수 및 학습문화를 가능하게 한다.

웹 사이트 안내

www.ganztagsschulverband.de
http://bildungplus.forum-bildung.de/templates/index.php

수행과제

여러분이 거주하는 지역에 있는 전일제 학교들을 조사하시오(예: 교사와 학생들에게 질문하는 방식으로).

- 전일제 교육방식을 교육학에 입각해서—단순히 오후 시간을 연장해서 이루어지는 학습 지도가 아니라—계발한 것인가? 이러한 전일제 교육방식은 어떤 '특징'이 있는가? 또한 이와 같은 전일제 교육방식을 학교연보 또는 학교 발전의 일부로 수용하고 있는가?
- 어떤 방식으로 학습장애 학생들을 도와주고 있는가? 이러한 도움은 어떤 분야에 집중되어 있는가?(예: 숙제지도, 보충학습과정, 어학강좌 등)
- 이러한 방식들은 어떻게 인식되고 있는가? 그리고 어떤 고충이 있으며, 어떤 발전 가능성이 있는가?
- 전일제 운영으로 인해 교사의 업무가 어떻게 변화되었는가? 전일제 교육 및 그것을 개발하는 데 있어서 교사들은 어떤 방식으로 참여했는가?
- 전일제 운영을 통한 교육 및 학습에 있어서 어떤 측면에서 새로운 방식들을 개발할 수 있었는가?(예: 여러 과목을 포괄하는 수업 혹은 과제 중심의 수업)

"연구하며 교수법을 배우자"라는 세미나(5장의 2절 참조)의 연장선에서 전일제 수업에 대해 대학생들이 독일 프라이부르크(Freiburg) 지역 소재의 학교를 조사한 바 있었다. 여기서 나온 중요한 결과를 다음과 같이 다섯 가지로 요약할 수 있다.

- 성공적인 학교는 전일제 학교지도를 넘어(예: 직업이 있는 부모의 자녀들, 사회적 관심의 대상이 되는 학생들을 위해) 예를 들어, '인성교육과 자아능력'이라는 교육적 목표에 기반을 둔 전일제교육 방안들을 개발하고자 한다. 그런 다음, 예를 들어 '자기 주도적 학습단계'가 중요한 역할을 한다면, 학교의 학습문화가 전반적으로 변화할 것이다.
- 성공적인 학교는 다양한 스터디그룹(특별활동)과 보충학습과정, 그리고 예를 들어 연극교육, 체육교육, 여가교육, 체험교육, 학생신문, 갈등조정 분야에서 그 밖의 (선거의무) 활동들을 통해 학교생활에 활력을 준다. 동시에 전체 학교학습의 틀 내에서, 특히 학습 또는 정신

사회적 도움이 필요한 학생들을 지원하기 위해 '통합된' 방안을 개발할 것이다.

- 성공적인 학교에서는 '학교 개방', 즉 '내부 개방'(교육 및 학습형식의 변경, 과제 중심적/학과목을 포괄하는 수업)과 '외부 개방'(사회복지분야 및 청소년보호 사업을 담당하는 해당 지역의 지방자치단체와 교회기관, 가족센터, 주변의 학교 또는 외국의 자매결연학교, 기업 및 사회실습기관 등과의 협력)이 학교발전의 중요한 구성요소가 될 것이다.
- 전일제 수업방안을 개발하기 위한 동력은 흔히 교사로부터 출발하며, 학생들의 '변화된 유년시절' 혹은 '변화된 가정환경'에 근거한다. 그리고 학교는 여기에 대해 시대에 맞는 적절한 답안을 찾아야 한다. 결국 전일제교육은 '특별한 도움이 필요한'(관심의 대상이 되는 학교나 장애인학교의) 학생뿐만 아니라, 모든 학생에게 의미가 있다.
- 교사의 업무내용이 변화했다. 비록 시간적 부담이 더 커지고, 훨씬 더 많은 업무가 요구되지만, 교사와 학생 간의 관계가 보다 더 긴밀하게 발전될 수 있다는 점은 긍정적으로 해석된다. 더욱더 학생 중심의 수업형태로 진행되고 있는 경향을 볼 수 있으며, 그럴수록 동료 교사들과의 보다 긴밀한 협조가 요구된다(출처: 미발간 세미나 발표논문, 2003년 2월 11일/Holzbrecher 참조).

⑤ 상담(생활상담 및 심리사회적 상담)

학부모회의에서 전문가적 자기이해의 질문, 즉 "궁극적으로는 사회가 변화하면서 학교에 어떤 역할들이 부여되는가?" 하는 질문이 대두된다. 상담은 다양한 교사업무 가운데 하나다. 그리고 전문가의 도움 또는 해당 지역 사회교육기관과의 협력이 권장된다. 전문가를 상담업무와 교육업무에 포함시켜 업무를 분담하는 것은 사회교육기관에서 일하는 사회교육자의 업무영역을 구분하지 않는 '만능선 수' 또는 '만능인간'으로서 교사가 알고 있는 것보다는 훨씬 더 전문적으로 비쳐진다.

수행과제

여러분은 개인적으로 교사활동과 상담활동을 분리하는 데 찬성하는지, 아니면 이러한 활동을 다양한 교사활동의 일부로 생각하는지에 대해 토론해보시오. 예를 들어 해당 학생 또는 그들의 부모를 위해, 또는 여러분 자신 혹은 여러분의 전문가적 견해, 그리고 여러분이 정신적으로 감당할 수 있는 능력을 위해서는 무엇이 좋다고 생각하는가?

상담은 언제나 일정한 동기가 있다. 예를 들면 다음과 같다.

- 예비학교, 초등학교 또는 상급학교 진학상담
- 진로(직업선택)상담
- 학습부진 또는 과잉행동상담
- 학부모가 포함되는 경우, 즉 '체계적인 관찰'이 필요한 경우에는 장기적이고, 특히 지속적으로 영향을 미치는 교육 및 심리적 측면에서의 사안별 도움

발생할 수 있는 원인들을 자세히 들여다보면, 한편으로 우리는 구조적으로 제한된, 그리고 다른 한편 개인적으로 제한된(예: 발달심리학상의 문제나 가정 혹은 사회문화적인 문제) 심층구조와 마주칠 것이다. 따라서 구조 및 개인을 함께 고려할 수 있는 상담방식은 매우 중요한 의미를 갖는다.

학부모나 학생면담 혹은 가정방문을 할 경우, 기대하는 면담결

과와 현실적인 면담결과를 분명히 구분하는 것이 중요하다. 구조적인 문제를 바라볼 때에는 다음과 같이 구별한다.

- 미시시스템(Mikrosystem): '(핵)가정'(한 가정의 가치체계, 지각 모형, 사고 및 행위 모형)
- 중간시스템(Mesosystem): 자녀보다는 부모와 관련된 중요한 주변 인물(친인척, 친구, 동창, 이웃 등)
- 거시시스템(Makrosystem): 다문화사회, 이주국가와 출신국의 경제 및 정치 시스템. 앞의 두 시스템 간에 중간자적 역할을 하는 것이 다음 시스템이다.
- 외부시스템(Exosystem): 부모의 직업(지위), 주거상황 또는 미디어

이러한 사회생태학적 모델을 통해(Bronfenbrenner, 1981 참조) 발생할 수 있는 원인들은 이주로 인해 생겨날 수 있는 특수한 문제들의 원인들을 확인할 수 있다. 그뿐만 아니라 구조적으로 상호 연계된 영역들 가운데 어떤 영역에서 변화가 가능한지에 대한 질문에 훨씬 더 체계적으로 답변할 수 있을 것이다.

수행과제
각각의 시스템에 주목하면서 발생할 수 있는 원인들을 확인하고, 이 모델에 의거해 1장의 7절에 소개된 사례들을 조사하시오.

상담의 경우, 동일한 문제를 바라보는 (최소한) 두 가지 서로 다른 시각, 즉 학부모의 시각과 학교의 시각이 부딪치게 된다.

- 우리와 다른 사회문화적 배경을 경험한 학부모와 자녀: 특히 학부모가 자신의 모국에서 다니던 학교에서 거의 혹은 전혀 공동결정 기회를 가져보지 못한 경험이 바로 여기에 해당된다. 흔히 낯섦에 대한 두려움 혹은 열등감이나 패배감을 불러일으키는 사회문화적 차별이 여기에 더해진다(Dietrich/Abele, 1998 참조). 이러한 경험 때문에 이들은 배움에 대해 흔히 매우 편협한 생각을 가진다. 그러므로 그들은 특히 초등교육과정에서 자주 사용되는 '개방적'이고 '자유로운' 수업방식에 대해 이해하지 못하며, 결국에는 그것을 거부하기도 한다.
- 중산층의 규범을 목표로 삼는 제도로서의 학교는 단일 언어 및 단일 문화적 태도를 견지하고 있으며, 지금도 이러한 태도는 계속 이어지고 있다(Gogolin, 1994 참조). 의식적으로 강조해서 말하자면, 교과과정들은 의심의 여지없이 민족적 규범을 표준으로 삼고 있으며, 학부모와의 협력이 오히려 문화적 이질성만큼이나 '방해가 된다고' 생각하는 교사들은 일반적으로 학생들의 생활환경에 대해 별로 알고 있지 못하며, 만약에 그렇다면 그들은 교육학에 기초해서 이중문화교육을 다룰 자격이 없다.

오멘-벨케(Oomen-Welke, 2003)가 설명했듯이, 학교와 가정이라는 두 시스템 간에 발생하는 이러한 근본적 차이는 여러 영역에 걸쳐 교사와 학부모 간에 서로를 이해하지 못하는 결과를 초래할 수 있다.

- 면담시간: 학부모가 학교를 방문하고자 한다면, 대부분의 경우에는 긴급한 용건이 있기 때문이다. 그러나 그들은 시간적으로 여유가 있는 방과 후에 방문하기를 원한다. 여기에서 충돌이 발생한다. 왜냐하면 교사는 지금 면담할 시간이 없기 때문에 나중에 면담하는

것이 좋다고 생각하기 때문이다. 학교교육을 충분히 받지 못한 학부모는 교사가 왜 시간을 마음대로 갖지 못하는지, 그리고 교사는 왜 자신들과 이야기하지 않는지에 대해 이해하지 못한다. 결국 그들은 자존심에 상처를 입고 체면이 손상되었다고 생각한다. 그리고 그들은 목적을 이루지 못하고 돌아간 후에는 더 이상 학교에 오는 것을 주저하게 된다.

- 학부모 면담에서의 역할: 때때로 이주자가정 자녀의 아버지가 여교사 또는 여교장을 인정하지 않고 남자하고만 이야기하려는 일이 발생한다. 여교사는 이러한 요구를 침착하게 거절해야 한다. 여교사는 직무상 그것을 성공적으로 해내야 한다. 물론 여교사의 수수하지 못한 옷차림이나 학생 어머니가 머리에 두른 히잡—서로 간의 선입견 때문에—이 면담에 방해가 될 수 있다. 면담 중에는 상호 간의 접근과 간격, 그리고 시선과 면담시간이 무언의 역할을 할 것이다. 학교에서의 안전문제 혹은 교사가 자신의 지위를 상징하는 성적표를 놓고 자신의 말에 대한 증거를 찾아가듯이 구두로 전하는 내용들은 그들에게 매서운 공격이 될 수 있다. 학부모는 숙제와 학습을 도와주는 일, 그리고 왜 그들의 자녀가 할 수 없는지 감독할 것을 교사로부터 강하게 요구받는다. 그러므로 (언어수단이 한정된 경우) 때때로 목소리가 커지고 분위기를 어색하게 만드는 이러한 면담방식은 전혀 도움이 되지 못한다. 따라서 교사는 면담을 적절하고 침착하게 지속하기 위해 이러한 배경을 잘 파악하고 있어야 한다.
- 서류 및 정보자료의 취급: 많은 학생들은 글쓰기 경험이 적은 가정의 출신이다. 만약 학생들이 사유서를 작성하거나 성적표 아래에 엄마의 이름을 쓴다 해도 그것이 항상 증명서를 위조하는 것이라고 생각해서는 안 된다. 이 경우는 흔히 글을 쓰지 못하는 부모에게서 위임받은 것이다. 문서로 된 자료에 대해, 심지어 자신의 모국어로 된 경

우에도 많은 학부모들은 지나친 부담을 갖는다. 아주 특별한 경우이지만, 이러한 부담은 예를 들어, 상급학교 진학 직전 학부모회의에서 독일 학제를 설명하기 위해 그린 그래픽에도 적용된다. 글쓰기가 잘되지 않는 이주자가정에서 문서를 선호하지 않거나 그것이 잘 보관되어 있지 않다는 것은 몇몇 경우를 제외하고는 서류철이나 서류보관함을 제대로 갖추지 않고 있다는 데서도 분명히 알 수 있다.

- 학부모회의와 가정방문: 학부모회의에 참석하더라도 많은 부모들이 말하기를 꺼려한다. 그들은 대부분 침묵한다. 학부모회의에 참석하지 않으면, 관심이 적다는 오해를 받는다. 이 경우 그들의 불출석은 앞에서 언급했듯 다른 이유들이 있을 수 있다. 그래서 바덴뷔르템베르크 주 총리 토이펠(Teufel)은 학부모회의에 참석하지 않은 학부모의 경우에는 교사들에게 그들의 가정을 방문할 것을 권고하였다.

바덴뷔르템베르크 주 총리 토이펠은 학부모교육을 권장한다

> 슈투트가르트(독일통신사 dpa). 국제학업성취도평가(PISA) 결과에 대한 반응으로서 바덴뷔르템베르크 주정부는 학부모교육을 권장한다. 주 총리 토이펠은 학부모들에게 교육의무를 강력하게 촉구한다. "예를 들어, 우리는 다음과 같이 말할 수 있을 것이다. 학부모회의에 참석하지 않은 학부모들의 경우 담임교사는 가정방문을 한다. 나는 그것이 어렵지만 큰 무리가 따르지 않는다고 생각한다."
>
> 2002년 8월 27일자 바디쉐(Badische) 신문에 실린 기사

이러한 제안에 대해 독일교원노조(GEW)는 근로시간 문제를 들

면서 강하게 반발했다. 내 생각으로는 교사들이 다른 문화권에서 온 학부모들의 가정을 방문할 때에는 특별히 마음의 준비를 하지 않으면 안 된다는 사실을 빼놓을 수 없다. 말하자면, 학부모가 어떻게 사는가? 언제 내가 방문할 수 있는가? 얼마나 오랫동안 머물 수 있는가? 인사는 어떻게 하나? 어떻게 접근하나? 어디에 어떻게 앉아야 하나? 살림은 누가 하나? 그들에게 어떻게 정중함을 표현하나? 그들의 자녀에 대한 관심을 어떻게 표현하나? 접대를 받을 때 어떤 태도를 취해야 하나? 차와 다과 또는 식사 대접을 어떻게 받아들여야 하는가? 학부모의 마음을 상하지 않게 하면서 어떻게 용건을 표현하는가? 어떻게 그들과 효과적으로 상의할 수 있는가? 어떻게 감사의 마음을 표하는가? 작별 인사는 어떻게 하는가? 등등.

- 교육에 대한 소개: 학부모와 만날 때 교육방법과 관련해서 서로 다른 견해가 표출될 것이다. 일부 학부모는 자기 자녀에 대한 독일인 교사의 교육방법이 별로 좋지 않다고 생각하고, 체벌을 부분적으로 교육적 수단으로서 생각하고 있다는 것은 잘 알려진 사실이다. 학부모들이 학교의 교육방법을 거부하면, 그 반대의 경우도 발생할 수 있다(Oomen-Welke, 2003: 86 참조).

다른 사람을 이해하는 것은 먼저 자신의 논리를 체험한다는 것을 의미한다. 슐츠 폰 툰(Schulz-von Thun)의 말을 인용하면, '자아성찰에 담긴 메시지'를 찾아내는 것, 즉 자기 자신을 다른 사람의 입장에서 생각하는 것을 의미한다. 어떻게 나는 다른 사람의 태도를 그가 지닌 특유의 행동과 생활감정의 표현으로서 이해할 수 있는가? 그가 자기 자신을 (자신의 관계집단 속에서) 어떻게 생각하는가? 그는 나/우리를 어떻게 생각하는가? 이러한 그의 감정은 자기 자신에 관해 무엇을 표현하려는 것인가? 그리고 나/우리에 관해서는 무엇을 표현하려는 것인가?

다른 장(4장 참조)에서 보다 상세하게 논의하겠지만, 이주자가정 자녀들의 성공적인 학교생활을 위해 학교에서는 어떤 조치를 취하는 것이 중요한지에 관한 질문의 연장선상에서 다음과 같이 몇몇 분야별 과제가 언급될 수 있다.

- 해당지역 차원에서 모국어수업과 그 외의 교육 방안들을 통합하는 학교수업서비스를 개발하기 위해 인근 학교들과의 긴밀한 협력
- 청소년 및 사회복지기관, 청소년보호기관, 심리사회상담센터, 미디어 및 문화센터 등과의 긴밀한 협력
- 차이/다양함/낯섦을 다루는 방법, 그리고 공동체/연대 경험을 발전시킬 수 있는 학교문제 개발
- 학교성격을 보여주는 특징으로서의 상호문화성/국제협력 프로젝트 (학생교환, 외국기업 연수, 이중언어 수업 참조)

3) 행동영역 학교 시스템

성적이 부진한 학생들이 정규학급에 수용되어 교육을 받아야 하는지, 혹은 '성적이 비슷한 또래집단들'을 모아놓은 특수학급이나 특수학교로 보내야 하는지를 결정하는 것은 교사 혹은 교장의 몫이 아니다. 이것은 독일의 각 연방주의 교육정책과 관련한 구조적인 원칙, 즉 여기에서는 특수한 교육정책방안이 반영되어 있을 뿐만 아니라 외국인을 받아들이는 것과 관련된 사회정치적 문제에 해당된다. 원

칙적으로 그들을 '구성원이라고 생각한다면' 그들은 정규학급에 흡수될 것이고, 그렇지 않고 그들을 '구성원으로 생각하지 않는다면' 별도의 학급 설치는 '논리에 부합한' 학교운영 형태가 될 것이다.

지난 1970년대의 교육개혁에도 불구하고 독일의 교육제도는 기본적으로 세 갈래로 구분되어 있었다. 사회민주당이 집권한 몇몇 연방주에서는 그것을 보완하기 위해(대체하는 것이 아니라) 통합 중 · 고등학교[1]가 도입되었다. 학교시스템의 외적 다양화는 학년별 교과목의 성적 세분화를 통해 대체되었다. 물론 이것은 비교적 높은 학년 진급률을 보여주었다. 그렇지만 원칙적으로 모든 연방주의 교육정책이 구조적으로 크게 변화하지는 않았다. 왜냐하면 중등교육단계에서 성적이 비슷한 학습 집단들―여기서는 실업계 고등학교와 인문계 고등학교로 진로선택 구분―이 학습부진 학생들과 성적이 좋은 학생들 모두에게 도움이 될 것이라는 견해가 예나 지금이나 지배적이기 때문이다. 수십 년 동안 단 한 번도 문제시되지 않았던 이러한 교육시스템에 대한 믿음은 국제적으로 비교 가능한 피사 연구결과로 인해 크게 흔들리게 되었다. 왜냐하면 '상위에 있는 국가들'의 중등교육과정을 살펴보면, 전일제 형태의 통합 중 · 고등학교가 일반적일 뿐만 아니라, 학습 집단들도 그곳에서는 학습이 부진한 학생들에게 학습을 자극하는 역할을 하고 있으며, 성적이 우수한 학생들의 학습을 가로막거나 방해하지 않으며, 오히려 다양하고 비교적 높은 수준의 성적 분포를 보여주고 있기 때문이다. 결국 동일한 방식으로 모두를 고무

1 역자 주: 상급학교 진학기회의 균등을 위해 인문계 고등학교와 실업계 고등학교의 기능을 통합한 학교를 말한다.

시키고 성적수준을 향상시킬 수 있는 교수법이 매우 중요하다는 것을 알 수 있다. 이러한 인식이 독일의 교육시스템에 어떤 영향을 미칠 것인가, 그리고 연방주 차원에서는 국제학업성취도평가 연구로부터 어떤 교육정책의 효과가 나올 수 있을 것인가 하는 문제에 대해서는 아직 인지하지 못하고 있다. 그러나 각 연방주의 문화교육부에서는 다음 문제들을 상정해놓고 있다는 것을 확인할 수 있다.

- 이주자가정 자녀들 가운데 어떤 집단에 초점을 맞출 것인가, 그리고 그들을 위해서는 어떤 학습발달방안들을 개발하고 있는가?
- 그 이전에 학습발달을 위한 '추가적' 또는 '통합적' 방안은 있는가?
- 학교의 교과과정 내에서 모국어수업은 어떤 위치에 있는가?
- 이중언어 수업을 어느 학년부터 시작해야 하는가? 등등

수행과제

여러분이 거주하는 연방주의 문화교육부가 정해놓은 학습발달방안을 실천하는 데 필요한 기본조건들을 평가하고, 이러한 기본조건들을 다른 연방주와 비교하시오.

웹 사이트 안내

각 연방주의 교육서버: http://www.bildungsserver.de
국제적인 비교: http://www.dipf.de/datenbanken/europalinks europa.htm, http://dipf.de/perine/start/frameset.htm.

참고문헌

모국어수업에 관한 국제적인 비교는 Auernheimer, 2003: 29 이하를 참조하시오.

3장

갈음과 다름:

다문화성에 대한 교육학적 응답으로서의 상호문화학습

1 상호문화학습: 개념적 접근

상호문화학습 개념에 대한 정의들을 살펴보기 전에 먼저 '상징적 표현(Symbolisierung)'을 이용하여 이 개념에 접근할 것을 제안한다.

수행과제

- A4용지, 벽보, PPT 등을 활용하여 '문화'와 연상되는 것을 가능한 한 추상적인 형태로 표현하거나 그린다.
- 모든 표현/그림들을 교실 한가운데로 모으고 하나를 선택한 다음, 그것을 표현한/그린 사람이 그 의미를 설명하지 말고, 상징적 표현이 어떠한 의미를 담고 있는지에 대해 토론한다. 이어서 표현한/그린 사람이 그것을 통해 무엇을 나타내려고 했는지, 그 표현/그림이 갖고 있는 '내적 의미'를 보완해서 설명한다. 그리고 계속해서 다른 표현/그림을 선택하고 같은 방법으로 진행한다.
- 이러한 단계가 끝난 후 다음에 제시되는 학문적인 텍스트들을 접하는 것이 바람직하다.
- 끝으로 학문적 주제에 대한 이러한 '비지성적인' 접근이 어느 정도 '의미를 주었는지'를 토론한다.

> "문화란 먹는 것과 입는 것에서부터 직업과 친척관계에 이르는 일상적인 행위의 객관화뿐만 아니라 생각, 일반이론, 한 문화의 구성원들이 자신들을 둘러싸고 있는 '자연스러운' 세계를 해석하는 데 작용하는 의미표준들을 포괄하는 '일상적 지식'으로서 이해된다. 이러한 의미표준들은 전통과 사회적 맥락의 척도에 따라 일상적인 행위를 조종한다. 언어도 상황과 역할관계의 해석을 위하여 의사소통적 행위에 확정된 방향설정의 틀로서 이러한 일상구조의 틀에 속한다. 교육도 마찬가지로 이러한 의미의 모형 안으로 성장시키거나 습득하게 함으로써 일상구조의 틀에 속한다. '문화'는 행위하는 개인을 위하여 환경을 구조화하는 규칙들을 확정하는 사회적 질서

구조의 의미를 보존한다. 이러한 규칙들은 주체적인 행위의 목표와 구조로 실행된다."(Sternecker/Treuheit, 1994: 33)

정치학자인 토마스 마이어(Thomas Meyer)는 '문화 간 충돌'에 대하여 다음과 같이 이야기한다.

"오늘날의 토론들을 지속적으로 조롱하는 문화 간 상호 폐쇄성의 원리(kugelaxiom)는 초문화성(transkulturalität)에 대한 이해라는 아주 새로운 것으로 대체될 수 있다. 이러한 구상은 현재 전승된 문화들이 문화 간의 다양한 상호작용의 결과이므로 이미 내적으로 서로 침투해 있다는 것을 처음부터 고려하고 있다. 우리가 실제로 관찰할 수 있는 것은 폐쇄된 문화들 간의 충돌이 아니라, 서로 다른 장소에서 각각의 고유한 방식으로 농축과 구조형성을 낳는 초문화적인 그물망이다. 이러한 농축과 구조형성은 연출되지 않는 한, 어디에서도 전승된 것의 존경할만한 동질성의 허구와 더 이상 일치하지 않는다."(Meyer, 1997: 115 이하)

니케(W. Nieke)는 자연에 대한 대립으로서의 문화, 문명에 대한 대립으로서의 문화 등 6개의 구별되는 의미 영역 또는 논쟁 영역으로 구분하면서(2000: 40 이하) 하나의 '발견적' 정의를 다음과 같이 제안했다.

- 문화란 상징들의 체계이다. 더욱이 어떤 임의적인 것이 아니라, 해석과 표현 및 방향성의 틀이다.
- 다양한 문화를 가진 사람들이 함께 산다는 것은 문화적 · 사회적 갈등 없이는 진행될 수 없다(Nieke, 2000: 47에서 다른 정의들도 발견할 수 있다).

수행과제

상호문화적 접촉을 이해하기 위하여 문화개념을 명료하게 하는 것이 어느 정도 필요한지에 대해 토론하시오.

- 공공 토론에서 '문화'가 어떤 의미를 갖고 언급되고 있는가?
- '선도 문화'에 대한 언급에서는 어떤 세계상을 추론할 수 있는가?
- 이러한 문화적 토론이 사회의 다양성과 차이를 지각하는 데 어떠한 결과를 가져오는가?

세계가 글로벌화되는 가운데 사회의 발전을 서술하는 개념은 '다문화'적이다. 이러한 현실에 반응하고 사회적 도전들에 대한 책임을 찾는 교육학적인 노력들은 '상호'문화적이다.

상호문화교육학의 이론적이고 실천적인 노력들은 함축적으로 혹은 명시적으로 문화적 차이의 수용이 전제되어 있고, 이것은 다음과 같은 네 개의 질문 및 동기부여와 관련된다.

① 낯섦의 동기 또는 이해의 문제
② 정체성의 문제를 환기시키는 인정의 동기
③ 인종화와 인종구성에 근거한 차별과 배척을 반대하고, 평등을 위한 참여
④ 지구적 책임에서 상호문화적 이해의 동기(Auernheimer, 1998: 20)

한스 요아힘 로트(Hans Joachim Roth)는 상호문화교육과 상호문화교육학의 원리를 다음과 같이 요약한다.

① 교육학이 이러한 특별한 영역을 형성하는 것은 다문화사회가 처한

현실에 대한 책임이다. (……)

② 상호문화교육학은 사회의 변화를 지각하고 스스로 혁신적인 과정을 시작하려는 일종의 열린 행위이론으로 이해된다. (……)

③ 상호문화교육학은 평화교육과 갈등해결에 기여한다. (……)

④ 상호문화교육은 아동 중심적인 교육학에 토대를 둔다. 더 정확하게 말하자면, 교육학에서 인간학적인 토대는 삶의 주체로서의 인간이다. 이것은 상호문화교육이 파울로 프레이리(Paulo Freire)[2] 교육학의 의미에서 인간의 특수한 삶의 조건들, 경험들, 욕구들에서 시작되는 것을 말한다. (……) 교육학적 작업에서 아동, 청소년, 성인은 그들의 전기(傳記)로부터 이해된다. 그렇기 때문에 교육학의 과제는 항상 삶에 대한 이러한 개인적인 조건들을 숙고하고, 계획에 포함시키고, 마찬가지로 개인적이고 사회적인 삶의 사회적 조건들을 숙고하고, 계획에 포함시켜야 하는 것처럼 주어져 있는 목표-수단-전략들을 신뢰하지 않는 것이다.

⑤ 이러한 입장에서 상호문화교육은 경험에 개방적이다. 그렇기 때문에 상호문화교육학은 인간이 원초적으로 경험하는 장소인 생활세계로 방향이 설정되어야 한다. (……)

⑥ 이와 관련한 교육학적 원리들은 생활과의 밀접함, 자기 활동성, 자발성, 개인적 · 언어적 · 문화적 차이를 포함한다. (……)

⑦ 상호문화교육의 참여자는 특정한 인종집단 혹은 결함이 있다고 꼬

---

2 역자 주: 프레이리에 따르면, 인간의 사회적인 삶의 목표는 세계를 인간화하는 것이며, 개인이 자유로운 행동인으로 자신의 삶을 영위할 수 있도록 하는 데 있다. 자유로운 행동인은 스스로 선택하고 자신을 규율하는 행위자가 되는 것으로서 자신이 어떻게 주위의 사회적 세계를 통해 형성되었는지를 인식하고, 현실세계를 변혁해나갈 수 있는 주체적 힘을 갖는다는 것을 의미한다. 교육은 바로 이와 같은 자유로운 행동인이 될 수 있도록 개인을 일깨워주고 도와주는 활동, 즉 '의식화'를 통해 인간 해방을 실현하기 위한 활동이다.

리표가 붙은 개인만이 아니라 사회의 '모든' 구성원이다. 교육의 목적 역시 상대주의적, 소위 문화다원주의적 의미에서 관계없이 병렬적으로 존재하는 것이 아니라, 만남과 대화를 통하여 각각의 '문화적 습관' 형성을 위한 자유로운 공간들이 유지되는 통합이다. 그러므로 상호문화교육학은 일방적으로 몇몇 인종집단에 초점을 두고, 그들의 동화 또는 격리를 위한 것이 아니라 참여자가 교육적 행위의 주체성을 유지하며 상호작용과 대화가 이루어지는 통합의 이해로부터 출발한다.

⑧ 상호문화교육학은 한 사회에서 '다언어성'의 옹호자로서 이해된다. (……)

⑨ (……) 상호문화교육학은 결코 기관 혹은 학교교과에서만 적용되는 것이 아니라, 다양한 차원에서 작동하는 "하나의 원리, 즉 교육활동 전반에 대한 탐색의 지평선"(Auernheimer 참조)이다. 다시 말하면, 커리큘럼 구성, 학교조직, 수업 형성, 학생들과의 개인적인 만남에서 작동해야 하는 원리다. (……)

⑩ 상호문화교육학은 문화에 대한 개념을 이론적으로는 구성체로, 실용적으로는 공유하고 있는 '상징적 의미들의 체계'로 확대한다. 상징적 의미들의 체계는 모든 생활영역과 생활성취에서 항상 함께 (재)생산된다. 그러므로 문화는 의미구성과 정체성 형성의 기능을 갖고 있는 '종결되지 않는 과정에 있는' '방향정립체계'이다(Auernheimer 참조).

⑪ 문화다원주의는 긍정적으로 평가된다. (……)

⑫ 중요한 것은 목적 개념들의 상호관련성이다. "다른 문화 사람들과 만남, 이러한 만남에 방해가 되는 장벽의 제거, 문화적 교류 유도와 문화적 확대"이다(Hohmann).

⑬ 상호문화교육학은 프로그램에 있어서 간학문적으로 접근한다. (……)

⑭ 상호문화교육학은 (……) 유럽적이고 국제적인 관점에서 긴밀한 교

류가 증가하는 세계사회를 이해하는 데 기여한다(Roth, 2002: 88-92).

상호문화교육학의 원리들에 대한 이와 같은 개관은 현재 가장 포괄적인 것으로 간주될 수 있다. 상호문화교육학 이론의 대부분 저자들은 이와 같은 개관에서 다시금 해석될 수 있을 것이다. 그러나 이 이론들은 각각 상이한 방법에서 강조점 또는 우선순위가 드러날 수 있다. 다음 단락에서 전개될 이론에서는 주체와 객체 사이의 '틈새'와 같은 '낯섦'(넓은 의미에서)을 학습-대상으로 한다. 이때 다른 주체, 즉 낯선 문화의 매체(텍스트, 영화, 음악) 또는 '무의식적으로 만들어진 문화'가 중요하다. 즉, 전기적 또는 사회적으로 배제된 내용들이 중요하다. 여기에는 게슈탈트 심리학에서 유래하는 '접촉'의 개념이 중요한 역할을 한다.

> "접촉은 항상 고유한 것과 낯선 것 사이의 경계에서 생겨난다. 접촉은 낯선 것들에 대한 감정이입과 고유한 것의 이해가 항상 유동적인 상황에 처해 있는 영역에서 이루어지는 자아확신과 경계 짓기의 과정이다."(Dauber, 1998: 73)

'틈새'를 의식적으로 지각하고 적극적으로 형성하는 문제를 학습한다는 것은 바로 우리가 '문화권', '이슬람' 또는 '외국인 자녀'와 같은 개념들을 가지고 정체성의 구성문제를 인식하는 것이다. 이러한 정체성은 일상에서 우리에게 습관적인 방향설정을 가능하게 하지만, 현실의 복잡성을 참작하지 않는 단일성과 동질성을 암시한다. 틈새, 과정, 변화를 위한 민감성은 단정적인 입장과 서술들로부터 정체성을 보호하고, 고유한 것과 낯선 것 간의 접촉 경계에서 발달되는 역동성을 위한 감각을 발전시킨다. 주체의 활동성으로 볼 때, 이러한 움직임의 틀은 규칙—자아성찰 또는 지각—과 '틈새'를 활동적으로 그리고 창조적으로 형성하려는 시도 간의 긴장으로부터 발전된다. 관계능력의 발달과 타인을 인정하기 위한 '활동공간'은 타인과의 접촉과정에서 생겨난다. 접촉경계들을 인지하고 형성한다는 것은 고유한 활동공간의 여지를 다시 획득하기 위해 타인에게 자신을 개방하고, 그를 대화에 참여하도록 하는 능력을 발달시키는 것을 말한다 (Holzbrecher, 1997: 173 참조).

2 다르다는 것과 같다는 것: 주체발달은 낯선 것과의 논쟁과 관계가 있다

청소년기의 주체발달은 집단발달과 유사한 논리를 따르는 것으로 보인다. 즉 '소속되어 있다고' 지각되는 것과 강하게 결합하려고 하고 동일시하려는 노력은 거리 둠의 단계, 자율성 요구의 단계로 이어진다. 결국 다음 단계에서 두 개의 대립되는 심리적 구조는 질적으로 일종의 새로운 결합으로 통합된다. 이러한 배경에서 상호문화교육학의 주요 핵심개념인 '같음'과 '다름'은 주체이론적 관점에서 그 근거를 명백하게 마련할 수 있다. 로버트 키건(Robert Kegan)의 발달심리학 이론은 흥미 있는 연결점을 제시한다. 키건(1994, 149 이하)은 '소속'과 '독립' 욕구 간의 긴장에서 '나선형태의' 생활사적인 발달이 일어난다고 주장한다. 이러한 긴장에서 주체-객체관계의 새로운 질적

형태가 발달된다는 것이다. 그러므로 주체의 발달은 이율배반적인 심리 구조들과의 적극적인 논쟁으로서 이해될 수 있으며, 이러한 논쟁을 통해 주체는 자신과 타인의 새로운 관계형태들을 획득할 수 있다. 청소년기에는 대립적이고, 때로는 상호보완적이기도 한 욕구들의 불안정으로 인해 자아지각과 세계지각이 '융기'하거나 '침강'한다:

- 집단에서 자기 자신을 벗어나 다른 사람과 동일하게 인정되거나, 동일하게 되려는 융합의 욕구에서 정반대의 유형인 경계 짓기, 자기주장, 자기사상의 구성에 대한 욕구가 발달한다.
- 공동체, 그리고 동질적으로 보이는 전체성과 정체성의 구성 원리인 포함의 원리는 정반대로 '고유한 것'의 구성을 비로소 가능하게 하는 배제의 원리, 즉 경계와 차별의 원리와 부합한다.
- 수용할 수 있는, 즉 '일반적으로 가치 있는' 의미의 모형들에 대한 추구, 다시 말하면 하나의 통일된 자아상과 세계상에 대한 추구를 회상해보면, 이러한 상상들은 현실의 다양성에 직면해서 시대의 산물들로서 반복적으로 증명되는 계속적인 실망들에 의해 수반되었다. 일관성과 통합의 욕구에 대비되는 것은 탈구조, '진리'의 상대화, 다름의 차이 인정에 대한 욕구다.

이러한 '지각의 혼돈'에서 확고한 것을 습득하는 것—최소한 짧은 기간이라도—은 자신과 타인에 대한 명백한 상(像)의 구성을 통해 가능하다. 이러한 표상들은 외부세계로 투영되면서 주관적으로 '이해 가능한' 것으로 나타난다. 이러한 관점에서 고찰하자면, 동일시에 대한 욕구는 자기도취적 투영으로 보인다. 타 집단 그리고 무엇보다 자신의 집단('공동체')은 어느 정도 이상적인 자아(selbst) 또는 소속감을 느끼는 '사회적 주체'를 구현한다.

그런 다음에야 비로소 다름에 대한 인식이 생겨난다. 타인들이 일정한 특징들과 관련하여 비슷하거나 동일하다는 것을 확인하기 위하여 차이에 대한 욕구의 대립으로부터 개인의 철저한 자율성이 강조된다. 우리의 토론과 관련하여 중요한 키건 모형의 관점은 주체가 하나의 특정한 지각형태에 더 이상 편입되지 않고—예를 들어, 두려움(낯섦에 대한)에서 '시작되거나' '내몰리는'—이러한 것을 의식적인 다룸의 대상으로 만들 수 있다면, 질적으로 새로운 하나의 발달상태가 가능하다는 것이다(Kegan, 1994: 112).

아이에게 타인과 이방인은 우선적으로 자신의 욕구를 만족시키는 도구 및 상반된 감정들이 투영되는 대상이 되고, 다음 단계는 이러한 역동성을 의식하여 새로운 나-세계관계가 발달할 수 있다. 키건은 발달과정을 "편입되어 있음에서 이탈, 전체가 새로운 전체의 일부분, 소속과 독립 사이에서 이리저리 흔들리는 긴장" 단계들의 연속으로 서술하고 있다(Kegan, 1994: 299).

신뢰했던 의미모형들의 융해는 실제적으로 위기와 정체성 상실로서 지각된다. 그럼에도 불구하고 이러한 낯섦의 경험은 덜 자기중심적인('탈중심적인'), 즉 타인과 더 동등한 권리를 갖는 관계를 발전시킬 수 있다. 상대방은 자신의 불안과 낯선 경험을 타인에게 투영하는 심리적 '강요'로부터 해방되어 자기로부터 독립적인 하나의 단일성으로 지각되고 그 자체로 수용될 것이다. 그러므로 "내가 너에게 나와 독립적인 너의 고유성을 매번 질적으로 새롭게 보증하는 나와 너 사이의 경계는 항상 새롭게 변한다(그럼으로써 동시에 나와 관계할 수 있는 네가

질적으로 더 '커져간다')[Kegan, 1994: 176]. 의심할 여지없이 그러한 방식으로 학습하는 주체는 타인/다른 것이라는 낯섦과의 대립에서 자신의 고유한 주체발달과 자기계몽을 위한 도전으로 이해되기 때문에 자아의식과 형성능력을 더 많이 습득한다.

그러므로 낯선 것을 이해하는 것과 자아인식은 학습의 진행과정에서 주체가 자기 자신과 다른 사람, 무엇보다도 생활세계 또는 사회적인 맥락에서 자신의 견해에 대한 새로운 상을 획득하게 되는 동일한 두 차원의 학습과정으로 이해될 수 있다. 발달과정을 '의미발달'(1994: 36 이하)로 보는 키건의 이론은 '고유한 것'의 범위와 '낯선 것'의 범위가 주체에게 '현실'이 되는 의미구성들임을—감정적인 평가로 오인되는—보여준다.

청소년기 이외의 어떠한 다른 생애발달단계에서도 사회적인 맥락에서 고유한 자기 자신을 위한 새로운 의미 습득의 어려운 과제는 나타나지 않는다. 자기주장과 경계를 넘어서는 커다랗고 완전한 판타지 사이에서 흔들리면서 청소년 주체는 지금 지각된 차이와 교류하기 위한 새로운 접근형태를 시험한다: 주체의 작업은 의미발달의 과정이 된다. 그 과정에서 청소년은 자신의 생애문서—그리고 타인(다른 것)과의 관계 문서—를 의식적으로 계속해서 작성할 수 있는 권한을 스스로에게 부여한다. 여기에서 다루는 상호문화학습은 이러한 '발달과업'과 관계되는 방식으로 이루어져야 한다.

상호문화학습의 목표영역들은 흔히 역량개념과 관계된다. 역량개념은 위에서 요약한 주체관점을 고려하여 다음 세 개의 차원으로 구별될 수 있다.

상호문화역량은 거시 구조적 관점과 관련된다

글로벌화된 사회에서 낯선 것을 지각하지 않는 것은 점점 더 어려울 것이다. 세계의 경제, 정치, 사회변화과정은 명백하게 고유한 생활세계로 침투되고 있다. 세계의 모든 기아 난민들, 남유럽과 동유럽의 노동이주자들, 그리고 정치적 · 종교적 망명자들이 '제3세계'로서 우리에게 가까이 다가서고 있다. 현대화의 패배자, 또는 그것에 적응하지 못하고 통합되지 못하는(또는 되려고 하지 않는) 사람들을 과소평가하는 것은 경제적인 사고의 고정관념에 사로잡힌 정책의 기본 틀로 보인다. '유럽의 요새화'라는 표현에는 사회적이고 정치적인 배제전략들이 반영되어 있다. 마찬가지로 이러한 전략들은 인종적 또는 문화적 기준들을 통해 잃어버렸던 안정을 회복하려는 필사적인 노력에도 반영되어 있다.

안정을 중재하는 사회적 · 정치적 구조들의 해체는 '타인을 한 울타리로 묶는 것과 배척하는 것'의 사회심리학적 역동성을 강화하고, 그렇게 함으로써 결정의 정당성은 개인에게 의미의 틀로 작용했던 전통들 혹은 '더 높은 가치들'이 그 지위를 상실하게 되어 추론적으로 생산하도록 요구한다. '가치상실'은 이러한 현대화의 과정에서 목적합리성의 논리에 부합하지 못하는 것을 '낯선 것'으로 설명하려는 경향의 강화보다는 민주주의를 덜 위협한다. '책임을 위한 교육'은 수사학을 통해서가 아니라, 세계적으로 사회적 메커니즘들에 의해 무시된 사람들과의 연대 실천을 통해 실현될 수 있다. 교육의 현안에서 이러한 사회적 역동성을 이데올로기 비판적으로 분석하는 것은 불가피하지만, 상호문화학습의 충분조건은 아니다. 이러한 비판적 분석은 사회적 정체성을 구성하는 기준들이 상대적으로 임의적이어서 교체될 수도 있고, 피부색, 인종적 또는 그 외의 외적인 또는 소위 역사적으로 뒷받침될 수 있는 특징들에 따라 집단들이 구별될 수 있으며, 그를 통해 자신을 타인으로부터 격리시킬 수 있다는 인식을 가능하게 한다. 이러한 인식은 개인적으로 의미 있는 정보로서 자신의 것으로 소유되어서 '현실'이 되지 않는 한 학습하는 주체에게 이론적 또는 '낯선' 것에 머무른다. 따라서 그러한 이데올로기적 비판이 학습으로 이어질 수 있게 하는 교육의 개념을 찾는 것이 필요하다. 글로벌화된 시장구조들과 고유한 생활세계와의 구조적 결합에 직면해서 널리 퍼져 있고 증가하고 있는 무능과 비통합의 경험들에 대해 자기활동과 역량을 통해 학습이 이루어질 필요가 있다.

자결권을 위해 투쟁하고 있는 아프리카, 아시아 또는 라틴아메리카의 어떤 민족을 지원하는 것, 국제인권위원회에서 정치범을 보살피는 것, 현장에서 난민가족과 접촉하는 것, 숙제를 도와주는 것 또는 이웃 도시 센터에서 이주아동을 위한 여가시간활동에 함께 참여하여 도움을 주는 것, 학교 간 협력 등…… '열린 학교'의 이러한 모든 활동이 학생의 주체발달을 위해 지속적으로 작용하는 학습기회를 제공한다는 것을 주장하고자 한다. 이러한 활동들은 인지적 통찰들이라기보다는 '입장 변경' 또는 '선입견 해소' 개념으로 정확하게 서술될 수 없는 심리적 성향을 야기하는 사회적/개인적 경험들일 것이다. 타인(낯선 것)과 행위 하는 접촉에서 그리고 낯선 지각과 자아지각 간의 변증법적 관계 형성에서 위협과 도전보다는 덜하지만, 이전보다 더 위험해진 상황에 대한 상반된 감정의 양립을 지각할 수 있는 습관(habitus)이 발달한다.

모이엘러(Meueler)를 인용하여 '주체발달로서 교육'을 이해한다면, 저항하는 현실에 적응하는 과정은 개인적으로 의미 있는 작업으로, 그리고 다른 한편으로는 정치적인 활동으로 이해할 수 있을 것이다. "자유로운 느낌, 사고, 의지, 행위, 자주적인 결정을 위한 암호로서 주체개념은 (……) 저항, 자아의식, 삶의 활동들에 대한 자기결정을 보증한다. 이것은 시장의 중요성을 위해 인간이 단지 기능화되는 것에 대항하는 자기권한 부여의 전투적 개념이다." 그러나 동시에 주체성은 관계능력을 전제로 한다. "주체성이 실현되기 위해서는 타인을 통한 연대적 가치평가와 낯선 괴로움에 대해 자신을 개방하는 것이 필요하다."(Meueler, 1993: 8) 이러한 교육정책적 성향에서 고유한 주체발달의 수단으로서 사회구조들과 창조적인 논쟁이 구상될 수 있다. 여기저기에서 소외된 집단들의 삶의 조건을 개선하기 위한 창조적 논쟁이 이루어지고, 그들의 다름과 같음에 대한 논쟁이 이루어지면서 학습자는 시장법(Marketgesetz)을 통한 전체적인 지배를 극복하고, 그들의 역량을 발견하고 외적 실재와의 논쟁에서 주체성을 발달시킨다.

상호문화역량은 조망할 수 있는 생활세계, 즉 학습자의 일상생활에서 구체적인 상호작용 · 행위공간과 관련되어야 한다

이것은 자신의 생활공간, 즉 지역에서 전문지식을 갖고 교육적 · 정치적으로 행위 하는 것을 배우는 능력을 의미한다. 왜냐하면 조망할 수 있고 형성할 수 있는 생활공간에서 사회적 시스템의 다양한 긴장들, 틈새들 그리고 변화들과 자기반성적으로 교류할 수 있고 자기영향력을 경험할 수 있는 능력이 발달될 수 있기 때문이다. 그와 동시에 안정과 신뢰를 중재하는 우리-정체성은 (마찬가지로 경계를 넘어서) 필연적으로 견고하게 하는 순간을 제공한다. 이러한 조망을 할 수 있는 공간들(이러한 공간에 학교가 포함될 수 있다)에서만 무력한 희생자로서가 아니라, 오히려 의식적인 형성자로서 지각하도록 하여 관찰자와 행위자로서의 고유한 역할을 비판적으로 간주하는 것을 가능하게 하는 역량의 경험이 발달할 수 있다.

상호문화 교수법의 계속적인 발전을 위한 중요한 관점들은 우리가 고유한 자신의 주체발달과 타인의 주체발달의 변증법을 학교와 학교 밖에서 '동년배와의 교류'와 관계시킬 때 생겨난다. 다른 종류의 견해와 태도방식을 가진 낯선 사람을 어떻게 만나게 되느냐 하는 것은 일상적인 이해의 시도들과 행위의 시도들에서 처음 체험되어 지속적으로 영향을 미치는 경험들로 가공된다. 점점 더 의식적으로 스스로를 자기 자신과 타인에 대한 생활세계의 책임 있는 구성자로 파악하도록 경험하게 하는 것이 필요하다.

이러한 관점을 분명하게 하기 위하여 공동으로 고안하는 '연극작품'이 적합할 것이다. 우리 모두는 공동의 연극무대에서 연기자다. 한편으로는 배워서 익힌, 즉 생애사적 · 문화적으로 생겨난 역할을 하고, 다른 한편으로는 '지금 연기되는 것'에 방향을 맞춘다. 즉, 공동의 작품과 그 테마—그러나 무엇보다 타인/'이방인'이 어떻게 행위의 핵심에 접근해가는지, 어떻게 행위의 핵심 주위에 맴도는지 또는 어떻게 그와 논쟁하는지—에 방향을 맞춘다. 사람들은 상황을 관찰하고, 탐색하고, 의미와 행위의 가능성들을 놀이하면서 시험하고, 다른 사람들이 공동의 실험에 참여하여 행동과 반성의 공동 토대를 탐색하도록 자극한다. 이러한 과정에서 사람들은 스스로 자신에게 부여된 역할을 맡고, 무대 아틀리에의 분장실에서 마스크, 옷, 모자들을 가지고 어떻게 연기하는지 예행연습을 한다. 모든 행위의 연결점은 공동의 작품이라는 것과 무엇보다 작품이 진행되고 모든 사람이 함께할 수 있는 관심이다. 작품의 목표점은 공동의 의미모형을 합의하는 과정이다. '함께하는 모든 연기자'에게 던지는 근본적인 질문은 본인 스스로 타인에 의해 어떻게 생각될 수 있는가 하는 것이다. 접촉과정의 민감한 지각과 타인에게 줄 수 있는 영향 가능성에서 자신의 행위를 예측하는 것이 중요하다. 타인은 나와 나의 행위를 내가 어느 정도 작품과 작품의 진행에 기여했는지에 따라 판단할 것이다.

그 외에 심리 · 사회적 주체발달 차원이 고려되어야 한다

주체의 내적이고 외적인 저항, 불안, 희망, 자신의 고유한 발달에 매혹적인 그리고 위협적인 '낯섦'과의 논쟁으로부터 많은 의미, 변화, 변경과 창조적으로 교류하기 위한 조건으로 여겨질 수 있는 심리적인 강함이 발달할 것이다. 우리가 청소년기를 특별히 "자신이 결정한 삶의 길을 추구하는 강렬하고, 위험하고, 풍부한 기회의 단계"라고 서술한다면, '중요한 타인'이 자신의 고유한 정체성 형성과 발달에 어느 정도 기여하는가 하는 전통적인 정체성이론의 질문이 제기된다. 또한 마찬가지로 주체발달이 타인의 자율성에 대한 존중 또는 수용과 지지에 어느 정도 변증법적으로 결합되어 있는가 하는 중요한 질문이 제기된다. '도움을 필요로 하는 사람들'에게 역사적으로 전승되어오는 식민주의적인 관습을 상호문화적 관점에서 상기시키는 가부장적인 태도에 저항하는 것이 도움을 주는 작업에서 필요하다.

이러한 배경에서 의문시되는 것은 상호문화적인 교육 작업이 학교 내에서는 예를 들어 협력적인 학교유기체에서 학생의 관심을 구성하고 표현할 때, 학교 밖에서는 예를 들어 소외된 주민집단들과 그들의 자치조직의 잠재력을 연대하여 지원할 때 어느 정도 '행위를 강화하는 구조들'을 발전시키는 데 기여할 수 있는가 하는 것이다(Stark, 1996: 163). 다시 말해 자신의 고유한 생활세계에서 스스로 결정하는 행위를 경험하는 것은 상호주관적인 관계에서뿐만 아니라, 소외된

개인 및 집단과의 관계에서도 타인들이 그들 자신의 고유한 관심을 스스로 조직하려는 노력에서 지원받기 위한 조건으로 보인다. 반대로 행동 집단들과 시민적 주도들의 실천 사례들이 보여주는 것처럼 이러한 사회정치적인 실천은 일상에서, 그리고 개인적인 관계들에서 자기 결정에 의한 행위를 이끌어내는 데 적합한 것으로 보인다.

3 상호문화학습의 교수법적 구상과 관점

'상호문화 및 글로벌 학습' 영역에서 커리큘럼 구상을 발전시키기 위한 토대는 1997년 독일주문화부장관협의회(KMK)에서 의결하여 권고한 문서인 '학교에서의 상호문화교육과 지도' 그리고 '학교와 수업에서 하나의 세계/제3세계'이다. 그 문서는 다음과 같은 내용을 담고 있다.

> "정체성을 형성하는 전통노선과 고유한 문화 그리고 낯선 문화의 기본 틀에 관한 지식과 통찰은 상호문화역량 개발을 위하여 중요한 토대다. 단지 낯섦에 대해 상이한 지각, 반성적 해명, 자아 비판적 평가만이 이루어진다면 추측과 선입견이 생겨날 수 있다. 이때 중요한 것은 자료의 확장보다는 기존 내용의 상호문화적 강조이다. 사례로서 문화적 · 종교적 · 인종적 배경과 관계들 그리고 문화적 다양성에서 공동생활의 조건들을 학습하기 위하여 다음 주제의 관점은 하나하나가 중요해 보인다.

• 고유한 문화와 낯선 문화의 근본적인 특징과 발달

- 문화의 공통성과 차별성 그리고 서로의 영향
- 보편적 가치에서 인권 그리고 문화적 조건에 관한 질문
- 선입견의 발생과 의미
- 인종차별주의와 이방인 배척의 원인
- 자연 공간적 · 경제적 · 사회적 · 인구통계학적 불평등의 배경과 결과
- 현재와 과거의 이주운동의 원인과 영향
- 종교적 · 인종적 · 정치적 갈등 규제를 위한 국제적 노력들
- 다문화사회에서 소수자와 다수자의 공동생활 가능성

(http://www.bebis.cidsnet.de/faecher/feld/interkultur/rechtindex.html; Nieke, 2000: 234쪽 이하 참조)

참고문헌을 살펴보면, 상호문화학습을 위한 네 개의 기본 주제 또는 기본 동기가 항상 주목을 끌고 있다.

① 낯선 것에 대한 이해/낯섦과의 교제

② 다른 것에 대한 인정/정체성

③ "모든 것이 다르고, 모든 것이 같다": 차이를 평가하지 않는 교류

④ 지구적 책임에서 경계를 뛰어넘는 이해

이러한 근본 동기 또는 주제는 그것이 학교 또는 학교 밖에서 기획된 것과 무관하게 교수법적 구상에서 상이한 중점을 갖고 발견되는 포괄적인 교수-학습목표로 이해될 수 있다.

이 장에서는 중첩되는 관점에서 어려운 시도를 할 것이다. 긍정적으로 생각하자면, 일반교수법과 다양한 교과교수법, 이론에 근거한 원리들을 지향하는 것과 교육적 일상에서 실천적 성향의 다양성

또는 '고상한 이론과 하찮은 실천' 사이의 긴장관계를 다듬어 표현하는 것이 중요하다(Roth, 2000: 38). 사람들은 학교에서 이루어지는 상호문화교육 활동의 교수법적 구상들을 서로 구별할 수 있는 명확한 범주를 고대한다. 그러나 존재하고 있는 실천적 성향들의 다양성을 고려하면 많은 중첩과 변화가 나타난다. 더욱이 전문서적에서 상호문화학습과 관계된 앞에서 언급한 긴장관계들을 성찰하는 시도가 전혀 없다는 것이 어려움이다. 아직 확정되지 않은 상호문화학습의 역사는 이러한 것을 넘어서 학년뿐만 아니라, 그때그때 상호문화교육학의 연구현황과 지식의 발전을 고려해야 할 것이다.

다음에 제시된 '교수법적 개념들'은 응집력 있게 나타나는 발생사처럼 내용적으로도 '상대적 폐쇄성'에 대한 접근들이 중요하다는 것에서 출발한다. 물론 개념들 간의 이행과정이 종종 유동적이라는 것도 보게 될 것이다. 그러므로 개념적인 '책상서랍 시스템'이 중요한 것이 아니라, 구분을 시도하고 그를 통해 상호문화학습의 새로운 '관점들'이 분명해지도록 하는 것이 중요하다. 이 연구서는 추상적이고 형식화된 이론(교수법 모형 비교)과 실천적 수업의 '성향들' 간의 중간영역이 강조된다. 앞으로 다루게 될 다음의 교수법적 개념들은 그 관점의 구별에 있어서 하나의 일반교수법 이론으로부터 엄격하게 추론하여 분류하려고 하지는 않았다.

- 반인종차별주의 교육
- 역사와 현재에서 인종적 발자취 찾기
- 유럽 학습
- 언어적 일반교육, 문화적 일반교육, 의사소통과 관계된 일반교육

• 글로벌 학습
• 타인과 자신의 상을 지각하고 형성하기

이러한 개념과 관점들은 엄격한 분류보다는 '발견적 기능'을 충족해야 할 것이다. 즉, 이러한 개념과 관점들은 질서체계로서 방향을 제공함과 동시에 이 책의 독자들에게 새로운 교육적 실천을 발견하도록 교육적 판타지를 자극할 수 있을 것이다.

1) 반인종차별주의 교육

반인종차별주의적 교육 개념은 영국에서 상호문화교육 또는 다문화교육을 반박하는 논쟁적 전환에서 생겨났다. 흑인 지성인 측에서는 현재 통용되는 실천이 단지 스테레오타입화를 장려한다고 비난했다. 그렇기 때문에 문화적 통일성들은 더 이상 주제가 아니라는 것이었다. 그 대신 성장하는 세대가 일상적인 차별에 민감해지고, 무엇보다도 제도적인 인종차별주의에 대해 계몽되어야 한다는 것이었다(Auernheimer, 1998: 22). "자신의 이익을 위해 소수자 문제에 대한 문화적 논거를 도구화하는 것, 또는 소수자에 대해 (백인) 다수사회의 구성원들이 가지고 있는 가부장적 권위주의"는 비판되었다. 이러한 입장에서의 날카로운 비판은 반인종차별주의적 개념의 이데올로기에 대해 상호문화교육이 결과적으로 자신의 고유한 모습을 확인할 수 있다는 회고적 주장을 가능하게 했다(정치교수법적 관점에서의 논쟁을 불러일으킴. Rinke, 2000: 101 이하 참조).

오늘날 독일어권에서 이러한 개념의 특징은 다음과 같이 요약될

수 있다:

- 정치적이고 교육학적인 논증 맥락으로 아도르노(Th. W. Adorno)의 《아우슈비츠 이후의 교육》(1966)을 들 수 있다. 아도르노에 의하면, 교육은 아우슈비츠와 같은 결과가 반복되지 않도록 이러한 결과를 가져온 정치적이고 사회심리학적인 메커니즘을 계몽시켜야 한다. 프랑크푸르트학파가 강조하여 언급하는 배경에서 이것은 무엇보다 구조적으로 야기된 지배관계(식민주의 참조)에 대한 계몽을 의미한다. 세계적으로 인종차별주의는 대부분 숨겨진 형태로 소수자의 제도적 차별을 가져온 지배를 정당화시키는 이데올로기와 동일시된다. 나치정부가 유대인, 중 · 서유럽과 이탈리아 북부에서 생활하고 있는 소수자집단인 신티(Sinti), 인종적으로 혼합된 민족집단인 Roma를 박해한 것은 19세기와 20세기의 영국 식민지 정책, 남아프리카공화국 인종차별 정부의 식민지정책과 같은 것으로 볼 수 있다. 이러한 성향의 핵심에는 지배구조들과 그 구조들을 지원하는 종교적 그리고/또는 정치적 정당화 모형을 제도적인 조망에서 인식할 수 있도록 이데올로기 비판적이고 계몽적인 목표설정이 내포되어 있다.
- 여기에 보완적으로 개인의 생애사에서 인종차별주의적 경험들을 찾아내고, 그에 상응하는 사회화 모형을 인식하고, 그것을 지각하는 연습과 훈련 프로그램을 통해 규명할 필요성이 이미 이른 시기에 강조되었다(Van den Broek, 1998). 네덜란드에서 유래한 이러한 성향과 유사하게 영국의 코헨(P. Cohen) 역시 생애사적으로 각인된 의미의 틀을 연구하기 위해 놀이적이고 창조성을 촉진하는 방법들을 주장했다.
- 1990년대 초극우주의자들의 강화된 습격 이후에 인종차별에 반대하는 다수의 자발적 단체들이 생겨났다. 예를 들어, 네트워크인 "인

종차별이 없는 학교—용기 있는 학교"(http://www.aktioncourage.org, http://www.sor-berlin.de) 또는 반인종차별주의 정보센터를 들 수 있다. 이 센터에서는 다음과 같은 훈련 프로그램을 제공하고 있다.

- "반인종차별주의 훈련은 인종차별주의를 다양한 차원에서, 예를 들어 역할놀이를 통해 이해할 수 있도록 하고, 자신의 견해를 민감하게 하고, 시민으로서의 용기를 위한 행위의 틀을 제공한다.
- 폭력감소 훈련은 갈등을 평화적으로 해결할 수 있는 역량증진을 돕고, 폭력상황과 위협에 대처하는 것을 훈련시킨다.
- 논증 훈련은 일상적인 선입견, 인종차별적 유언비어, 우익의 거짓말을 다루면서 강화된다.
- 상호문화 훈련은 다양한 출신의 사람들과 교류하면서 교육하고 다른 생활세계(문화적/인종적 집단)에 대한 이해를 촉진한다.
- 교사직무연수는 학교에서 인종차별주의와 극우주의 주제를 다루는 데 필요한 정보를 제공하고 갈등관리, 조정, 폭력예방 교육을 한다.
- 지식 확대 · 재생산자 워크숍은 프로젝트 관리, 네트워크 구축, 상호문화적 작업을 다룬다."

"노르트라인베스트팔렌 주에서는 반인종차별주의 정보센터(ARIC)가 주의 조정자로서 '인종차별 없는 학교' 프로젝트를 대변한다. 인종차별과 관련한 주제와 함께 우리는 행사와 프로젝트의 계획에서 학생들을 돕는다. 그리고 학교가 파트너-단체 자격을 획득하도록 돕는다. 우리는 정치, 스포츠, 영화, 음악에서 소수자로서 유명 인사를 찾을 때 도움을 준다. 2002년 5월 도르트문트 시의 한 학교가 독일 전역에서 100번째 인종차별 없는 학교로 지명되었다."

(http://www.aric.de/)

뤼데케(Lüddecke) 외(2001)가 출판한 교사용 교재《학교에서의 상호문화교육과 반인종차별주의적 교육》을 통해 '상호문화'와 '반인종차별주의'는 일종의 행위실천에서 두 가지 중복된 관점의 표현이라는 것이 분명해진다. 저자들의 개념적인 숙고와 모든 학년을 위한 교수방법적인 많은 성향은 종종 다음과 같은 공동의 목표설정을 분명하게 한다: 다양성에 대한 존중과 가치평가, 분쟁조정과 중재, 학교에서의 상호/다문화성 표현(Lüddecke 외, 2001: 43). 수업과 학교 차원에서의 다양한 활동들은 상호문화적/반인종차별주의적 학습이 학교 교육활동의 중심이 될 수 있도록 노력해야 한다.

웹 사이트 안내

교사용 교재 〈학교에서의 상호문화교육과 반인종차별주의적 교육〉은 다음에서 다운받을 수 있다.http://www.aric-nrw.de/de/docs/pdf/Lehrerhandbuch Auszug.pdf, 책 형태로는 ARIC 2003.

'인종차별이 없는 학교 – 용기 있는 학교' 프로젝트

학생들은 프로젝트 홈페이지의 'Startinfo'를 통해 자신들의 학교가 어떻게 '인종차별이 없는 학교 – 용기 있는 학교'라는 칭호를 획득할 수 있는지에 대한 정보를 얻을 수 있다. 이 학교 칭호를 획득하기 위해서는 최소한 모든 학교 구성원(학생, 교사, 직원)의 70%가 '인종차별이 없는 학교 – 용기 있는 학교'의 원칙에 서명해야 한다. 그럼으로써 그들은 오랫동안 그들의 학교에서 폭력, 차별, 인종차별주의 퇴치를 위한 활동과 프로젝트에 종사해야 할 의무를 가진다. 서명자 명단은 연방조정국에서 정리한다. 그런 다음 프로젝트 주관단체인 '용기 있는 행동' 단체는 학교에 축제 형태로 '인종차별이 없는 학교 – 용기 있는 학교'라는 칭호를 부여한다. 학생들은 주변에서 학교의 대부 역할을 맡고 칭호수여식에 참여할 저명인사를 찾는다. 칭호 수여 날짜는 학생들이 미리 연방조정국과 협의할 수 있다.

17쪽 분량의 Startinfo는 직접적으로 관심이 있는 학생들을 위해 모든 필요한 정보와 프로젝트를 위한 신청양식을 제공하고 있다. Startinfo는 아래에 제시된 웹 사이트로에서 다운받을 수 있다. 학생들의 활동은 자신이 속해 있는 협력 네트워크를 통해 지원된다. 협력 네트워크는 연방조정국과 주조정국들 그리고 청소년사업과 관련 있는 지역적 · 초지역적 협력 파트너로 구성되어 있다. 여기에 NGO단체들과 국가기관들이 속한다. 협력 네트워크는 학생들에게 조언과 정보를 제공할 뿐 아니라, 교육자들과 지식 확대 · 재생산자에게도 제공한다. 프로젝트에 알맞은 재료들은 적절한 자극을 주고, 활동을 지원한다. 그 외에도 프로젝트 참가자들에게 동기를 부여하고 그들의 자질을 향상할 수 있도록 새로운 재료를 얻고 공공작업을 위한 네트워크 만남이 개최된다(http://www.sor-berlin.de).

2) 역사와 현재에서 인종적 흔적 찾기

이러한 개념의 중점적 성향은 문화적 다양성이 이국적이고 새로운 것이 아니라, 역사의 중심적인 특징이라는 것을 발견하기 위해 '현재의 표식'을 역사적이고 문화적인 심층구조에서 질문하려는 것과 관계가 있다. 그러한 표식은 넓은 의미에서 다음과 같은 것일 수 있다.

- 기억의 장소(전쟁터, 무덤, 기념물 등)
- 축제일/기념일('기독교적' 축제일의 다문화적 뿌리 등)
- 언어(성씨의 기원, 낯선 단어의 이동 등)
- 그림/사진[내 가족이나 우리 지역 도시의 역사에서 '낯선 사람(것)' 등]
- 상징과 사회적 정체성 구성을 위한 의미(두건-언어, 집단/청소년 특징적인 의복 등 비교)

'축제일/기념일', '언어/이름' 영역들은 이미 오래전부터 상호문화학습을 위해 종교수업 또는 독일어수업에서 개발한 것이다. 마찬가지로 마지막에 언급된 영역('상징')은 다양한 교과들에서 문화적으로 제약된 의복의 구성 특징을 분명하게 하고, 사회적 그리고 개인과 관계된 정체성 발달을 위해 그것이 갖는 의미를 인식할 수 있도록 할 것이다.

'기억의 장소'를 교수법적으로 이용하는 것은 오래전부터 역사와 정치교수법의 기본구성요소일 뿐만 아니라, 국제적인 청소년 교류와 같은 형태에서 기념장소교육학의 기본 구성요소다. 독일-프랑스 청소년연합 사무총장인 미셸 쿨린(Michel Cullin)의 기획 논문 제목은 〈이해할 수 없는 것을 이해하고 전달하기〉다. 그는 이 논문에서 공통의 역사에 대해 논쟁하기, 전쟁의 경험과 저항의 경험에 대해 논쟁하기를 '유럽 시민'의 조건으로 보고 있다. "유럽 시민, 무엇보다도 젊은 시민이 의식화되는 것은 이러한 기억의 작업 없이는 불가능하다."(Cullin, 2002: 65)

이주 배경을 가진 청소년들이 역사 및 정치수업에서 독일 역사, 나치 시대로부터 기억할 수 있는 장소들과 직면하게 될 때, 흥미로운 상호문화적 관점들은 다양한 관점에서의 사고를 가능하게 할 뿐만 아니라(Rinke, 2003 참조), '인권' 또는 '이해 지향적 갈등조정'과 같은 정치수업의 중심적 지향점 역시 개발하게 하는(Rinke, 2000: 112 이하) 학습 기회를 갖게 한다.

쾰른에 있는 나치 문서센터 'EL-DE-Haus'에 터키어 안내가 도입되었다. 도간 아칸리(Dogan Akhanli)는 독일 신문 〈Taz〉와의 인터뷰에서 터키어 안내를 도입한 이유를 다음과 같이 언급했다:

> "터키에서 터키인과 쿠르드인에게 역사에 대해 어떤 비판도 다루지 않았고, 오히려 국가가 신뢰하는 지침만 전달되었다. 우리는 터키인들의 역사적 시련에 대한 어떤 극복과정도 알 수 없다. 독일에 있는 터키 출신의 이주자들은 역사에 대해 다른 태도를 취하기 때문이다. 그러나 그들은 역사를 배제하고 부정하면서도 그것을 바꾸려는 어떤 관심도 없다. 나는 이러한 태도가 우리 이주자들에게 큰 문제라고 생각한다. 그들은 언제나 소수자로서 그들의 권리를 요구한다. 그러나 그들은 스스로 원인을 제공했던 인종차별주의에 대한 책임을 질 준비가 되어 있지 않다. 그렇기 때문에 우리는 그들에게 다른 접근을 가능하게 하려고 한다."(Kaya, 2003: 14)

3) 유럽을 위한 학습

유럽을 위한 학습에 대해서는 과거에도 그랬듯이 오늘날에도 의견이 분분하다. 지리적인 관점에 근거를 두고 오늘날 확정된 정치적 경계선 너머에 살고 있는 모든 사람을 배척한다면 특히 그렇다. 명백한 것은 이러한 교육적 구상을 가지고 하나의 '유럽 정체성' 발달에 기여하려는 정치적 노력이다. 정체성은 공동의 가치에 대한 자기 확신을 통해, 다른 한편으로는 이러한 가치를 나눌 수 없는 사람들과 구분하는 것을 통해 생겨난다. '유럽'을 이루는 것에 대한 담론, 그 자체에 이미 다음과 같은 네 가지 점에서 상호문화적 특성이 귀속될 수 있다.

① 이주와 문화 교류가 유럽 역사의 중요한 특성에 속했고, 속한다는 의식이 발달될 수 있다. 유럽 역사의 경제적이고 정치적인 발전의 역동성은 노동이주와 빈곤이주 없이는 생각할 수 없다. 그뿐만 아니라, 지중해 지역과 같은 정치 · 문화적 공간은 수천 년 전부터 다문화로 특징지어졌고 지금도 그렇다. 그러나 오늘날의 지리적 공간에 따른 엄격한 경계 짓기, 즉 실제적으로 터키가 배제된 것은 모든 '낯선 문화적인 것'을 배척하는 '서양문화'의 폐쇄적 구성으로 보인다. 일상문화/식문화 영역에서 또는 학문(수학, 철학 비교) 영역에서 다양하고 상호적인 영향을 지각하는 것은 '문화'가 동질적인 것으로 생각될 수 없다는 것과 '문화권들' 또는 '문화들의 충돌'에 대한 주장이 구성되었다는 것을 명백하게 한다. 이러한 구성은 결과적으로 '상대적' 단일성을 갖는 측면이 있고, 이는 대부분 혼합과 과정이 원칙인 '망(netz)'의 메타포보다 실제에 덜 적합하다.
"글로벌 단층선이 존재한다. 그러나 그것은 문화들 사이로 지나가는 것이 아니라, 문화들 내에서 지나간다. 즉, 문화 전달이라는 고유한 이해를 위해 정치적 패권을 추구하는 문화들과 다양한 문화들, 그리고 문명 스타일들의 공생을 위해 정치적으로 합법적인 틀을 요구하는 문화들 사이를 지나간다."(Meyer, 1997: 83).

② 언어와 문화의 다양성으로 인한 '풍성함'의 의미는 부정(否定)으로 증명될 수 있다. 야만은 낯선 것이 배제되는 곳에서 성장한다. 그러나 유럽의 역사를 '낯섦'과 관련해 긍정적으로 그리고 일반화하여 표현한다면 낯선 것과의 만남과 대결이 시민사회의 발전을 위한 조건으로 이해될 수 있다는 것을 증명한다. 변화와 경계 넘기 및 긴장상태의 형성들을 보다 더 정확하게 고찰하면, 정치적 관계들과 인간적인 교류형태들의 인간화를 위한 하나의 근본적인 조건이라 할 수 있다.

③ '시민사회'의 발달, 즉 '시민'의 발달과 함께 계몽의 토대 위에서 평등, 연대, 시민권, 인권의 개념들로 표현될 수 있는 유럽이념사의 주요 가치들이 언급된다. 반복되는 역사적 회귀가 항상 있었더라도 전제정치, 종교적으로 (또는) 정치적으로 합법화된 근본주의, 그리고 소수자 차별에 대한 지속적인 대항은 민주적인 사회의 토대에 속할 것이고 속해야 한다.

④ 유럽의 (문화)역사는 '낯선 것'과 다양한 형태에서 교류하려는 지속적인 노력으로 해석될 수 있다. 하나의 사회가 낯선 것과 마주해서 어떠한 태도를 취하는지와 무엇을 '낯섦'으로 구성하는지는 그 사회의 고유한 상태에 대한 귀납적 추론을 통해 알 수 있다. 하나의 사회는 소수자와 어떻게 교류하는가에 의해 판단될 수 있다. 소수자들은 일방적으로 '일반적인' 가치에 순응하도록 강요되는가? 혹은 그들에게 자신의 고유한 가치, 규범, 그리고 태도방식들이 구성된 규칙의 틀에서 보살펴지고 계속 발전할 수 있는 가능성이 용인되는가?

많은 '유럽 학교들'의 웹 사이트를 찬찬히 살펴본 사람은 학교의 프로그램이 EU-프로젝트들(코메니우스)에 참여, 이중언어수업을 하는 '유럽 학급'의 설치 같은 학교 파트너의 강도 높은 후원 이외에도 상호문화적 문제 제기에 중점을 둔 작업('Agenda 21 학교' 같이 생태적 주제를 포함하는)을 고려하고 있다는 것을 확인할 수 있을 것이다. 그러나 다양한 독일-프랑스, 독일-폴란드 또는 독일-체코 교환 프로그램이 중점이라고 하더라도 좁은 의미에서 '유럽'에 제한하는 것은 유럽 중심이라는 문제점을 가질 수 있다. 이를 극복하기 위해 학교는 흔히 새로운 개혁교육운동들에 열린 마음으로 전일제 학교조직에서 학교개방/'공동체교육'의 적극적이고 창조적인 형태들을 실천하고, 프로젝트 또는 교과의 경계를 넘어 포괄적인 프로그램을 가지는 것이 중요하다.

웹 사이트 안내

독일, 오스트리아, 스위스 각 주의 유럽 학교와 UNESCO-프로젝트 학교는 www.ups-schulen.de/, www.dipf.de/dipf/bildungsinformation iud eudok schul.htm
유럽 학교 이념에 대한 역사는 http://www.dipf.de/dipf/EU sch ges.pdf

참고문헌

이러한 개념에서 교사교육과 관련해서는 Fabrizio Scancio(Hg.). Imaginer l'Europe. Themes et methodes pour u stage de formation. Freiburg. 2001.

4) 언어와 문화 및 의사소통과 관련된 일반교육

상호문화적 접촉은 언어적이고 비언어적인 기호의 공간에서 실현된다. 그러나 단어들은 감정의 세계를 일깨운다. 그 결과로 언어적이고 비언어적인 코드의 문화적 기호들은 인식에서 멀어지기도 한다. 우리는 단어들과 제스처들이 문화적으로 기호화되어 있다는 것을 어떤 개념이 단순하게 번역되지 않거나 어떤 제스처가 이해될 수 없기 때문에 생겨나는(1장 6절 비교) 의사소통의 어려움을 겪을 때 비로소 인식하게 된다. 이러한 혼합 상태가 일반적으로 소통, 특히 상호문화적 소통을 어렵게 한다. 이러한 교수법적 개념은 포괄적인 의미에서 '일반교육적'이다. 이 개념의 중심적인 특징은 다음과 같다.

- 개인적이고 집단적인 정체성 구성의 수단으로서 언어 이해: 언어철학을 통해 우리는 지각/사고와 언어가 상호영향을 미치는 활동이라는 것을 알고 있다. 신뢰할 수 있는 공간에 소속되어 있다는 느낌, 즉 집에 있는 것과 같은 느낌(정체성)은 본질적으로 언어라는 수단을 통해 일어난다. 왜냐하면 언어에는 특정한 문화적 경험들이 농축되어 있기 때문이다. 상호문화적 학습은 이러한 코드(자신의 언어 코드와 낯선 언어 코드)가 인식될 수 있을 때 일어난다. 즉, 어떤 방식으로 역사적, 사회적 그리고 문화적 경험들이 단어와 제스처의 의미를 잉태했는지 알 수 있을 때 일어난다. 이러한 성향의 수업적인 의미는 현대 외국어수업들과 독일어수업뿐만 아니라, (언어의식의 교수-학습 목표 비교, Oomen-Welke, 2003a: 72) 이주자언어와의 교류에서도 나타난다. 학교는 정체성 형성의 수단으로 고유한 언어를 활용하는 청소년들의 이러한 노력을 어느 정도 인정하는가? 학교는 순응압력 때문에 모국어가 정서적으로 거절되거나 개인적인 정체성 발달 과정에서 두 언어/문화의 생산적인 통합이 성공적으로 일어나는 데 어느 정도 기여하는가? 그러므로 '언어의식'의 언어교수법적 목표설정은 그 핵심에 인정의 교육학을 포함하고 있다(Hafenger 외, 2002). 이를 통해 더 확대된 중요한 특징을 알 수 있다.
- 다중언어능력과 발달 관점으로서 '언어와의 만남': 이주배경을 가진 학생들을 위한 '모국어로 하는 수업'이 지원되어야 하는지, 그렇다면

어느 정도까지 지원되어야 하는지에 대한 광범위한 토론이 존재한다(2장 4절 '행동영역 수업' 비교). 한쪽에서는 출신국가의 '문화적 정체성' 유지를 언급하면서 정당성을 주장한다. 다른 한쪽에서는 이미 오래전부터 독일사회로의 통합이 행해져왔다는 근거를 들어 그것을 거부한다. 다언어의 습득은 모든 학생에게 명백하게 발달할 수 있는 가능성을 제공한다. 이것은 세계 언어인 영어와 프랑스어뿐만 아니라 터키어, 네덜란드어 또는 체코어도 마찬가지라는 것이 분명하다.

- 상호문화적 소통의 비언어적 관점: 국제적인 학생 만남의 준비로서 혹은 사업장에서 실패한 소통에 대한 회고로서 제스처, 신체적 태도 또는 인사의식의 문화적 기호화에 대한 민감성은 '글로벌화된 사회'에서 필수불가결한 것으로 보인다. 왜냐하면 ('상호')문화들 간 접촉의 성공 여부는 추측건대 무엇보다도 비언어적 신호의 의미에 의해 결정되기 때문이다(1장 6절, 1장 8절 비교).

'다중관점적인 교육, 다중언어성'에 대해 언급하고 있는 아우어른하임어(Auernheimer, 2003: 142)조차 이러한 교수법적 개념을 다른 개념과 분명하게 구별하지 못했다.

이러한 교수법은 다음 절에서 다루게 되는 '글로벌 학습'에서와 마찬가지로 언어 또는 소통과 관계된 관점에 집중되어야 하는 하나의 주제영역으로서 중요하다. 인사유형들 또는 비언어적 신호가 낯선 국가의 특수한 문화연구 또는 문헌적인 기록들이 수업에서 주제화되어야 하는지에 있어서 본질적인 것은 언어적 관점과 주변 주제영역들을 결부시키는 것이다.

독일어-타 언어의 교수법적 성향은 여기에 확실히 편입될 수 있는 가장 명백한 성향들이다. 아우어른하임어(Auernheimer) 역시 — 예를 들어, 역사수업에서 중요한 — 타인의 주체성을 인정하는 기본적인 사고를 이러한 성향으로 분류했다. 이러한 성향은 역사적인 주제들의 상이한 관점들을 인정하고, '이중적인 고유한 관점'(Göpfert) 또는 다양한 관점의 관찰방식을 연습할 것(Auernheimer, 2003: 144)을 요구한다.

타인/낯선 사람을 그의 고유한 가치와 의미에서 인정하고, 자신을 그와의 관계에서 바라보고, 타인으로부터 사고하는 것. 이러한 교수-학습목표는 상호문화학습의 핵심으로 보인다.

웹 사이트 안내

인터넷 검색엔진을 통해 '상호문화적 의사소통'을 검색한다면 수천 개의 결과를 얻을 수 있다. 많은 대학에서 '상호문화적 의사소통' 교육기회를 제공하고 있다는 것을 경험한다면(www.fak12.uni-muenchen.de/ikk/), 무수히 많은 참고문헌 목록(www.blik.uni-halle.de/IKK-Bibl.htm), 상호문화학습을 위한 (수업)자료들과 실행안내들, 그리고 연습프로그램들을 보여주는 흥미로운 포털들과 만나게 된다(www.ikkompetenz.thueringen.de, www.interculture.de, www.daf-portal.de).

'세계-문학(Literatur)'이란 주제에 대해서는 "아시아, 아프리카, 라틴아메리카의 문학장려회" 웹 사이트(www.litprom.de)에서 발견할 수 있다. 물론 이 사이트에는 "접시 가장자리를 보아라, 다른 사람들이 어떻게 살고 있는지 한번 읽어 보아라"와 같은 아동청소년문고 프로젝트와 활동에 대한 정보도 제공하고 있다. 이러한 관계에서 스위스의 NGO인 '베른 시 선언' 활동(www.evb.ch)을 언급할 수 있다. '베른 시 선언'은 다른 단체들과 함께 "아동문고펀드 바오밥"을 유지하고 있고, "낯선 세계, 제3세계와 인종주의를 주제로 하는 아동청소년 문고의 추천가치들"이라는 브로슈어를 발행하고 있다.

5) 글로벌 학습

교과체계적인 관점에서 살펴보면, 상호문화학습의 부분영역으로서 '글로벌 학습'처럼 복잡한 학습영역을 소개하는 것은 필요한 것으로 보인다. 크리스토프 불프(Christoph Wulf)의 일반교육학적 성향을 따른다면, 지구적인 것과 지역적인 것, 보편적인 것과 특수한 것, 전통과 현대 등과 같은 일련의 세계적인 긴장 영역들이 교육과정을 결정한다(Wulf, 2001: 183 이하 참조). 점점 더 강력해지는 하나의 세계망(글로벌화)에서 경제적, 정치적, 문화적, 그리고 사회적 과정들은 "어떻게 다양한 교육체계들(제도들)에서 지방적 · 지역적 · 국가적 공통성들을 다루어야 하는가 하는 중점적인 질문에 대한 교육체제의 책임을 규정한다."(Wulf, 2001: 174) 금융과 정보흐름 글로벌화의 급속한 진행과 인간적인 노동과 삶의 조건들에 대한 권리, 교육과 인권의 엄수에 대한 권리와 같은 사회적 기준들이 '자유시장'의 독재에 희생되는 위협적인 상황에 직면하여 글로벌 학습은 이러한 도전들에 대한 교육학적 응답으로 간주되어야 한다(Scheunpflug, 2003).

"지구적으로 사고하고 지역적으로 행위하기"는 이미 1980년대 초에 등장한 슬로건으로, 주변의 사회적인 문제와 행위의 장이 세계적으로 영향을 미치는 경제적 구조진행의 맥락에서 관찰되어야 한다는 것을 경고했다. 이 운동의 토대는 '사회적 공정성'의 개념에서 표현된 윤리적 요청이었다. 제3세계 국가들의 구조적으로 소외된 국민 집단들에게 투표권을 부여하기를 원했고, 수백 년에 걸친 착취 후에 공정한 세계시장구조들이 제3세계 국가들의 공정한 발전조건들을 가능하게 해야 한다는 것이었다.

이 운동의 본질적인 특징은 주변의 생활세계적인 문제들을 국제적인 영역의 문제들과 함께 생각하자는 것이었다. 그래서 바나나, 커피 등과 같은 '제3세계로부터 온 생활소비품', '인권과 민주주의', 그리고 '기후보호'와 같은 문제영역들의 주제화는 가까운 영역과 먼 영역 사이의 구조적 연관성에 대한 해명에 기여할 뿐만 아니라, 고유한 생활스타일이 '지속 가능한 발전'과 '미래능력'의 원리들에 적합해야 한다는 호소에도 기여했다. '하나의 세계에 대한 책임'은 다음과 같은 네 가지 영역의 결합을 위한 윤리적 토대가 되어야 한다는 것이었다.

- 발전/사회적 공정성
- 민주주의/인권과 시민권
- 전쟁과 평화
- 생태학/지속 가능 발전

'외국인 교육학' 또는 '상호문화교육학'의 담론들 및 발전과 연관된 교육 작업의 첫 번째 접점은 이주노동자들의 존재 또는 '자신의 국가에서 제3세계'(Holzbrecher 외, 1974)의 관점을 통해 생겨난다. 이러한 결합은 레나테 네스트포겔(Renate Nestvogel)이 망명자들을 다룬 연구에서 다시 한 번 포착될 수 있다(Nestvogel, 1996). 이러한 주제를 다룬 소수의 학교 관련 출판물들에 추가로 《영화들—학교에서의 젊은 망명자들》(Carstensen 외, 1998)이 출판되었다. 마지막으로 상호문화적인 관점이나 발전과 관련된 관점이 서로 관계되어 있는 독일과 짐바브웨 학교 간의 상호문화 학교 프로젝트가 언급된다(Dauber 외, 1998). '글로벌 학습'을 상호문화학습의 교수법적 개념으로 수용하는 것은 아마도 최소한 교과체계에 대한 확정의 요구와 결합될 수 있다. 다른 관점에서 보면, 유사한 권리로 상호문화적인 것이 글로벌 학습의 부분으로서 고안될 수 있을 것이다. 상호문화교육의 관점에서 '다문화사회에서의 공동학습', '하나의 세계에서 글로벌 학습', '상호문화 역량의 촉진', '이주 배경을 가진 학생들의 통합과 촉진'과 같은 과제영역을 파악한다면, 반인종주의 교육에서와 마찬가지로 이러한 문제영역에 대한 상이한 관점들이 중요하다는 것이 분명해진다.

상호문화적 교육활동을 행하는 학교는 다음과 같은 발달의 필요성을 인식한다: 다중언어의 촉진, 상호문화적 학교 프로필의 계발과 학교 프로그램으로의 결합, 유관기관과의 협조에서 글로벌 학습을 위한 지역적 네트워크의 구축, 새로운 매체, 특히 인터넷을 통한 상호문화적 · 글로벌 학습(www.bezirksregierung-hannover.de).

발전과 관련된 교육 작업, 즉 상호문화적 학습과 국제적 교육연구 간의 상호의존성에 대한 학문적 담론은 학습장의 복잡성을 분명하게 한다. 그러나 '글로벌 세계사회'로의 발전을 상호문화적 학습을 위한 도전으로 이해할 필요성도 분명하게 한다(Lang-Wojtasik/Lohrenscheit, 2003).

지난 수년간 '회색시장'[3]을 통해 학교와 학교 밖의 교육활동에 활용할 수 있는 교수법적으로 다듬어진 많은 소재들이 생산되었다. 이러한 운동의 저자들은 교사들뿐만 아니라, "지구적으로 사고하고 지역적으로 행위하기" 운동에서 중심적으로 활동하고 있는 활동가들로 활동그룹 또는 NGO의 회원들도 있었다. "지구적으로 사고하고 지역적으로 행위하기" 운동은 1990년대에 'Agenda 21'의 진행을 통해 계속적인 활력과 지금까지 도달되지 않았던 주민집단들에게 호소할 수 있는 기회를 얻었다. 'Agenda 21'은 지역에서 기관의 정착을

3 역자 주: 회색시장이란 공립학교에서의 교육이 아닌 외부기관이나 사교육에서의 교육활동이 이루어지는 곳을 의미한다.

통해 정치적으로 구체화될 수 있었다. 동시에 '글로벌 학습'의 중점적인 교수-학습목표들은 사회학/정치학, 지리학 또는 종교교육학의 교과교수법적 담론에서 확고한 구성부분이 되었다.

(교과)교수법적 성향과 수업 실천적 경험보고서들의 풍부함에 직면해서 다음에서는 일반교수법적 관점에서 존재하는 성향들의 체계적인 관찰방법을 가능하게 할 뿐만 아니라, 독자의 교수법적 환상에 '생산적인' 영향을 줄 수 있는 구조화를 시도하려고 한다. 다양성을 갖는 성향들이 분명하게 네 개의 교수법적 기본관점 중 하나로 분류되는 것은 어렵기 때문에 다음 네 개의 필드 모형은 '영역들 간'의 주제를 제시하는 것도 용인되어야 할 것이다. 성향들의 구분은 '문제', '인간', '생산물' 또는 '장소' 중 어떤 주제적인 관점이 지배적이냐 하는 기준에 따라 발생한다.

▼ 문제 지향성	▼ 인간/주체 지향성
인권, 달력/시간, 세계문화유산	문화적 일상/축제, 거주, 모든 세계로부터의 놀이, 아동노동/여기에서 그리고 어떤 다른 곳에서 자신의 도시를 가리키는 아동/'고향' 망명자/망명아동, 인디언, 여성/소녀
식사/요리, 의류(면……, 낡은 옷 수집), 식료품(차, 커피, 카카오, 바나나, 조미료……)	여행
▲ 생산물 지향성	▲ 국가 지향성

- 문제 지향성: 여기에서 중요한 것은 구조와 관련하여 문화와 국가를 뛰어넘는 이해와 인식을 가능하게 하는 사실적인 주제다. 문제영역 '인권'은 여기에서 언급될 수 있는 첫 번째 영역에 속한다. 주제 '시간'은 문화비교적인 관점을 통해 일상적으로 구조화된 틀의 상대화를 가능하게 한다. 신뢰하고 있는 것은 역사적 · 사회적으로 그리고 문화적으로 제약되어 있다는 것을 인식하면서 다른 많은 주제들처럼 삶의 형태들의 다양성으로 시각을 확대한다. '세계문화유산'에 집중하는 것은 다문화 학급이 문화적으로 제약된 인간적인 환경을 형성하기 위한 의식, 그럼으로써 그 보호와 유지에 대한 책임을 발전시키는 것을 도울 것이다. '세계문화유산'은 국가적 경계를 넘어 지구적인 사고를 발달시킬 수 있는 기회를 제공한다[Albert 2001: 11; UNESCO 협동학교 프로젝트(www.unesco.org/education/asp), "UNESCO 프로젝트 학교들"의 네트워크(www.ups-schulen.de)].
- 인간 지향성/주체 지향성: 학습은 대부분 정체성 확립과정을 통해 진행된다. 사람들은 자신을 다른 사람들과 비교하고, 그들의 일상에 대한 통찰을 얻고, 기쁨 또는 불안감, 슬픔 또는 희망을 함께 나누고 싶어 한다. 그들은 어떻게 생활하고 거주하며 학습하고 즐기는가? 그들은 어떻게 특정한 연령에 맞는 발달과업(부모 집을 떠남, 성역할의 발견 등)을 다루는가? 전해지는 볼리비아 인디오 젊은이의 역사는 그 때문에 어떤 사실적 묘사보다 더 동기를 부여하면서 영향을 미친다. 영화는 모든 수업연출법보다 더 흥미진진하다. 구체적인 일상의 역사로부터 시작하거나, 콜롬비아 거리아동의 개인적인 현실로부터 특징을 포착하여 표현하도록 하는 것은 무엇보다 다른 사람에게 귀를 기울이고, 평가(비판, 판단)에 앞서 자신의 견해를 지각하도록 강요한다. 이것은 상호문화학습의 중심적인 목표다. 지난 수년 동안 아동 · 청소년 문학시장에서 질적 도약과 넓어진 주제 스펙트럼이 확

인된다. 그 결과 오늘날 강독과 프로젝트 방향에 따라 아동 · 청소년 저서의 상호문화 주제들이 취급될 수 있다는 것이 정당하게 언급된다. '주체 지향성' 관점의 교수법적 가능성은 제3세계 국가들의 아동과 청소년의 상황과 주변 지역의 이주/망명 아동의 상황에 대한 이해에서 비로소 인식될 수 있다. 그를 넘어서—그리고 동일시과정에 대한 사고들은 이러한 것을 시사한다—학습자 자신의 주체적 발달에 대한 주제화가 중요하다. 즉, 연령별 특성에 따른, 그리고 성적인 특성에 따른 발달과업 작업에서 공통성과 차이성은 중요하다. 베르톨트 브레히트(Bertolt Brecht)로부터 다음과 같은 문장이 유래한다: "다른 사람을 도울 수 없다면 어떠한 인간도 다른 사람의 고통을 장황하게 이야기하지 못한다." 콜롬비아의 길거리 학급과 이곳(독일) 한 학급의 프로젝트 파트너 관계는 구체적인 행위 관점들을 가질 수 있게 할 것이다. 그럼으로써 무력감에 대항하는 경험, 즉 주변지역의 자발적 그룹 혹은 협회 같은 곳에서 생애사적으로 지속 가능한 영향들을 발전시키는 학습을 경험할 수 있을 것이다.

- 생산물 지향성: "남아프리카에서 온 과일을 사지 마라!"는 '정치적으로 옳은' 소비태도에 대한 요구가 인종차별 정권이 몰락할 때까지 반향을 일으켰다. 이러한 거부의 외침이 측정할 수 있는 정치적 결과들을 가져왔는지는 알 수 없다. 그러나 이 캠페인의 교육적 가치가 과소평가될 수 없다는 것은 확실하다. 학생들과 젊은 교사들 세대는 제3세계의 국가들로부터 온 이국풍의 과일들에서 정치 발전적인 학습기회를 인식했다. 교수법적 가능성은 식민주의의 역사적 맥락까지 생산물의 생산조건들에 대한 질문만 있는 것이 아니라, 비판적이고 정치적으로 확립된 소비자들의 태도에도 있다.
- 국가지향성: 완벽을 기하기 위해 무엇보다도 지리교수학으로부터 생겨난 특정 국가들의 특별한 문제들로—위에서 언급된 각각의 관

점들과 조합될 수 있는—의 방향설정이 거론된다.

참고문헌

Annette Scheunpflug/K. Seitz. Die Geschicte der entwicklungspolitischen Bildung. Frankfurt. 1995. (발달교육학의 교수학 역사에 대해)
Gregor Lang-Wojtasik; Claudia Lohrenscheit(Hg.)(2003). Entwicklungspädagogik-Globales Lernen-Internationale Bildungsforschung: 25Jahre ZEP. Frankfurt.
그리고 실천과 관계된 2개의 출판물: H. F. Rathenow/D. Selby(2003). Globales Lernen. Berlin, M. Geisz(2002). Praxisbuch Globales Lernen. Frankfurt.

웹 사이트 안내: 글로벌 학습

www.friedenspädagogik.de/themen/globlern/gl14.htm(Beschluss der KMK zum Globalen Lernen v. 25.10.1996)
www.weltinderschule.uni-bremen.de
www.globales-lernen.de
www.globlern21.de
www.eine-welt-netz.de
www.globaleducationweek.de
www.globales-lernen.de/konzept/index.htm(Portal zur Didaktik des GL)
www.nadir.ogr/nadir/initiativ/agp/(Peoples Global Action)
www.attac.de/index.php(eine globalisierungskritische Aktion)
www.venro.org
www.buko.info/(Bundeskongress entwicklungspolitischer Aktionsgruppen)
수많은 NGO 단체를 대표해서(www.medico.de, www.gfbv.de, www.tdh.de)
www.brot-fuer-die-welt.de
www.agenda21-netzwerk.de
www.agendaservice.de/
www.learn-line.nrw.de/angebote/agenda21/

6) 타자와 자아상(象)을 지각하고 형성하기

우리는 낯선 사람을 만나기 전에 이미 그에 대한 상이 존재한다.

이러한 상은 자신의 삶의 역사로부터, 아동서적으로부터, 영화로부터, 일간지 또는 감성적 특성을 갖고 지속적으로 지각과 현실구성을 채색한 역사로부터 기인한다. 생활세계의 영향들 이외에 문화역사적으로 제약된 의미의 규준도 강력한 영향을 미친다. 이러한 의미 규준의 역동성은 "사회적으로 무의식적으로 형성된 것"(Erdheim)으로부터 나온다. 그래서 '흑인'에 대한 확고한 상은 수백 년 동안 영향을 미치고 있으며, 마치 유대의 골렘(Golem) 신화에서 또는 현재 TV 드라마에서 보여주는 스산하고 위협적인 장면에서와 같이 헤아릴 수 없이 많은 아동역사에서 그 표현이 발견되고, 미지의 (그리고 식민화되고 있는) 아프리카와 그 거주민에 대한 불안에서 같은 표현을 발견할 수 있다.

이러한 상들을 이해하는 것은 어렵다. 그래서 상호문화학습에서 이러한 상들에 대해 논쟁하는 것은 의미 있어 보인다. 왜냐하면 어떤 방식으로 구체적으로 낯선 것(개인, 대상 또는 장소)을 대하는가는 상의 특성과 '채색'에 달려 있기 때문이다. 이러한 '내적 상들' 혹은 '상상의 상들'의 영향을 파악하는 것은 무엇보다 그들의 역동성이 가정의 사회화 조건들과 역사적-사회적 견해틀들의 맥락에서 전개되기 때문에 쉽지만은 않다. 이 상들은 여기에서 인종적 묘사, 저기에서 그에 상응하는 선입견처럼 단일 인과(因果)의 사고모형에서와 같이 '그 자체로서' 영향을 미치지 않는다. 오히려 특정한 조건들은 인종적인 묘사들, 이방인에 대한 적대적인 묘사들 또는 폭력적인 묘사들이 '반향을 불러일으킬' 가능성을 높인다는 점에서 시작해야 한다. 이러한 조건들에는 생애사적 경험들과 사회문화적 또는 사회적 맥락 조건들이 있다.

교육학적인 관점에서는 의사소통이 가능하고 변화가 가능하도록 하기 위해 이러한 상들의 명확한 표현을 가능하게 하는 하나의 교수법이자 방법적인 개념에 대한 추구가 중요하다. 상에 대한 반대의 정보들은 생각의 틀을 변화시키기에는 충분하지 않다. 인지적인 지식의 확장에 고착되어 있는 학습은 자신과 타인의 상들에 관해 일반적으로 묘사된 심리학적이고 사회심리학적인 역동성을 간과하고 있다. '인식'이 '지속적으로 영향을 미치는' 경험과 결합되어 있음을 의미한다면, 이것은 교수법이자 방법론적인 결과들을 가진다.

'우리 자신 안에서 낯선 것'(Kristeva)을 드러내고, 자신의 감정 양립을 드러내고, 확고한 크기로서가 아니라 오히려 '유동평형(流動平衡)'으로서 그리고 형성될 수 있는 과정으로 '정체성'을 파악하려는 목표의 관점에서 보면 학습자의 주체발달에 대한 관계가 그를 위해 근본적이라는 것은 분명해진다.

사회적 · 문화적으로 다양한 생활세계에서 온 청소년들과의 접촉, 즉 일상세계의 낯섦 그리고 '낯선' 주제영역들과의 적극적인 논쟁은 내부 심리적 접촉과정들과 밀접하게 결합되어 있다. 어떤 방법으로 나는 '낯선 것'을 지각하는가? 그것은 나를 불안하게 하는가? 혹은 나에게 매력을 불러일으키는가? 어느 정도 나는 낯섦을 허용하는가? 나는 나의 자아상과 세계상, 나의 정체성구조를 보호하기 위해 어디에서 경계를 짓는가? 이러한 질문들은 의사소통 과정에서 스스로 지각하는 것을 참조하도록 하고, 낯선 상의 구성요소인 관찰자에게 투영된 부분들을 인식하게 한다. 무의식적인 상상의 상들을 '화제 삼아서' 공동으로 행위 가능성들을 발전시키기 위해서는 자기반성적(그리고 창조적) 방법에서 이러한 '성찰적 지각'이 가공되어야 할 것이다

(Holzbrecher, 1997 참조).

이러한 교수법적 성향에 대한 본질적인 목표의 관점은 낯섦이 생애사적으로 그리고 역사적, 사회적으로 제약된 구성이라는 것을 인식하는 것이다. 여기에서 나타난 지각을 지향하는 성향의 결과는 우리 지각의 사회적이고 문화역사적인 제약들에 대한 반성이다. 특히 우리의 신체상에 대한 반성이다. 왜냐하면 이것은 신경학적 관점에서 자아상과 세계상의 근본 틀로 이해될 수 있기 때문이다. 어떻게 그리고 무엇이 다른 것으로, 그리고 낯선 것으로 인지되는가 하는 것은 삶의 역사에서 코드화된 느낌, 사고, 행위 틀의 일부분이다. 이러한 복잡한 틀은 단순히 경험내용들의 저장소로 이해되지는 않는다. 왜냐하면 그것은 동시에 이러한 다양한 경험들을 수정하고 구조를 부여하면서 특별한 가공모형을 만들어내기 때문이다. 세계 의미의 역사적 · 문화적 · 환경특수적인 틀은 주체적인 경험들의 지각과 평가 형식을 위한 맥락 조건들로서 간주될 수 있다. 다른 한편으로 생애사적인 육체경험, 교류경험, 한계경험들과 결합되어 있는 '필터'의 의미에서 연민도 작용한다. 그러므로 자신의—신체적이고 심리적인—육체적인 지각이 전체와 경계를 지각하고 평가하는 틀이 된다는 것은 납득할 만하다. 고유한 사회적 육체로 간주되는 것(축구동아리 혹은 세계관적인 공동체에서부터 '국가'에 이르기까지 정체성을 불러일으키는 관련 집단들 비교)의 완전성에 대한 논박들은 자신의 신체경계의 훼손과 결합된 사고의 질을 자극한다. 다른 한편으로 감성적으로 타인과 교제하는 능력은 정서적으로 소유하고 있는 긍정적 (육체적인 지각에 의한)교류경험에 그 토대를 두고 있다고 할 수 있다.

"권력구조의 발달은 유럽의 역사에서 낯선 것에 대한 불안을 극복하기 위한 중요한 하나의 수단이었다. 지각의 이러한 역사에서 시각의 발달은 탁월한 역할을 한다. 가시적인 기호들은 내적세계와 외적세계의 중재를 가능하게 한다. 즉 다른 사람과의 관계에서 자신의 신체상에 대해 의식하게 되는 것, (신체)한계와 그로부터 도출된 자신, 즉 신뢰할 수 있는 것과 내가 아닌 것 사이의 상상된 경계들을 정의하는 것을 가능하게 한다. 시각의 우위성은 문명화 과정의 맥락에서 거리 두기의 수단으로 발전했다. 절대적인 지도자를 통한 중심관으로부터 세계를 지배하는 것은 이러한 과정의 한 측면일 뿐이다. 궁극적으로 시야를 교정하고 세계를 마법에서 구해내는 것이 중요하다(Kleinspehn). 기계적인 세계상에서 인간의 육체는 지배될 수 있는 기계로 생각되고, 이러한 상에 맞지 않는 모든 것은 비현실적인 것으로 설명된다. 상상력, 꿈, 심미적-비합리적 지각과 인식의 형태들은 '비학문적인 것'으로, 그럼으로써 가치가 적은 것으로 취급된다.

외적인 것과 내적인 것 사이의 접촉경계인 막(membran)은 우리 감관의 체계다. 듣고, 냄새 맡고, 맛을 느끼고, 촉감으로 느끼고, 볼 수 있는 능력은 발달심리학적 관점에서 보면 그 발달을 위해 문화적인 맥락을 필요로 한다. 촉감이 불쾌하고, 냄새 또는 맛이 불쾌하거나 무질서하게 들리는 것은 근본적으로 문화적으로 제약되어 있다. 지각이란 하나의 (감각)자극을 등록하는 것으로 지각코드의 문화적 조건화에 상응하면서 그 자극을 평가하고, 이러한 의미부여를 통해 존재하는 현실개념을 분류하는 것이다.

여기에서 발전된 주제인 세계상에 대한 근본적인 하나의 틀은 자신의 배경(folie) 위에 낯선 것을 구성한 것이다. (……) 유럽의 역사에서 낯선 것으로 지각되었던 것은 지배적이고, 심미적으로 우월한, 즉 보고, 듣고, 냄새를 통해 정상적으로 느껴진 틀로의 귀납적 추론을 허용한다. 이러한 틀의 중요한 특징 중의 하나는 현재 지배적인 지각 및 인식형태를 위하여 의미를 상실하는 다른 것을 배제하는 것과 마찬가지로 특정한 감각수단들이 역사적으로 특별하게 연마되고 계속 발달된 것이다. 그럼으로써 자아지각 또는 신체지각의 형태들이 각인된다는 것이 분명해졌다. 이 형태들은 세계를 하나의 특정한 조명으로 비추는 지각코드들이 된다."(Holzbrecher, 1997: 183 이하 참조)

이러한 연관성들은 상호문화학습이 경계경험과 감정양립경험들의 주제화와 밀접하게 관련되어야 한다는 것을 분명하게 한다. 이러한 '문화 및 심리 역사적 차원'은 상호문화학습의 다른 교수법적 성향들의 스펙트럼을 넘어서는 문제제기의 넓은 스펙트럼을 위한 시야를 열어준다(Holzbrecher, 1997: 186 이하 참조). 근본적으로 제기되는 문제는 다음과 같다.

"세계상을 디자인하는 것이 의식을 결정한다."

원주민들은 자신들과 외부의 실재/'낯선 것'을 어떻게 바라볼까? 두 구조 사이에 어떠한 상호작용이 인식될 수 있는가? 어느 정도까지 이러한 사고구조들은 언어에 반영되는가? 어디에서 그리고 어떤 형태에서 유럽 중심적/인종 중심적 세계상이 나타나는가? 유럽적인 세계상의 어떤 모형들이 동일시될 수 있고, 이것들은 어떤 (문화)역사적인 뿌리로 환원될 수 있는가? 세계상들의 역사는 (어떻게) 서술될 수 있는가? 세계상 발달의 발달심리학적 과정과 문화역사적 과정 간에 어떠한 유사점이 인식될 수 있는가?

"현실은 얼마나 실제적인가?"

우리에게 중재되어 실제로 나타나는 것은 흥미에 제약된 현실구성물로 인식되어야 한다. 이 구성물의 특별한 구조는 정치적 · 경제적 구조들과 문화적 또는 심리적으로 제약된 수용욕구들의 공동 작업으로 서술될 수 있다. '세계정보질서' 또는 국제적인 중재시스템에 대한 구조적 분석이 주관적인 수용을 통해 보완되지 않는다면, 다음과 같이 요약된다. 어떤 방법에서 두 개의 차원은 서로를 제약하는가? 지각에 대한 환경특수적인 모형들은 동일시될 수 있는가? 그렇다면 이것들은 특수한 안전에 대한 욕구의 배경에서 어느 정도까지 이해될 수 있는가? 점점 더 밀접해지는 세계정보망의 결과들은 어떻게 서술될 수 있는가?

근본주의적인 세계상들

어떤 역사적 조건들에서 이러한 유형의 폐쇄적인 의미모형이 생겨나는가? 어떤 구조적 평행선이 정치적 근본주의와 종교적 근본주의 사이에서 인식될 수 있는가? 어떤 사회적 조건들이 이러한 세계상들의 변화를 장려하는가?(1장 4절 비교)

"여행하기, 입국하기, 고향 찾기"

여행은 국제적인 접촉의 가장 확대된 형태다. 낯선 것은 구별되는 모습에서 여행자를 만나게 되므로 차이에 대한 지각은 여행의 본질에 속할 것이다. 어떤 기대와 염려가 휴가여행과 결합되는지, 어떤 형태에서 원주민과의 접촉이 이루어지는지, 어떤 방식에서 낯선 것의 상이 증명되거나 변화되었는지는 예를 들어 경험 과학적이고 이데올로기 비판적으로 연구될 수 있을 것이다. 사진 찍기를 낯선 실제를 자기의 것으로 습득하는 하나의 형태로 이해한다면, 사진을 형성하는 특별한 규준에 의해 지각의 규준이 확정될 수 있는지에 대한 질문이 토론될 것이다. 지식을 전달하기 위해 역사적 여행서적은 감각적으로 지각된 것과 관찰자 스스로를 (그리고 그 시대를) 참조하도록 지시하는 특별한 방법에서 그 특징을 나타낸다. 하이네(Heine)와 괴테(Goethe)가 이탈리아에 대해 서술한 것 또는 헤세(Hesse), 그라스(Grass), 드레비츠(Drewitz)가 인도에 대해 서술한 것은 바로 저자들의 안경을 보여준다. 미리 파악된 상들, 기대들, 불안들은 현실구조에 그들의 특수한 느낌에 따른 색깔을 부여한다. 유럽의 낭만주의에서 널리 퍼져 있던 '내부로의 여행'의 확고한 상은 바깥 세계의 탐색에 대해 어떤 태도를 취해야 할까?

낯선 것들의 상

자신의 사회에 살고 있는, 다른 나라에 살고 있는 어떤 인구집단이 저주와 이국화의 대상이 되었고, 되고 있는가? 어느 정도까지 일반적인 위기지각과 타인에 대한 긍정적 혹은 부정적 상들의 투영 관계들이 생산될 수 있는가? 이러한 상들은 역사적으로 특별한 세계지각과 자아지각에 관해 무엇을 말하는가?

'타인의 눈으로'

타인에 대한 지각은 타인에 대한 상을 갖는 것을 말한다. 다른 사람에 의해 지각되는, 즉 평가되는 뒤바뀐 관점은 자신의 고유한 세계상의 규준을 인식하는 중심적인 수단이다. 아프리카, 라틴아메리카, 아시아의 거주자들은 우리에게 어떻게 보이는가? 우리는 이주자들에 의해 어떻게 지각되는가? 또는 국제적인 교환학생 프로그램과 관련하여 역사적으로 중재된 어떤 "관계악화의 범례"(Dauber, 1998)가 국제적인 접촉에서 타인에 대한 상호작용을 결정하는 상들을 각인하는가?

"시간은 돈이다"

이러한 근본적인 방식에는 우리의 자아지각 및 세계지각의 규준에 대한 시각을 열어줄 수 있는 '시간' 주제와 같은 다양한 영역들이 없다. 상이한 시간에 대한 지각은 상호문화적 접촉에서 다양한 오해의 원천이 된다. 우리 경제시스템의 특징인 가속의 논리는 대조적인 비교에서 더 명료하게 인식될 수 있다. 원주민의 '주기적인 시각'은 어떻게 서술될 수 있는가? 원주민에 관한 어떤 문헌적 텍스트가 우리에게 그에 관한 표상을 중재하는가? 어떤 실제지각이 해시계, 모래시계, …… 기계시계, 디지털시계에 상응하는가? 시대가 지남에 따라 어떻게 해서 시계는 모든 기계의 원천이 되었는가? 그리고 어떻게 이러한 발달이 우리의 자아상들 및 세계상들의 (철학적) 구성에 반영되는가? 계량화될 수 없는 지각에 대한 평가를 위해 기계 · 인간의 이러한 상은 어떤 결과를 가져왔는가/갖는가?(감성과 판타지의 역할 비교)

감각과 감각들: 인식의 양식으로서 신체상

일상적인 관계형태들은 자신의 것과 낯선 것에 대한 관계의 사회적인 규준을 표현한다. 가까움 혹은 멂, 자발적인, 풍부한 (육체적 그리고 감성적) 표현 또는 의례화된 행동규준은 접촉체험의 양식으로서 다른 것에 대한 지각을 코드화한다. 그들은 내가 아닌 것으로 지각되는 것에 대한 경계의 형태를 결정한다. 타인의—불분명한—신체로부터 분명하게 구분 짓는 고유한 신체의 양식화는 지배적인 정신에 의해 생동하는 정체성구조가 인식될 수 있도록 한다. 타인에 대한 경계의 경직성은 그렇게 생산된 명백함의 해체에 대한 불안의 역동성을 참조하도록 지시한다. 이때 고유한 자신의 것이 아닌 것에 대한 배척은 특별한 방식에서 감각적 지각형식들 또는 그것으로 중재된 문화의 관점들과의 교류에서 나타난다. 어떤 관계규준들이 일상적인 접촉의 인사의식 내지는 형태들로부터 읽힐 수 있을까? 어느 정도까지 그들은 운동문화, 놀이문화, 춤문화, 축제문화에 투영되어 있는 걸까? 이때 가까움/감각화 vs. 멂/경직된 법칙은 어떤 의미를 갖는 걸까? 식문화와 음주문화의 어떤 (환경 특수적) 형태들이 동일시되는가? 어느 정도까지 감각적인 즐거움이—냄새 맡기, 맛보기 또는 음식과 음료에 대한 주시—의식적으로 체험되는가? 어떤 가까운 감각과 먼 감각이 교육되는가? 둘 중 어떤 감각이 특정한 도구에 의해 '연장'되는가? 건강과 질병의 어떤 개념이 문화적 의식을 결정하는가? 그들에게 어떤 치료방법이 적합한가? 철학과 종교에 대해 어떤 관계가 생산될 수 있는가? 어느 정도까지 자아지각과 세계지각의 이러한 모형이 문헌에서 그들의 일치를 발견하는가? 역사가들은 어떤 불안, 꿈, 판타지를 가공하는가? 그들은 그것을 가지고 어떤 태도, 어떤 제스처를 표현하는가?

무엇보다 이런 차원들의 지각에는 성에 대한 특수한 지각 관점을 위해 자신의 고유한 역사와 타 문화들에 대한 관점이 보완되어야 한다. 요약된 각각의 문제영역들에는 그래야만 각각 다른 대답들이 나타날 수 있다. 이때 중요한 것은 단지 '전형적으로 남성적인' 혹은 '여성적인' 지각 틀의 표상이다. 이 표상의 심층구조가 특별한 방식에서 역사적으로 중재된 지배양식을 보여준다.

상호문화학습이 넓은 의미에서 이해될 수 있다면, 가능한 문제

제기의 다양성에서 어떤 개념적인 발달관점들이 인식될 수 있는지 분명해진다. 이를테면 타인에 대한 지각은 문화적 차이와의 교류가 창조적인 접촉-과정으로 형성되면서 자신의 고유한 의미모형을 사고해볼 수 있는 학습기회가 된다.

4 하나의 발견적 모형

> '발견적(heuristisch)'은 그리스어에서 유래했는데, '발견하다', '찾아내다'라는 의미로서 다음과 관계한다. ① 가능한 연구를 위한 방향성(Kant). ② 현대의 학문이론에는 두 가지 유형의 방법론적 규칙이 있다: 긍정적인 규칙들은 연구 프로그램에 방향성을 미리 제공하고, 부정적인 규칙들은 무엇이 회피되어야 하는지를 제시한다(Lakatos) [Huegel/Luebcke, 1995: 253 이하].

하나의 발견적 모형은 새로운 교수법적 진보의 발견, 즉 '교수법적 판타지'의 발전에 기여해야 한다. 그리고 교수-학습과정의 형성과정과 관계해야 한다. 다음의 과정모형은 주체적이고 생애사적인 차원을 생활세계적 또는 역사적-사회적 차원과 결합하는 것을 가능하게 한다. 이 모형은 '경험'을 복잡한 상호작용과정들의 결과로서 이해하는 학습이론에 기초하고 있다. 학습하는 주체는 특정한 체험들을 특별하게 관심을 가지고, 체험들을 주제에 적합하게 압축하여 가공하고, 회고하면서 그리고 예견하면서 '의미 있게' 나타나는 의미들을 발견하면서 자신의 경험을 '조직'하거나 '생산'한다. 인식론적으로 이러한 생애사적으로 발달되는 활동은 지각, 반성 그리고 행위의 경험 차원들 간의 상호작용으로 서술될 수 있다.

지각

지각의 차원과의 관계에서 학습자는 자신과 타인을 더 의식적으로 체험하고, 모든 감관을 가지고 지각하고, 판타지들과 상상의 상들(예: 미래의 기대들과 염려들)을 생산하고, 그들과 교류하거나 자기 자신을 의사소통과정과 이해과정의 부분으로 지각하는 능력들을 발달시킨다.

반성

인지적인 영역에서 역량이 발달하면서 주체는 언어 또는 추상화된 개념들의 도움으로 점점 더 큰 연관성을 생산하고 이해할 수 있는 능력을 습득한다. 생애사적으로 증가하는 자기 자신 그리고 외부세계와의 더 적극적인 논쟁은 실제를 날카롭게 조망하고 지각함으로써 실제와 자신을 관계시키는 욕구를 강화시킨다. (청소년) 주체는 이 개념들이 더 정확하면 할수록 파악을 잘할 수 있는 경험을 한다. 이를테면 사고는 더 유연해지고, 외부의 실제는 더 상황에 적합하게 해석될 수 있다. 비로소 외부 실제가 이야기의 소재가 될 때, 감성에 적합한 지각은 윤곽을 획득할 수 있고, 다른 경험들을 가지고 하나의 견고한 전체로 맞추어질 수 있다. 그럼으로써 주체는 자신의 느낌, 희망, 흥미, 세계상들에 대해 점점 더 많은 주권을 획득한다. 왜냐하면 선(先)이성적 지각과 논리적 사고능력 간에 다리가 놓아지기 때문이다. 이제 주체가 자기 자신을 관찰자와 해석자로서 성찰하는 능력을 습득하는 내적인 그리고 외적인 현실과 이해하는 논쟁이 일어난다고 할 수 있다.

표현

표현의 차원은—넓은 의미에서—사회적 행위로 이해된다. 즉, 생활세계의 정치적 형성과 심미적 실천: 학습자는 자신의 생활세계에서 의사소통 행위를 통해 인식하고 성찰한 것을 표현하고, 자신의 세계에 영향을 준다. 그리고 실제의 저항과 논쟁에서 실제와의 관계에서, 그리고 자신의 역량들과의 관계에서 그때그때 적합하게 나타나는 이러한 (정치적) 행위의 형태들 또는 자기-표현하기의 가능성들을 발견하는 능력을 발달시킨다. 이러한 경험 차원에서 역량발달은 주체가 항상 행위의 새로운 관점들을 발달시키고, 그럼으로써 자신의 현실을 창조적으로 생산해내는 것을 의미한다.

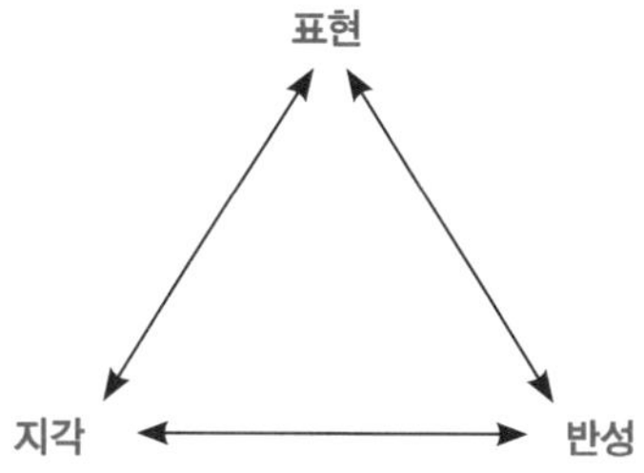

여기에서 제시된 교수법적 과정모형은 다음 차원들의 차이를 가능하게 한다. 이때 지각, 표현, 반성의 경험차원들은 각각 상이하게 강조된다. **첫 번째** 주체적 차원에서는 다음과 같은 것들이 있다.

- 주제에 대해 '접촉하는' 방식으로 다가가기
- 상상의 상들에 대한 (창조적) 표현
- 가능한 자극들에 대한 고집
- 선(先)이해에 대한 해명

• 주제와 관련한 기대태도 또는 인식관심의 확신이 중요하다.

"주제에 대한 나/우리의 지각은 나/우리 자신에 대해 무엇을 말하는가?"라는 질문이 **두 번째** 차원에서는 제시된다. 두 번째 차원에서는 첫 번째 차원에서 표현되었던 상상의 상들이 생활세계적 내지는 생애사적으로 체험된 의미내용들을 연구한다.

• 발자취들이 읽히고 해독된다.
• 생애사적 체험들의 사회적 맥락을 인식하게 하는 관계들이 생산된다.

세 번째 차원, 즉 역사적-사회적 차원에서 이러한 인식들은 거시구조적 관계에서 규정된다.

• 어느 정도까지 나/우리의 이해지평이 역사적, 문화적 그리고 사회적으로 제약된 것으로 인식될 수 있는가?
• 자신뿐만 아니라 타인의 의미규준과 행위규준을 그들 각각의 맥락에서 역사적-사회적인 그리고 문화적인 구조로 이해될 수 있기 위해서는 어떤 더 큰 구조적 연관이 해명되어야 하는가?
• 어떤 관련성이 그의 세계와 나의 세계를 비교할 때 인식될 수 있는가?

이러한 세 가지 차원에서 작업의 중심적 관점은 **네 번째** 차원에 해당되는 질문으로, '지금 여기에' 학습그룹에서 의미와 행위의 새로운 형태들 내지는 관계의 새로운 형태들이 어떻게 습득될 수 있는지 하는 것이다. 이때 지금까지 파악된 경험교육의 세 차원들은 서로 결합된다.

- 어떤 행위 가능성들과 행위관점들이 주체와 생활세계 내지는 사회와 관련하여 발견하고 공동으로 파악하는 데 중요한가?
- 자아지각과 타인지각이 변증법적으로 서로 결합되어 있는 열린 탐구과정으로 어떻게 이 작업이 형성될 수 있는가?
- 어떤 의미규준이 하나의 집단에서 역량 있고 자아 실현하는 주체들로 지각되는 것을 가능하게 하는가? 어떻게 사람들은 서로에게 공간을 제공할 수 있는가?

다섯 번째 차원은 학습 집단 내에서 작업에 이어지는 정치적 또는 심미적 활동 작업이다. 조망할 수 있는 공간들(예: 학교, 지역 공공시설)에서 다음과 같은 것들을 해야 한다.

- 정치적 참여와 영향의 가능성들이 경험될 수 있어야 한다.
- 습득된 인식들과 경험들은 공개되어야 한다.
- 사고의 동인과 행위의 동기가 주어져야 한다.
- 이때 새로운 표현 형태들이 시험되어야 한다.
- 그럼으로써 자신의 행위의 효과가 인식되어야 한다.

여섯 번째 차원에서, 즉 평가의 차원에서 회고하면서 행위의 효과성이 다음과 관련하여 검토될 것이다.

- 각각의 단계들에서 경험차원들의 질과 관련하여: 어떤 지각, 표현, 반성의 형태들이 각각 발달되었는가?
- 그룹구성원들의 작업동기 발달과 관련하여: 어떤 경험들이 획득되었는가? 어떤 능력들과 인식과정들이 발달되었는가? 어떻게 주체

와 관련된 그리고 그룹과 관계된 동기들이 변화했는가? 어떤 정치적인 학습욕구가 일어났는가? 이것은 어떤 영향력에 의존했는가?

- 작업의 성공: 실제로 무엇을 성취했는가? 어떤 방법으로 정치적 목표들이 제공될 수 있고, 가시적인 성과들이 도달되었는가? 작업의 성공은 그룹의 작업 분위기에 어느 정도까지 종속되었고, 되고 있는가?
- 학습형태와 행위형태의 적합성: 이러한 형태들이 활동 참여자들에게 어떻게 동기를 부여했는가? 어느 정도까지 이러한 형태들이 한편으로는 주제/학습대상에 상응했고, 다른 한편으로는 집단의 행위역량에 상응했는가? 어떤 외부 영향들이 확인될 수 있는가?

이러한 과정모형과의 작업은 다음과 같은 것을 분명하게 할 수 있다.

- 자아지각과 세계지각의 모든 형태는 역사적-사회적 또는 문화역사적으로 각색된다는 것. 이것은 '진리'의 상대성 인식을 위한 조건이다.
- 학습활동은 의사소통적이고 창조적인 과정(4단계: '학습집단' 비교)으로 형성된다는 것. 이때 경험교육의 다양한 차원들이 고려된다. 이것은 또한 학습자가 자기 것으로 습득하는 활동을 수용한다. 즉, 다양한 학습형태들 또는 성별과 환경 특수적인 지각과 가공의 형태들을 말한다.
- 경험교육의 세 가지 차원 각각의 단계에서 상이하게 강조한 것은 교수법적인 과정에서 수많은 방법적인 실천성향을 확고히 하는 것처럼 방법적인 다양성의 발달을 장려한다.
- 학습 집단의 내부공간에서 학습활동들은 그것이 학습결과의 발표를 통해 또는 사회적 내지는 정치적 활동들을 통해서든지 간에 외부공간에서 학습활동들과 결합된다(Holzbrecher, 1997: 261 이하 참조).

수행과제

앞에서 다룬 "타인과 자신의 상들을 지각하고 형성하기"에서 질문들 중의 하나를 선택하시오. 그리고 이 과정모델에 기대어 하나의 교수-학습단계를 요약하시오.

4장

학교개방을 통한 상호문화학습

현재 '학교의 개방' 또는 '수업의 개방'은 학교발전의 담론에서 가장 중요한 요소로 떠오르고 있다. 진보적인 사상을 가진 교육자들은 교육을 개혁하자는 다양한 목소리를 내고 있다. 예를 들어, 셀레스탱 프레네(Céléstin Freinet)의 '학습위원회'에 대한 사상, 마리아 몬테소리(Maria Montessori)의 유아와 주체지향의 개념, 존 듀이(John Dewey)의 학교를 민주주의 사회의 훈련장소로서 구상한다는 사상들은 학문적 관점에서 교육개혁을 주장했다.

독일에서 지난 10년간 교육개혁운동은 이러한 개혁적인 교육사상에 힘입어 계속해서 탄탄한 초석을 다졌고, 이것은 빌레펠트의 실험학교 창시자인 하르트무트 폰 헨티히(Hartmut von Hentig)[4]의 교육이념과 맞닿아 있다. 교육개혁운동의 중심부에는 학교라는 개념이 학습과 삶의 장소로서 항상 등장했다.

'학습의 장으로서 학교'란 한편으로는 학교의 활동이 공동체의 활동과 서로 밀접하게 연결되어 있다는 것이고, 다른 한편으로는 학교의 교수-학습문화 자체가 변화하는 것을 함축하고 있다. 이러한 학습은 종일학교의 교과과정에서 구체적으로 경험할 수 있다. 지속적으로 발전된 학교 사례는 외부로 지향하는 활동들이 교수와 학습의 형태를 변화시킨다는 사실을 입증하고 있다. 이것은 특히 상호문화학습에 적당하다. 뤼데케(Lüddecke)는 이러한 상호문화학습의 특징을 위해 학교와 수업 및 학습하는 주체들을 서로 연결하도록 제안함과

---

4 역자 주: 독일의 대안교육 논의를 이끌고 이의 실천을 위해 실험학교를 설립하고 운영한 바 있는 Hartmut von Hentig는 대안교육 또는 대안학교의 의미를 기존의 교육과 학교에 대한 근본적인 성찰에서 찾고자 하였다.

동시에 다음과 같은 활동들을 발전시키도록 제안하고 있다.

- 국제적인 조직들과 협력
- 인종주의에 대항하는 국제적인 네트워크의 구축과 협력
- 학생과 교사의 교류
- 정치와 학교, 종교와 경제 대표자와의 토론
- 인종주의에 대항하는 지역적 행동연합
- 상호문화적인 '공동체 교육(Community Education)'
- 상호문화적인 학교 프로그램
- 상호문화적인/반인종적인 커리큘럼
- 반차별적인 학교법
- 인종주의에 대항하는 참가 프로그램
- 학교 내부의 교사연수/감독
- 상담과 지원시설의 구축
- 학부모와 교육기관 및 경찰 또는 청소년단체와의 밀접한 협력
- 청소년사회복지사업 또는 청소년심리상담센터
- 공동결정위원회 구성에 있어서 이주민 수의 확대

상호문화적인/반인종주의적인 교수법의 영역에서는 다음과 같은 활동들을 발전시키도록 제안하고 있다.

- 상호문화적인/반인종적인 프로젝트, 공동연구모임, 범교과 수업
- 인종주의에 대한 주제 수업
- 상호문화적인 분쟁-조정 프로그램
- 모국어수업/언어지원

• 학생들을 위한 방어 코스
• 상호문화적인/반인종주의적인 교과서(국어, 지리, 역사, 종교교과서 등)

상호문화적인/반인종주의적인 민감성은 개인의 영역에서 다음과 같은 트레이닝을 통해 발전시키도록 제안하고 있다.

• 비폭력 트레이닝
• 반인종주의 트레이닝
• 상호문화적인 트레이닝/민감성 트레이닝
• 국가가 장려하는 재교육과 보충교육
• 대학에서의 교사연수(Lüddecke 외, 2001, 21쪽 참조)

이 장에서는 이러한 프로그램과 연결할 수 있는 마인드를 학교발전과정의 틀에서 이론적으로 뒷받침하고, 실제 사례와 함께 자세히 설명하고자 한다.

1 공동체 교육

학교는 한편으로는 학습의 장소로, 또 한편으로는 외딴 섬으로 간주된다. 이렇게 우리는 학교를 경험해왔다. 그렇다면 왜 공립학교(Stadtteilschule)는 공동체를 지향하는 인근학교(Nachbarschaftsschule)라고 부르는 것인가? 지난 10년 동안의 경험은 무엇보다 학교가 '사회의 중심부'에 놓여 있었다는 것을 보여주었다. 학교는 먼저 단순히 필요에 의해 만들어졌지만, 그 이후에는 학교의 기능을 포괄적으로 교육사업의 틀 안에 집어넣고자 했다. 이를 위해 교육적인 확신을 가지고 청소년을 돕는 시설 또는 심리사회적인 상담소를 방문하는 공간이 되었다. 이러한 학교발전의 네트워크화와 공동체와 관련된 발전의 네트워크화는 이론적으로 다음 세 가지 입장을 대변한다(Reinhardt, 1992: 28쪽 이하 참조).

① 다양한 지역의 활동을 수렴하는 학교의 공동체 참여는 모든 연령대를 막론하고 지나치게 문화적 또는 교육적이거나 정치적이다. 기본 문맥은 엄밀히 말하자면, 사회비판적이고 교육적이고 정치적인 이론이다.

② 학교사회사업의 형태를 통합하는 것처럼 학교 밖 학습의 장소를 편입하고, 비전문 교육자의 능력을 활용하는 '개혁 지향적인 입장'이다. 이 입장은 학교와 가정 간 긴밀한 협조를 필요로 하는 의미에서 학교의 개방을 찬성한다.

③ 학교가 사회문제에 간섭하는 것은 지나친 요구라고 주장하는 것을 거부하는 입장이다. 이 입장을 대변하는 사람들은 학교교육을 '사회교육화'하는 것에 찬성한다. 다시 말하면, 학교가 오로지 지식을 전달하는 장소이기 때문에 덜 개방적이며 사회와 거리를 두어야 한다는 것을 거부하는 입장이다.

이러한 분석적인 구분은 서로 상이한 학교 이론적 개념들이 위에서 언급한 세 가지 주장으로 압축될 수 있다는 점을 보여주고, 학교가 어떠한 형태로든지 새로운 사회적 도전에 대한 질문에 서로 다른 해결책을 찾을 수 있을 것인지를 분명하게 보여준다.

일반적으로 설명하자면, 학교는 사회에서 어떠한 기능을 수행할 것인가? 학교이론서에서는 이러한 주제로 서로 논쟁을 벌이는 다양한 이론이 등장한다. 다음 모델에서 '고전적인' 사회적 기능(Fend, 1981 참조)은 인격 기능을 보완한다. 이때 다음 네 가지 기능은 상호적인 관계에서 서로 대립하고 있다는 것에 근거를 두고 있다.

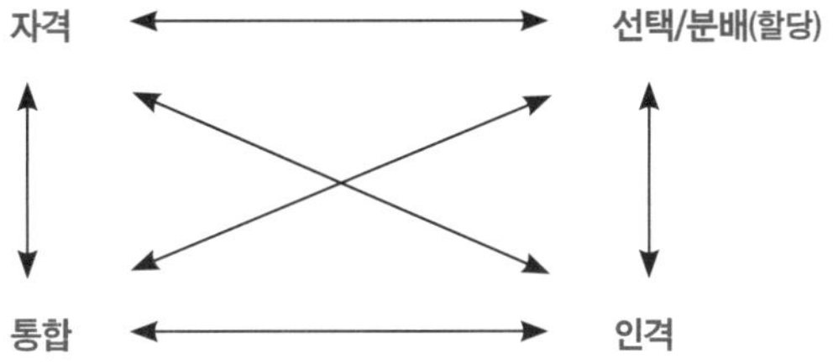

이론적인 입장에서 학교의 네 가지 기능 중 핵심사항에 중점을 두고, 모든 학교는 이러한 핵심사항 중에서 특화된 부분만 발전시킨다.

- 엄격한 능력선택과 연계된 자격기능을 가진 학교는 '고전적인 펜싱 학교'로 널리 알려졌다. 여기에서는 '통합'이 하위요소로 이해되지만, '인격발달'은 아무런 역할을 하지 못한다.
- 이것과 완전히 구별되는 것은 인격이 중요시되는 자유학교와 대안학교라고 부르는 학교의 개념이다. 여기에서 그 상위에 위치하고 있는 선택기능(일정한 자격을 획득할 수 있는 학습-능력상태의 토대에 대한 네트워크 규칙 참조)은 하위적인 의미에 속한다. 국제적인 피사 연구에서 빌레펠드 실험학교의 명확한 구분은 보다 적은 능력이 필연적으로 이러한 강조점을 수반하지는 않는다는 것을 증명한다.

수행과제
당신에게 알려진 학교의 특성을 이 모델과 관련지어 토론하시오. 특히 하나의 요소가 강조될 때, 다른 요소들이 어떻게 변화되는지 서로 관련지어 토론하시오.

> "영국이나 미국과는 대조적으로 독일에서의 '공동체 교육'은 상대적으로 짧은 역사를 지니고 있다. 학문적인 전문영역에서 공동체 교육의 방향과 개념은 70년대 중반에 들어와서 처음으로 논의되었다. 독일 교육기관에서 이러한 성향과 관련하여 그 당시 '공동체 교육'은 '슬럼교육학'으로 논의의 중심에 놓여 있었다. 산업도시 리버풀, 맨체스터, 코벤트리의 초 · 중학교 영역에서 실시된 영국 프로젝트의 경험은 이러한 성향의 롤 모델 역할을 했다."(Buhren, 1991: 6)

앞에서 언급한 모델에서 현재 존재하는 '공동체를 지향하는 학교', '인근학교' 또는 '전원학교'의 위치는 사회통합 기능에 특별한 의미가 부여되었다는 것을 보여준다. 이것은 개인과 관련된 능력과 심리 · 사회적인 발전 가능성을 장려하는 요구와 밀접한 관련을 맺고 있다. 학교는 '의미가 고착된 경험의 공간'이면서, 지식이 전달되고 정체성을 형성하는 경험이 축적되는 공간이어야 한다(Hofmann 외, 1993: 138 이하 참조). 호프만 외(Hofmann, 1993)는 '공동체 교육'의 개념을 명확히 정의 내리기를 시도하면서 공동체 교육의 개념을 적용하기 위해 욕구지향성, 비가부장적인 토대지향, 세대를 뛰어넘는 과업, 전체성과 참여라는 판단기준을 명시했다. 여기에서 근본적인 것은 인정과 공동작업의 가능성에 대한 높은 척도다.

'생활공간으로서의 학교'라는 맥락에서 자아가치와 자아실현의 경험은 근본주의적인 지향성과 인종적인 폭력에 대항하는 가장 중요하고 효력이 있는 보호처로서 간주될 수 있다. 누군가가 주체로서 진지하게 수용되고 인정된다고 느낄 경우, 고정된 자아상을 형성할 수 있다. 자아상은 타자와의 차이와 소통할 수 있는 심리적 토대를 형성한다. 따라서 이러한 원칙에 의무감을 느낄 수 있는 학교의 '통합기능'은 특히 교육학적인 교육기능의 '정치적' 인정에 있다. 이것은 민주주의가 모든 구성원에 의해 살아 숨 쉬고 있고, 학습과정으로서 정치적 혼합과 참여가 가능하며, 따라서 '자아실현'을 경험한다는 의미를 담고 있다.

학교사회사업을 통한 학교의 개방, 청소년보호와 심리 · 사회적 업무를 담당하는 단체와 협력, 다시 말하면 통합된 개념으로서 학교와 사회 · 문화적인 활동 및 사회 · 교육적인 활동은 전통적인 학교의 교육 기능을 뛰어넘는 중요한 사회 · 정치적 기능에 속한다.

다음과 같은 주제와 질문은 거의 20년이 지난 것이다.

수행과제
• 교육자이면서 오랫동안 공동체 교육의 이념을 장려한 오토 헤르츠(Otto Herz, 1986)의 질문에 대한 현실성을 논의하시오. • 중요한 학교의 기능을 강조하면서 상황에 따라 비판적인 입장으로 발전시키시오(Reinhardt, 1992).

'도시와 공동체 중심지로서 학교'

학교 자료를 다방면으로 어떻게 활용할 수 있을까? 학교의 조직적인 학습을 위해 학교 밖 학습 장소는 어떻게 활로를 모색할 수 있을까? 현재의 학습 장소를 어떻게 네트워크화할 수 있을까? 위성처럼 학교 밖에서도 학습공간을 구축할 수 있을까?

공동체를 지향하는 커리큘럼

공동체의 긴급한 현안과 공동체 발전의 관점에서 다음과 같은 질문이 있을 수 있다. 어떻게 공동체의 현안이 학습대상으로 또는 학교 학습을 위해 활용될 수 있을까? 이때 학부모들과 이웃주민은 어떻게 참여할 수 있을까? 상호간 교수-학습에 대해서는 어떤 학습의 형태가 가능하고, 어떤 역할을 통해 이들을 참여시킬 수 있을까?

평생교육의 일부로서 성인교육

성인들은 비전문교육자로서 수업에서 어떤 역할을 담당할 수 있을까? 성인들은 어떻게 자신들의 의지를 표현함으로써 청소년들을 위해 교육 환경을 조성할 수 있을까?

이주자

외국인 자녀들을 통해 표현된 문화의 습관과 전통은 어떻게 학교생활을 풍부하게 할 수 있을까? 어떤 프로젝트를 통해 인종학적인 사고방식을 극복하고 다문화를 이해할 수 있을까? 이중언어가 언어 훈련을 뛰어넘어 어떻게 강화될 수 있을까?

청소년과 직업

학생과 학부모 및 교사들은 공동체에서 현실적인 직업 기회에 대한 많은 지식을 어떻게 전달할 수 있을까? 직업을 구할 수 있는 가능성이 적은 관점에서는 자아신뢰감을 증가시키면서 경험이 능력을 강화시킨다는 것을 어떻게 설득할 수 있을까? 어떻게 직업을 창출할 수 있을까?

청소년과 문화

어떻게 예술가와 문화 창조자들은 학생들을 위한 조력자가 될 수 있을까? 학생들이 만든 예술작품들이 어떻게 도시에서 역동적인 요소가 될 수 있을까?

청소년과 노인

다양한 연령계층이 어떻게 학교에서 서로 잘 협력하고 학습할 수 있을까? 부모들과 이웃의 전문가들이 수업에 참여하도록 어떻게 구성할 수 있을까? 퇴직자나 노인들과 같은 조기퇴직자들이 그들의 경험담을 학교에서 들려주고, 그들이 사회적 쓰레기더미에서 더 이상 쓸모없는 '고철'덩어리로 취급받지 않는다는 것을 어떻게 체험할 수 있을까?

학교와 결합한 공동체의 발전

자립적인 프로젝트와 시민단체들의 도움을 어떻게 받을 수 있을까? 자립단체와 시민단체의 학습이 자기주도 학습의 사례로서 학교에 어떻게 이식될 수 있을까? 지역발전의 핵심 현안들은 학교수업과 실습경험에서 이슈화의 주제대상이 될 수 있을까? 부모와 책임감이 강한 이웃들의 참여율을 높일 수 있는 방법들이 있을까?(Herz, 1986)

웹 사이트 안내

http://www.selbstwirksameschulen.de/
http://www.community-education.de/

2 노르트라인베스트팔렌 주의 'RAA' 모델

RAA는 "이주자가정의 청소년들을 후원하는 지역의 노동청(Regionale Arbeitsstelle zur Förderung von Kindern und Jugendlichen aus Zuwandererfamilien)"을 줄인 말이다(예전에는 '외국인자녀'라고 불렀다). RAA 모델은 1970년대 《지역적 교육학의 중심사상》(Hofmann 외, 1993: 10)을 바탕으로 80년대 초반 루르지역에서 "학교생활과 학교 개방의 형성"이라는 슬로건을 내걸고 추진되었다. 그 이면에는 학교가 다문화의 관점에서 변화되어야 한다는 인식이 자리 잡고 있었다. 에센지방의 홈페이지에는 다음과 같이 제시되어 있다.

> "상호문화적으로 서로 함께한다는 것은 출신과는 상관없이 여기에서 태어나고, 여기에서 성장하고 또 이주해온 모든 청소년들에게 일

종의 기회다. RAA 프로그램과 프로젝트는 이들을 위해 발전시키고, 유치원 · 학교 · 청소년부처 · 상공회의소 · 수공업자 · 직업상담소와 협력하여 이들을 변화시킨다. 이주자가정의 청소년들에 대한 후원은 이 지역의 노동청에서 노르트라인베스트팔렌(NRW) 주가 후원하는 지역과 관할구역의 공공사업으로 이루어진다."(www.raa.de)

현재 노르트라인베스트팔렌(Nordrhein-Westfalen) 주에는 이러한 지역적 노동담당처가 27개 있다. 동 · 서독 통일 이후에는 브란덴부르크(Brandenburg)와 베를린(Berlin)에도 노동담당처가 계속 설립되고 있는 실정이다.

학교에서 RAA의 주요 역할은 다음과 같다.

- 학부모와 청소년 및 학교기관의 상담
- 다문화학교에서의 갈등처리 프로그램 운영
- 상호문화학습을 위한, 특히 다중언어 향상을 위한 수업기자재와 개념의 발전
- 탈선하는 학생들의 상담과 보호를 위한 개념의 발전
- 교사연구를 위한 프로그램 제공
- 학교 개방을 위한 개념의 발전

학교 졸업 후 취업 때까지의 과도기에 후원대책과 취업진로상담은 처음부터 RAA의 주요 사업이었다. RAA의 주요 사업은 다음과 같다.

• 청소년과 학부모들을 상담하고, 상담을 중재한다.
• 학교와 취업기관과 협력하여 직업교육 프로그램을 실시한다.
• 재교육 프로그램을 제공한다.
• 기자재를 준비한다.
• 취업기관과의 접촉을 중재한다.
• 지역의 취업기관과 협력하고 공동으로 기능적 네트워크를 구축한다.

RAA는 '유저시스템'(예: 교사와 학교 및 학교행정 등)과 '자원시스템'(예: 대학과 연구기관 및 정보기관)[Hofmann 외, 1993: 13쪽 이하] 간의 중재자로 간주된다. RAA의 주요 목적은 한편으로 공동체에 참여한 모든 파트너의 협력을 강화하는 데 주력하고, 다른 한편으로 학교가 교육적으로 "외딴 섬을 포기하고, 도시에서 사회적으로 접근할 수 있는 환경을 조성하도록 동기를 부여하고 있다"(Hofmann 외, 1993: 101).

다음은 RAA의 다양한 임무를 조명한 것이다. 이것은 모니카 슈프링어(Monika Springer)가 웹 사이트에 〈노르트라인베스트팔렌 주에서 RAA 탄생 20주년-기회로서의 다양성〉이라는 논문을 기고한 내용이다.

> "RAA에 의해 창립된 상호문화적인 학생클럽에서 공동체 교육의 개념은 90년대 후반에 다시 한 번 새롭게 조명 받았다. 노르트라인베스트팔렌 주의 도움으로 이주 온 청소년들의 사회통합을 원활히 하기 위해 청소년보호단체와 학교 및 스포츠단체와 이주사업부의 협력 하에 RAA의 이념은 학교에서 여가시간 프로그램을 정착하는 데 있다. 이 프로그램은 모든 학생들에게 자연스럽게 수용되고, 기존의 자유시간에 실시된 이주민 학생들과 내국인 청소년들 간에 나

타나는 한계를 극복하는 것이다.

1997년부터 2000년까지 노르트라인베스트팔렌 주에 44개의 상호문화적인 학생동아리가 생겼다. 학생동아리의 프로그램은 학교와 학교 밖 단체가 협력하여 이루어졌다. 학생동아리는 모든 교사들에 의해 구성된 학교 프로그램으로 통합되었을 경우, 성공적이라고 할 수 있다. 다시 말하면 모든 학교가 능동적으로 변화시킬 수 있는 교육적 개념의 일부분이 되었을 경우, 학교동아리는 성공적이 될 수 있다. 학생동아리가 공동의 가치와 개인의 가치를 서로 논의하면서 학생들에게 자신들의 욕구에 따라 형성하는 개념을 발전시키도록 가능하게 할 경우, 성공적이라 할 수 있다. 다수자와 소수자 간 공동의 행위는 프로그램을 위해 공동의 관심사가 있고, 책임감 있게 참여하도록 자유시간이 있을 경우에 나타난다. (……)

모국어와 외국어를 효과적으로 조기에 배울 수 있는 전제조건은 학부모와 제도의 사회화, 교육 간 상호책임성이 있어야 한다. 이러한 전제조건은 학부모들의 네트워크화와 편입이라는 RAA의 두 가지 목적에 반영된다. RAA는 네덜란드로부터 "필요한 것을 빨리 집을 수 있는 배낭(Rucksack und Griffbereit)" 프로그램을 받아들여 독일 방식으로 개정했다. 이 프로그램에서는 이주자가정 출신 어머니들의 능력이 아이들의 계발을 위해 제1언어로 사용된다. 어머니들은 이 프로그램에서 아이들의 과제를 해결하는 데 도움을 줄 수 있도록 교육을 받아야 한다. 어머니들은 가장 중요한 사회과정의 단계로서 교육체계와 함께 네트워크로 연결되어 있다. 아이들과 함께 어머니들은 모국어를, 유치원에서는 제2언어인 독일어를 사용한다. 'Griffbereit(집을 준비가 되어 있는)' 프로그램은 아이들의 능력을 긍정적으로 발전시키기 위해 2~4세까지, 'Rucksack(배낭)' 프로그램은 5~6세까지 가능한 한 조기에 시행된다. 이 프로그램은 유치원에 다니는 자녀를 둔 어머니그룹과 연결된 모국어 전문 인력이 담당하든지, 아니면 어린이들의 언어발달을 위해 동일한 언어를 사용하고 재교육을 받은 다른 어머니들이 담당한다. (……)

2개 국어로 프로그램을 진행하는 것은 어린이들에게 제1언어가 큰 역할을 하기 때문이다. 한 어린이가 교육받은 언어구조를 모국어로 이야기할 수 있다면, 두 개 언어를 성공적으로 습득할 수 있다. 이주자 출신의 가정은 종종 이러한 관계성을 잘 모르겠지만, 제1언어를 갖고 있는 어머니들은 'Rucksack' 프로그램의 도움으로 전문가로 간주되고 있다. 어머니들은 이 프로그램에서 독서, 책 읽어주기, 그림 그리기, 놀이, 말하기 등이 어린이들의 발전을 위해 중요하다는 것을 확신한다. 그리고 어머니들의 잠재적 역량은 유치원과 학교 프로그램과 함께 네트워크화된다.

예를 들어, 이 프로그램은 에센 지방에서 5개 초등학교와 네트워크로 서로 연결되어 있다. 5개 초등학교에서는 이 프로그램의 개념들이 1학년에서 실시된다. 이 프로그램의 핵심의제는 모국어 교사와 교사들의 팀 티칭으로 두 개 언어의 철자를 사용하는 것과 독일어의 체계적인 구축이다. 이러한 프로그램을 단체로부터 제공받은 이주자가정 출신 어머니들의 역량은 학교교육 프로그램과 서로 관계를 맺는다.

이러한 포괄적인 개념은 어느 한 네트워크가 혁신적이고 성공적인 효과를 보여주는 한 어떠한 파트너도 소홀히 할 수 없다는 확신을 보여주었다. 직업을 구하기에 불리한 위치에 있는 청소년들을 위한 지역적 네트워크는 RAA의 주요 현안에 속한다. RAA의 목표는 졸업장 없는 잠정적인 학교중퇴자에 해당하는 이주자가정 출신의 모든 청소년들과 상담하는 것이다. 다시 말하면, 이들에게 직업을 갖게 할 수 있는 적절한 조건들을 중재하기 위해 상담하는 것이다.

(……)

RAA는 교육자들을 통해 시스템에서 교육적인 현실화방안을 찾기 위해 상호문화교육의 자극제 역할을 한다. RAA의 실천행위는 혁신적인 자극제로서 또는 규칙시스템을 위한 업무담당자로서 서로의 필요성에 의해 신뢰를 구축하고, 효과를 제시하려고 노력한다. 우리는 혁신적으로 동기를 부여받고, 자극을 받아들이고, 생산적인 토론을 통해 피드백 할 수 있는 파트너들에게 계속적으로 재원을 조달할 수 있고, 관계된 능력을 구축하도록 도와줄 수 있는 네트워크를 희망한다. 그리고 우리와 교육자들의 사업은 프로그램 담당자와 행정기관, 정치 그리고 다른 정부기관의 도움 없이는 절대적으로 불가능하다."(www.raa.de)

결과적으로 RAA처럼 어느 한 조직이 먼저 이상적으로 자신의 목적달성을 위해 노력하지만, 다양한 조치를 실제적으로 어떻게 현실화하는가에 대해서는 설명하지 못했다. 다른 말로 표현하자면, 이 프로그램에 관해 경험적으로 확인된 연구를 제시하지 못했지만, 이 사업이 학교 개방에 대한 지속적인 연구, 학교와 학교 밖에서 공동체를 지향하고, 상호문화교육사업과 어떤 방법으로든 연관되어 있다는 것은 매우 인상적이다.

추측건대 노르트라인베스트팔렌 주의 다양한 프로그램들은 특히 80년대 초 주정부 차원에서 실시되었던 "학교생활의 형성과 학교 개방"(www.learnline.nrw.de/angebote/goes/dl)에 효과적으로 서로 영향을 주었기에 RAA 사업이 단기간에 빨리 정착될 수 있었던 것으로 판단된다.

3 미디어와 문화교육의 관점

학교와 수업의 개방은 특히 비전문교육자의 지식과 능력이 교과수업에 활용되었다는 것을 포함한다. 학교 밖 학습장소(야외수업)를 찾거나, 워크숍이나 실습을 수료하거나, 가능하면 프로젝트를 지향하는 수업 또는 종일학교 개념의 틀에서 공동작업의 인솔자로서 전문가를 초청할 수도 있다. 이러한 방법으로 학생들은 다양한 직업군을 조망할 뿐만 아니라, 교사들이 가지고 있지 않은 전문지식을 제공받을 수 있다. 다양한 전문지식을 제공받기 위해서는 스포츠단체의 협력과 더불어 청소년담당기관, 심리 · 사회 담당부서 또는 직업상담센터, 영양상담센터, 마약상담센터, 소비자상담센터와 함께(4장 2절 참조) 특히 미디어센터와 문화센터를 갖춘 학교교육의 네트워크화를 널리 홍보하는 것이 필요하다(Sieben 참조).

앞에서 이미 기술한 것처럼(3장 2절 참조) 내가 선호하는 교육적 기본개념은 주체지향성의 원칙에 초점을 두고 있다. 교수법의 핵심 질문은 다음과 같다.

교육 프로그램은 어느 정도까지 학습하는 주체를 도전하게 할 수 있고, 경험교육을 능동적이고 창조적인 탐구과정으로서 형성하도록 보조해줄 수 있을까? 그렇게 이해한다면, 이러한 경험교육과정은 의미 있는 인지와 투영 그리고 표현 간의 상호놀이로서 기술될 수 있다. 따라서 교수법의 핵심 질문은 다음과 같이 구체화시킬 수 있다.

교수법의 핵심 질문

어떤 도전과 도움이 절실히 필요한가? 도전과 도움을 통해 학습하는 주체는 역량을 계속 발전시킬 수 있다.

- 자신과 세상을 비판적인 시선으로 인식하고, 의미 있게 경험하기 위해
- 자신과 세상에 대해 반사적으로 행동하기 위해
- 미학적 · 사회적 · 정치적 행위를 주체의 표현과 커뮤니케이션의 수단으로 활용하기 위해

이것을 위해 경험을 형성하는 매개체는 결정적인 의미를 지닌다. 따라서 학습 형태는 근본적으로 경험형성과정의 지속성에 기여할 수 있다는 것을 인식할 수 있다.

상호문화학습은 대부분 무의식적인 이미지 상을 내포한다. 이러한 이미지 상은 생애사적인 삶의 세계뿐만 아니라, 문화적 · 역사적 · 사회적인 것을 전제로 한다. 자신과 신뢰자 및 낯선 자와 타자에 대한 이러한 이미지 상은 정체성의 형성과정을 구성한다. 그래서 여기에서 대표되는 테마인 상호문화학습은 정보와 관련된 학습과 인지적인 학습을 뛰어넘어 능동적이고 창조적인 과정으로서 설정되어야 한다. 이러한 과정을 통해 개인의 역량이 발전될 수 있다.

- 혐오와 소외경험에 조금 더 다가가고,
- 지각을 민감화하여 경험능력을 키우고,
- 자유로운 상상력을 동원하여 새로운 의미 가능성과 행위 가능성 및 표현 가능성을 찾는 데 활용한다.

이러한 이론적인 관련 틀로 미디어 형성에 대한 '통합' 개념이 제공된다. 이 개념에서 객관적인 미디어가 중요한 것이 아니라, 미디어와 미적인 표현 형태로 수행하는 주체가 중요하다. '통합'의 의미는 주체와 관련해서 경험형성의 과정과 관계가 있고, 객체와 관련해서는 문화와 매개, 즉 미적인 연구방법의 실용성과 관계가 있다.

미디어 형성의 '통합' 개념에 내포된 교수법의 핵심은 주체적 관점에서 다음과 같이 제시된다.

- 우리는 자신과 다른 사람에게 정보를 전달한다.
- 우리는 자신을 드러내면서 다른 사람과 소통한다.
- 우리는 서로 중재한다.

우리는 자신과 다른 사람에게 정보를 전달한다

모든 학습 프로그램은 전문가(외국인 담당자, 정치가 등)에게 자문을 구하거나 전문매체를 정보의 개발수단으로 활용하면서 자료에 대한 지식이 전달된다. 특히 '글로벌 학습'의 개념을 위해 인터넷은 조사의 매개체로서 제공된다(Solidarisch, 2002 참조). 인터넷은 미디어교육을 위한 중요한 교수-학습목표에 속한다. 정보의 홍수 속에서 정보를 제대로 찾기 위한 조사전략과 조사기술처럼 객관성에 기인한 질문 설정과 인식론적인 관심사는 계속해서 발전을 거듭하고 있다. 이때 정보는 관심사와 관계가 있고(언론에 대한 정치적 입장 참조), 즉 문맥에 다분히 종속적이라는 사실이 중요하다. 결국 수신자에게 적합한 정보처리처럼 사실에 기인한 정보처리가 중요시된다.

우리는 자신을 드러내면서 다른 사람과 소통한다

《미디어를 통한 자아표현》(Niesyto, 2001)은 청소년과 능동적인 미디어 프로그램과의 관련성을 설명하는 책의 제목이다. 경험을 형성하는 개념의 배경은 도식으로 표현하면(Holzbrecher, 1997, 2001a 참조) 다음과 같다.

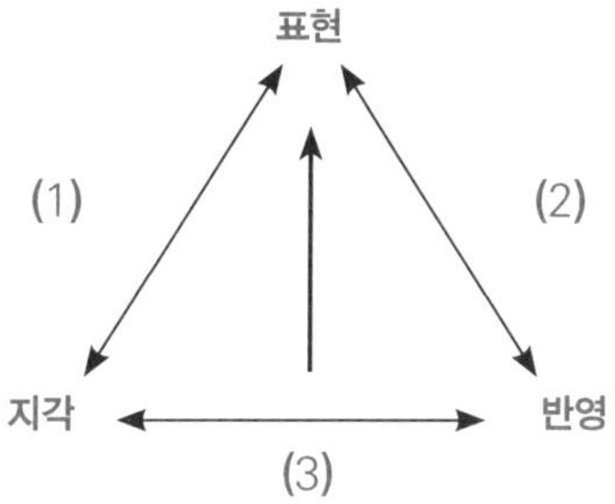

먼저, 미적으로 상징화된 미디어(사진, 영화, 음악, 표시 또는 조형물, 몸짓 언어/극장 등)를 수단으로 먼저 상이한 이미지 상(예: 타자에 대한 이미지, 선지식/선입견)을 인식하고, 그다음에는 소통하고, 마지막으로는 이해하면서 철저히 연구하는 것이 중요하다.

《미디어를 통한 자아표현》은 자아상과 신체상에 대한 연구를 가능하게 한다. 이렇게 함으로써 이러한 연구가 어느 정도까지 생애사적 · 문화적으로, 즉 역사적 · 사회적으로 영향을 끼쳤는지에 대한 인식을 가능하게 한다.

- 우리의 인사예절에는 어떤 형태적 유사성과 차이성이 존재하는가? 다른 문화에서는 어떠한가?

- 성별 또는 문화적으로 특수한 규범에 종속적인 두 커뮤니케이션 파트너는 어느 정도까지 공간적인 거리를 유지하는가?
- 몸짓을 모방하거나 흉내를 내면서 어떤 느낌을 갖는가? 역사적인 그림을 보면서 어떻게 느낌을 표현했는가?
- 예를 들어, 로코코 댄스 또는 탱고와 같은 시대적으로 정형화된 댄스 형태에서 어떤 집단적인 삶의 느낌과 문화적으로 관계있는 기준틀을 인식할 수 있는가?
- 성에 특수한 습관: 청년들이 여성들의 몸짓이나 리듬을 흉내 낼 경우(또는 반대로), 이러한 경험은 어떤 감정을 갖게 하는가? 이러한 '반대 경험'은 어느 정도까지 문화적인 제약을 설명할 수 있을까?
- 미적인 취향이 생애사적인 경험을 통해 또는 환경의 제약을 통해 어느 정도까지 제한을 받게 되는가?
- 개념과 격언에 대한 몸짓표현이 어떤 느낌과 결부되어 있는가?(예: 긍정적인 관계, 관계없음, 격렬한 토론) 몸짓행위 또는 즉흥적인 장면(예: 과장, 낯섦 또는 리듬적인 기준)을 어떻게 연출할 수 있는가?

"불분명하게 표현한 것은 기록되어야 한다." 이 말은 예술교육학자인 마리아 페터스(Maria Peters)의 논문 제목이다. 여기에서 분명한 것은 종종 미적인 형태에 관한 비대칭적인 이미지 상은 주관적으로 이해되는 것처럼 보인다는 것이다. 서로 다르게 경험한 두려움은 자주 위협적인 역동성을 표현함으로써 사라진다. 몸짓언어를 표현하거나 창조적 글쓰기, 그리기 과정 중에 일종의 '카타르시스(정화)'를 만끽하는 것처럼 보인다. 추측건대 이러한 느낌은 형태를 띠게 되고, 객관적인 형태로 다루어질 수 있기 때문이다. 이와 같은 미적인 형태에 대한 주체와 관련된 효과와 더불어 행위의 사회적 차원은 구성적이다. 창조적 글쓰기, 그림으로 형태 만들기, 몸짓, 댄스, 극장 등 이러한 미학적인 표현매체로 인해 주체는 자신의 생활세계로 뛰어들고, 사회적인 관계를 형성할 수 있는 능력을 발전시킨다. 따라서 미학적 실천은 말 그대로 현실을 재생산하는 것을 가능하게 한다. 대상을 바라볼 때 발생하는 모순성에는 두 가지 의미가 있다. 하나는 이미지 상의 다의성을 불러일으키고, 다른 하나는 외부의 사회적인 현실을 자신의 도전 정신과 함께 긴장감을 조성한다.

따라서 커뮤니케이션 공간에서 창조적이고 미학적인 행위는 이미지 상으로서 일종의 생산적인 탐구과정을 표현하고, 이러한 과정 중에 표현된 것을 각색하여 서로 소통하도록 한다.

상상은 교육과정의 핵심적인 생산능력이다

새로운 관점을 열어주는 가능성의 범주는 상상에 관한 한 인간의 지각에 그 터를 잡고 있다. 상상은 그 자체로 추동력 구조를 지니고, 의식과 외부세계를 연결하는 힘이다. 그렇기 때문에 상상은 인간 경험조직의 '생산수단'으로 간주된다(Negt/Kluge, 1972: 73). 상상과 발견 및 놀이의 의미는 다양한 문제해결전략 및 서로 소통할 수 있는 현실에 대한 일시적인 해결 가능성과 상관관계가 있다. 이러한 상상력의 제국 안으로의 '정찰비행'은 희망과 동경 또는 꿈을 불러일으킨다. 그래서 상상은 고전적인 해석 틀이나 놀이와도 소통할 수 있고, 능동적으로 새로운 것을 탐구하고 시험할 수 있는 '생산수단'이 된다. 이러한 행위는 논리의 고정성을 떨쳐버리고, 확고하게 정의내린 정체성을 와해시킨다. 그래서 먼저 합당한 해결책을 찾는 것이 아니라, 관점과

요소들을 결합할 수 있는 가능성을 열어두고 다양하게 시험하는 능력이 발전된다.

상상력을 발휘한다는 의미는 지각에 역동성을 부여한다는 것이고, 그래서 무의식의 경계로 침투한다는 것이다. 다시 말하면, 무의식과 접촉 가능하게 한다는 것이다. 상상은 막힌 직관과 경험의 요소들을 서로 연결시킬 뿐만 아니라, 폐쇄된 능력까지 끄집어낼 수 있다. 증거를 통해 자신의 무능력을 합리화하고, 그것과 관련된 지금까지의 두려움은 일종의 경험으로 능력을 약화시킨다. 경험과 상상력의 결합은 서로를 강화시킨다. 창조적인 글쓰기 또는 신체를 표현매개체로서 활용할 수 있는 경험은 '날개를 달고' 힘차게 날갯짓을 할 것이다. 다시 말하면, 이러한 경험은 왕성한 호기심을 유발하여 이러한 방법을 지속적으로 할 수 있는 동기를 부여한다.

이것과 경제적인 영역에서 유래한 '생산수단'과 어느 정도까지 관계가 있는 것인지는 분명하다. 상상은 단순히 무의식적으로 생성된 느낌을 촉진하는 수단이 아니다. 오히려 상상은 경험조직에서 능동적인 '재건축'을 도와주고 가능하게 한다. 상상을 '인식능력'으로 이해한다는 의미는 기억함으로써 과거에 존재하지 않은 상을 활성화한다는 것이다. 다시 말하면, 상상은 재생산과 더불어 생산적인 측면을 지니고 있다. 군터 오토(Gunter Otto)는 미적으로 자극을 "오로지 지각되는 현실이라는 제도가 존재하지만, 건물을 깨부수고 나오는, 경계를 뛰어넘는, 더 이상 관습과 범주에서 안전과 보호를 찾지 않는 자"라고 보았다(Otto, 1998: 49). 우리의 정체성 구성의 단층면과 역동적으로 발전하는 신체상에 대한 창조적인 작업은 미학 프로그램, 즉 자아효과를 가능하게 하고, 사회적인 변동과정에서 학습자에게 능력을 부여하도록 요구하는 미디어교육에 속한다.

의미를 형성하는 능동적이고 창조적인 과정으로서 학습

넓은 의미에서 상호문화학습의 중요한 의미는 학교 교과과정의 틀에서 미디어센터와 극장협회의 협력 하에 또는 국제적인 모임에서 미적 교육에 일치한다는 것이다. 왜냐하면 이미지 상과 미적인 생산물의 다의성은 풍부한 사고로 인해 고정된 정체성의 틀을 깰 수 있고, 확고한 의미를 유연하게 함과 동시에 새로운 표현 형태와 사고 틀을 형성하도록 강요하기 때문이다.

수행과제
• 미디어인 그림, 영화/비디오, 음악, 댄스/극장/몸짓 등을 위한 프로젝트를 다음과 같은 주제로 발전시키시오. '낯선 것과 신뢰하는 것', '경계와 한계', '지역적인 정체성과 세계화', '경계 경험', '월경인', '나의 도시는 외국인의 관점에서', 다문화 교실의 자화상: "우리는 …… " • 다양한 표현 형태를 결합함으로써, 예를 들어 사진을 텍스트로, 텍스트를 사진으로, 음악을 그림으로, 이미지 상의 연출(음악과 텍스트를 '문학적 콜라주'로), '비주얼한 일기장' 등으로 연습하시오.

다음 과제는 널리 알려진 것처럼 교육 실습의 결과로 구성된 것이다(이론적인 근거는 Holzbrecher, 1997 참조).

수행과제

콜라주 '우리 것과 낯선 것'

- 대상그룹: 10세 이상
- 목표

  즉흥적인 행위를 통해(심화학습으로 적당) 많은 창조적인 에너지를 투입. 낯선 참여자들은 서로 말이 필요 없이 '우리 것'과 '낯선 것'을 제시한다.
- 재료/준비: 모든 그룹들을 위한 도화지, 필기류, 접착제
- 과제수행: 참여그룹은 한 그룹을 대략 3~5명으로 구성한다.

모든 그룹은 다음과 같은 '과제'를 받는다.

- 과제: 당신들에게 부여된 다음과 같은 대상으로 하나의 콜라주를 만드시오.

  모든 그룹 구성원 중에서 한 명
  적어도 두 가지 종류의 머리카락
  모든 그룹 구성원에 의해 칠해진 '낯선 것'에 대한 상징
  모든 그룹 구성원이 공동으로 '낯선 것'이라고 하는 대상
  ……
  그리고 당신들이 만든 작품에 제목을 붙이시오.

정해진 시간 후(대략 45분)에 모두 다시 모여서 콜라주를 전시하고, 그것에 관해 토론한다. 이때 먼저 다른 구성원들이 제시한 의미에 대해 이야기를 시작하고, 그 후 각각의 그룹은 자신들이 만든 작품에 대해 의견을 제시한다.

수행과제

나의 신체를 생활로 채우시오.

- 대상그룹: 10세 이상

- 목표: 자아 서술, 주제 '낯선 것'에 대한 첫 번째 접근
- 재료/준비: 전지와 필기류
- 과제수행

  모든 참가자는 종이더미 위에 앉아서 연필로 신체의 윤곽을 그린다. 그런 다음 선을 따라 두꺼운 사인펜으로 그린다. 신체의 윤곽을 글씨로 작성하고, 그림을 그린다.

  나는 ……을 잘할 수 있어.
  나는 ……(긍정적인 특징)
  나는 더 많이 …… 하고 싶어.
  ……할 경우, 나는 두려움을 갖는다.
  나에게 낯선 것은 ……
  또는 내가 방금 생각한 것은, 나의 관심사는,
  내가 가고자 하는 곳은 ……

- 평가

  신체의 윤곽을 그린 그림은 공간에 걸려 있고, 그것에 관해 이야기를 나눈다. 이때 가능하면 각각의 내용 또는 인물에 대해 서로 대화한다. 누가 어떤 내용을 어떤 신체부분에 채워 넣고 있나? 신체의 어느 부분에 우리의 억압이 자리하고 있나/자리를 차지하나? 우리는 어떻게 이것을 받아들일 수 있나? 어떤 경험을 근거로 '낯선 것'이 주관적으로 의미 있는(긍정적 또는 부정적으로 채색된) 지각 틀로 구성되었나? 우리가 낯선 것을, 예를 들어 낯선 소리, 냄새, 터치 등을 지각했을 경우, 동시에 어떤 감정을 느낄 수 있나?

수행과제

자아상－낯선 그림: 추론놀이

- 대상그룹: 대략 13세 이상
- 목표: 타자가 나를 보는 방법과 내가 나 자신을 보는 방법을 인식하는 것

• 재료/준비: 없음

• 과제수행

① 변형

참가자들이 원으로 대형을 구성하고 앉아서 다른 사람의 특징을 설명한다. 다른 그룹은 추론질문을 통해, 예를 들어 색깔, 지방, 호수, 악기, 책, 집 등을 질문하면서 이 사람을 찾아낸다. 이 놀이의 매력은 지목하는 사람이 가능한 한 다면적인 심리작용의 양성을 한 사람의 관점에서 함께 얻고자 하기 때문에 누가 해당하는지를 절대로 발설해서는 안 된다. 예를 들어, 어떤 특징이 이 사람의 자아상과 일치하지 않을 경우, 모든 문제가 해결된 후 '지목당한' 사람은 다시 질문할 수도 있다.

② 변형

한 사람이 어느 한 공간을 떠난 후, 다른 그룹은 원형 대열에서 한 사람을 지목한다. 공간을 떠난 사람은 '추론질문'을 한다. 한 질문에 여러 가지 대답을 할 수 있기 때문에 그것을 통해 여러 가지 상이 형성된다. 지목된 사람도 주저할 필요 없이 당연히 대답할 수 있다.

수행과제

'반대 문장'/낯선 것/경계

이러한 주제로 하나의 방법론을 생각할 수 있다. 즉 다양한 텍스트의 조합을 생각할 수 있다. 이것은 우리의 일상적인 환경이 반대 문장 및 낯선 것과 관계가 있다는 것에 기인한다. 예를 들어, 일상 또는 휴양지에서 우리와 다르게 행동하는 이성 및 다른 인간과의 관계 속에서 우리의 반응형태는 다음과 같은 긴장감을 불러일으킬 수 있다.

- 악마화, 희생양 프로젝트, 마녀사냥
- 두려움을 '없애기' 위한 지배의 갈망
- 공생의 희망, 대상의 융합
- 긍정적인 희망을 상상하고 투영함으로써 낯선 것(사람)에 대한 천사화/찬양/이국화

- 다른 것을 다르게 바라보는 이러한 비대칭성을 지속시키는 다른 가능성이 존재하는가?
- 여기에서는 어떠한 사회적 제약과 개인적(심리적) 제약이 전제조건으로 간주되는가?

도화지

책상 위에 큰 도화지가 넓게 펼쳐져 있다. 그룹은 각각 세로에 자리를 잡고 있는 두 그룹으로 구분된다.

누구나 '자신의 영토'인 경계선을 그리기 시작하고, 즉시 자신의 이웃에게 텍스트 형태로 통지한다. 이러한 연습이 중요한 것은 이 단계에서 자신의 역동성을 발전시킬 수 있다는 점이다.

평가의 관점은 누가 어떤 방법으로 자신의 경계를 표시했고/강조, 즉 개방했는지 하는 것이다. 우리는 어느 정도까지 이러한 경계의 개방성을 참아낼 수 있을까? 우리는 어느 정도까지 다른 사람으로부터 기대하는 확실한 경계선을 필요로 하는가? 우리는 낯선 것(자)에 대한 어떤 상상을 가지고 있는가? 우리는 반대되는 것/다른 것을 허용함으로써 무엇을 기대하거나 두려워하는가?

무대에 적합한 연습

텍스트로 콜라주를 결합할 수 있다. 텍스트 구성요소는 한 그룹 내에서 일정한 내용적인 관점을 심화시킬 수 있는 기능을 가지고 있다. 다른 한편, 텍스트의 구성요소는 보다 넓은 광장에서 상연될 수 있는 무대로서 적합하다. 상대적으로 단순하게 연습단계가 전개된다. 이 연습단계에서 참가자에게 상황(사태) X를 그림, 즉 상징으로 상상하도록 요청한다. 이 상징은 이야기, 즉 줄거리과정을 위한 토대로서 적용될 수 있다.

수행과제

나와 너와 우리의 세계: 공통점

- 대상그룹: 대략 15세 이상
- 목표

  감동, 구체적으로 다른 사람과의 의미 있는 접촉은 우리 사회에서 강하게 금기시되었다. 다시 말하면, 사적 영역이 되었다. 이러한 지속적인 지각 형태는 '낯선 것에 대한 지각' 또는 낯설게 되어버린 의미를 민감화시킬 수 있다. 이것은 자기 자신의 지각(나는 나 자신을 어떻게 지각하지? 나는 어떻게 다른 사람을 지각하지?)을 투영하는 상황을 설정해준다.

① 변형

- 재료

  접촉 상황에 놓인 그림들, 예를 들어 미켈란젤로, 시스틴 예배당에 있는 하느님과 아담, 벽화
- 과제수행: 그림을 관찰하고 기록하기

커다란 그림이 책상 위 또는 바닥에 펼쳐져 있다. 모든 참가자는 먼저 이 그림에서 연상되는 생각을 글로 작성한다. 얼마의 시간이 지난 후(대략 15분) 참가자들은 다른 사람의 텍스트를 읽고 코멘트한다. 이때 중요한 것은 절대로 말을 해서는 안 되고, 오로지 글의 형태로 진행되어야 한다.

② 변형

참가자들은 큰 종이를 앞에 두고 서로 마주 앉아 먼저 자신의 생활세계를 그림이나 상징으로 그린다. 그다음에 다른 사람의 그림을 그리는 시간을 갖는다. 이 시도는 자신과 타자 간의 경계선을 구성하는 것과 같다.

- 재료

  큰 원이 그려진 A3 용지, 한 장을 두 사람이 사용한다; 그림연필과 사인펜
- 과제수행

  전체 그룹은 '섞여서' 두 사람으로 구성된 그룹으로 구분된다. 참가자들은 서로 마주보고, 각자 자신 쪽부터 그림을 그리기 시작한다.

  - 자신의 생활세계에서 전형적인 것
  - 자신의 문화에서 중요한 의미를 가지는 모범 틀과 상징 등

중요한 점은 이러한 과제가 수행되는 동안 음악이 흐르지만, 절대로 말을 해서는 안 된다는 것이다.

• 평가

상대방은 '경계', 즉 접촉점을 어떻게 구성하는가? 어느 정도까지 접촉점을 배제하는가? 어떤 형태로? 서로 '융합'하는 희망, 즉 경계를 넘나드는 희망은 어느 정도까지 우선순위를 두는가? 다른 사람의 그림 안으로 어느 정도까지 그림을 그릴 수 있는가? 그것에 대한 다른 사람의 반응은 어떠한가?

수행과제

옷으로 사람을 만들다

• 대상그룹: 10세 이상

• 목표

사람들이 '낯선' 옷을 입고 있을 경우, 다르게 취급받는다는 의식화/경험을 함으로써 역할극을 수행할 수 있는 용기를 훈련한다.

어떤 사람이 터키인, 이주자, 집시 차림을 하고 시내를 구경한 후, 카페에 앉는다. 관찰자그룹은 변장을 한 이 사람과 행인을 관찰한다. 그리고 행인들과 이야기를 나눈다. 평가를 하기 전에 모든 사람은 자신의 느낌을 서면 형식으로 작성해야 한다.

유타 헤페카우젠(Jutta Heppekausen)은 다음과 같은 연습을 발전시켰다.

수행과제

문화적 원자

• 목표

문화적 원자 프로그램은 문화적으로 특징적인 역할에 대한 다양성을 실현한다. 개인은 구체적이고 어려운 상호작용 상황을 형성하는 데 있어서 이 역할을 수행할 수 있다. 문화적 원자는 모범적 역할과 연결하는 가장 작은 기능적인 단위다. 이러한 모범적 역할과의 연결점은 누구나 공통적으로 가지고 있지만, 문화적인 기준은 서로 구분된다. 예를 들어, 실제 갈등상황과 관련하여 문화적 핸디캡에 대한 개인의 선입견은 때때로 의미에 대한 주관적인 기준을 보여준다. 문화적인 원자 프로그램을 통해 연속하여 무대 위에서 공연함으로써 역할에 대한 자신의 지각은 직업적이나 사적이나 문화적 영역에서 서로 다른 역할을 대화관계로 이끌 수 있고, 의식적으로 상대방의 반대 역할을 할 수 있기도 하고, 설명할 수도 있다.

- 시간: 적어도 90분
- 그룹의 수: 8~25명의 참가자
- 재료: 커다란 종이, 연필, 화려한 단추, 책상이 없는 넓은 공간
- 단계: (플립 차트에서 세미나 지도를 통한 문화적 원자의 모범사례를 보여준 후)

주제에 대한 관심 유도: 참가자들은 상대방과 교류하면서 스스로 체험한 상호문화적인 배경이 있는 갈등상황에 대해 기억한다. 그런 다음 각자 종이 위에 그런 갈등상황을 표현하는 점을 표시한다. 그리고 건너편에 두 개의 점을 표시하고 생각한다. 나의 행위에서 어떠한 내면적인 소리가 큰 역할을 담당했나? 이러한 각각의 소리를 위해 점 주위에 단추를 놓는다(점은 소리를 상징한 것이다).
이때 참가자들은 내면의 소리에 대한 강약에 따라 간격을 조정하고, 상이한 간격으로 놀이하듯이 진행하면서 마지막으로는 놓인 단추 위치와 거기에 속한 문장을 그린다. 계속해서 참가자들은 파트너와 교환하고, 자신의 관심사를 다음과 같이 한 문장으로 표현한다: "나는 이러한 상황에서 어떻게 할 수 있는지…… 지금 여기에서 설명하고 싶다."(시간이 없다면 이 단계는 생략하고 관심 있는 주제인 다음 단계를 시작하시오)]

사례 의뢰인의 선택: 공간의 중심에 하나의 공이 있다. 모든 참가자는 공 주위로 가서 이 틀에서 자신들의 관심사를 다룰 것인지를 생각하고, 그것에 맞게 정렬한다. 자신의 관심사를 다루기 원하는 사람은 공 가까이 다가간다. 공 가까이 다가간 사람은 사례 의뢰인이 되어 자신의 관심사

를 짧게 소개하고, 다른 구성원들은 사례 의뢰인의 뒤에 선다. 대부분의 참가자들은 사례 의뢰인의 사례에 관심을 갖는다. 그룹 내의 대부분의 사례가 다루어진다.

역할 교환: 사례 의뢰인이 자신의 내면의 목소리를 몸으로 표현할 구성원 한 명을 선택하고, 자신의 문화적 원자를 세미나 무대에서 제시한다. 계속해서 사례 의뢰인은 내면적인 목소리의 역할에 몰입하고, 선택된 구성원이 인지할 수 있도록 내면의 목소리에 몸짓의 위치와 전형적인 문장을 제시한다. 내면의 목소리에 대한 표현을 담당한 사람은 사례 의뢰인의 입장에서 표현한다. 다시 말하면, 사례 의뢰인은 자신의 문화적 원자를 한 대상을 통해 표현하고, 신체위치와 문장을 대변한다. (시간이 없을 경우는 대역을 활용한다. 다시 말하면, 사례 의뢰인은 역할 담당자의 뒤에 서 있고, 문장을 말하면 역할 담당자는 말한 문장을 넘겨받아 즉석에서 몸짓행위를 한다.)

거울: 사례 의뢰인은 멀리서 그것을 관찰하고, 나머지 그룹 구성원의 도움과 안내에 따라 내면의 목소리를 문화적으로 특징지어진 역할에 덧붙인다(예: 모성애, 반항적인 딸, 경쟁관계에 있는 동료, 상사, 도우미, 독실한 기독교인 등). 마지막으로 그룹으로부터 어떤 목소리가 제외되었는지 의견을 제시할 수 있다. 제안한 사람은 제안에 걸맞은 신체행위와 문장으로 무대에서 보여준다. 사례 의뢰인은 제안을 수용할 것인지를 결정한다.

내부역할 갈등: 사례 의뢰인은 무대의 구석에서 관찰한다. 대역을 맡은 사람은 다양한 역할 간의 대화를 즉흥적으로 만든다. 상황에 따라 이러한 안내는 자극을 줄 수 있다. 누가 이 상황에서 사례 의뢰인을 위해 가장 좋은 제안을 해줄 수 있을까?

상대방의 역할: 사례 의뢰인은 그룹의 도움으로 그/그녀에게 지각되거나 추측하고 있는 상대방의 문화적 원자를 제시하고 다시 무대의 구석에 선다.

상대방의 내부역할 갈등: 상대방의 문화적 원자 주위를 맴돌던 역할 연기자는 즉석에서 대화를 한다. 사례 의뢰인의 상대방을 위해 누가 가장 적절한 충고를 하는가?

상대방의 역할갈등과 문맥갈등: 역할 연기자는 다른 사람의 역할 연기자와 즉석에서 대화한다. 나는 누구와 말하고 싶어 하지? 나는 누구와 협력할 수 있을까? 나를 대체로 화나게 하는 사람은 누구지?

시간과 에너지에 여력이 있을 경우, 변화를 모색한다: 사례 의뢰인은 자신의 희망에 따라 자신의 문화적 원자를 보여준 역할 연기자의 행위를 조정할 수 있다. 예를 들어, 사례 의뢰인이 좀 더 세심한 행위가 필요하다고 생각하는 역할은 무엇인지, 어떤 역할이 자신의 기대와 달리 표현되는지에 대한 조정이 가능하다. 사례 의뢰인은 연기자에게 말과 몸짓으로 위치를 바꾸도록 시도한다. 어떠한 역할도 전혀 무의미한 것은 없다. 역할 연기자는 왜 자신이 지금까지 보여준 위치에 의미가 있는지를 설명하고, 역할의 감정이입이 실제로 확실하다고 믿었을 경우에만 재조정한다.

- 역할의 해체

  사례 의뢰인은 모든 대역자에게 감사의 표시를 하고 무대에서 퇴장한다. 그/그녀는 이러한 역할극을 통해 처음 가졌던 관심사와 관련하여 무엇을 발견했는지를 곰곰이 생각한다.
- 역할의 분담과 역할 피드백의 평가

  그룹 구성원들은 보여준 사례에서 자신들의 경험에서 알고 있는 것을 서로 이야기하고, 이어지는 상황에서 역할극을 할 때, 즉 역할극을 보면서 역할과 가능한 정체성이 일치되었을 경우, 무엇을 경험했는지 서로 이야기한다. 마지막으로 사례 의뢰인은 자신의 존재감을 알리고, 이 순간에 그/그녀에게 어떤 느낌이 가장 중요한지를 알린다.
- 이어지는 활동

  참가자들을 소그룹으로 구분한다. 어떤 역할 사례가 '민족문화'에 뿌리를 두고 있고, 어떤 역할 사례가 다른 문화의 이해와 일치하는가? 예를 들어 젠더, 사회적 계층 또는 사회적 계급, 권력관계, 종교적 가족상 등은 문화에 따라 어떤 일치점을 갖고 있는가?
- 전체 회의: 결과보고와 다양한 문화개념에 대한 토론

(이러한 방법론을 제시하는 참고문헌은《문화적 원자》를 참조하시오.)

우리는 서로 중재한다

막스 프리쉬(Max Frisch)는 "민주주의의 의미는 자신의 문제를 중재하는 것"이라고 말한다.

우리 사회는 시민이 정치적인 문제를 자신의 것으로 만들거나 지각하고, 이러한 의식으로부터 정치적으로 책임감을 가지고 행동하면서 살아가고 있다. 정치학자 토마스 마이어(Thomas Meyer)는 우리 사회에서 '정치라는 것'이 규칙적인 사고로서 효력이 발생되어야 한다고 요구했다. 이 말은 특히 다름과 갈등 및 변화되는 구조와 소통하는 능력을 의미한다. 그렇기 때문에 정치라는 것은 "사회에서 분자적인 형태로 구성되는 원칙이어야 한다."(Meyer, 1994: 265 참조) 이러한 의미에서 스스로 결성한 정치적으로 다양한 단체들의 실천은 새로운 정치적 학습문화를 발전시키는 실험실로 간주될 수 있다. 자신의 발전 가능성에 대한 신뢰 및 내부와 외부의 저항에서 습득한 역량의 경험 및 심리적 우위는 불투명한 사회에서 올바르게 지탱할 능력을 줄 수 있다. 그뿐만 아니라, 도전할 수 있는 주요 과업으로서 사회구조의 개방성과 역동성을 이해하는 능력을 준다. 이러한 질적 경험은 특히 가까운 영역에서 할 수 있다. 이 경험의 핵심요소는 70년대부터 유래한 "세계적으로 생각하고, 지역적으로 행동한다"는 슬로건이다. 직접적인 삶의 공간, 예를 들어 가족, 학교, 단체, 공동체에서 능동적으로 동화하고 형성하며 경험하는 사람과 자신의 정치적, 사회적, 미학적-문화적 관심사를 강조할 수 있는 사람은 다른 사람의 '낯선' 문제 및 운명과 논의하도록 동기부여와 감수성을 발전시킬 자격이 있다. 자아효능감 및 주관성과 결부된 경험은 무능력의 경험을 사라지게 하기 위한 가장 중요한 '해독제'다. 서로 중재한다는 의미는 냉담과 두려움 및 억압을 통해 보호된 공간을 떠나 모순의 위험부담과 더불어 이러한 저항의 과업을 통한 발전 기회를 가질 수 있다.

우리는 수많은 비정부기구의 회원이 될 필요는 없다. 하지만 우리는 교사와 학생으로서 '개방된' 수업에 기인한 틀에서 시민사회의 행위와 상호문화학습을 할 수 있는 다양한 가능성을 지니고 있다.

문화적 생산물을 생성하고 보여준다

소설, 단편 역사물, 시, 영화, 음악 등 아프리카 · 아시아 · 라틴아메리카 출신의 저자와 공개적인 논의의 형태로 '생산적인' 토론을 벌이는 것을 '문학적(학술적) 콜라주'라고 부른다.

외국 예술가들의 초청

시대의 증인, 망명자 또는 예술가와의 직접적인 만남은 대단히 귀중하고 교훈적인 잠재성을 제공한다. 특히 그것의 '지속적인' 효과는 이러한 만남에 부여하는 표현의 진정성이다. 책 읽기, 공연작품, 전시회, 콘서트 등은 도시의 미디어와 문화센터의 협력으로 범국가적인 문제를 보다 집중적으로 다룰 수 있는 자극을 줄 수 있다.

도시의 구조 활동

이러한 활동은 대략적으로 도시에 거주하는 ⓐ 구체적인 사람을 도와주는 프로그램, 예를 들어 망명자들 또는 이주민 자녀들을 위한 과제멘토, 성적이 부진한 학교동료를 위한 연대활동 등으로 구분되어 있다. ⓑ 일정한 기구(유니세프, 아동복지단체 등)나 브라질의 자매결연 학교를 도와주는 기부금 모금, 실제적으로 이러한 활동은 대부분 그에 해당하는 정보를 제공하는 곳과 연결되어 있다.

웹 사이트 안내

'난민구호'라는 주제를 가지고 인터넷에서 찾았을 때, 다양한 기구의 웹 사이트가 컴퓨터 화면에 나타난다. 예를 들어, 슈바벤 그뮌트(Schwäbisch Gmünd) 교육대학교에서 출간한 보고서에는 등록된 모든 특별학교의 프로그램들이 제시되어 있으며(Becker, 1997)[웹 사이트 http://www.ph-gmeund.de], 피난민과 그들의 자녀를 돕기 위한 사회교육학적 활동에 대한 모범 사례들이 제공되어 있다(Carstensen 외, 1998; Nestvogel, 1996 참조).
다른 기구를 대변하고 자극을 불어넣어준 기구는 '프라이부르크 시민단체(aus Länderinitiative Freiburg e. V.)'다. 이 단체는 2002년 "말을 행동으로 실천하는 대회"에서 대통령상인 1등상을 수여했다. 이 단체는 명예로 활동하는 기구로서 RAA와 유사한 과업을 수행하고 있고(4장 2절 참조), 관심이 많은 시민에게 학교의 다양한 여가시간 활동구성과 문화적인 요소들을 프로그램으로 제공하고 있다(www.paritaet.org/via/member/member.htm).

국제적인 학교교류

오늘날의 국제적인 학교교류는 일반화되어 있다. 이외에도 많은 학교들은 다음과 같은 활동을 통해 국제적인 학교교류를 삶과 밀접하게 연결시키려고 노력하고 있다.

- 교류 도시에서 경영실습
- 만남의 주간
- 이메일 교환(서신, 그림, 음악)
- 자매결연학교와 학생신문 교환

지금은 인터넷을 통해 서로 개인적으로 만날 수 있는 많은 가능성이 열려 있다. 외국어수업 또는 공동의 활동을 준비할 수 있는 'Agenda 21' 등 커뮤니케이션과 프로젝트를 함께할 수 있는 흥미로운 미디어들이 제공되고 있다. 그러나 이러한 미디어활동에 수반되는 비대칭적인 문제점들도 나타난다. 다시 말하면, 남쪽 지역과 북쪽 지역의 국가들을 상호 방문할 경우, 경제력과 시설 등이 문제시된다. 왜냐하면 쉽게 대부(대모)관계가 될 수 있기 때문이다, 즉 한쪽은 기부금을 모으고, 다른 한쪽은 그 기부금을 받는 역할로 고정될 가능성이 있다.

웹 사이트 안내

"학교와 국제적인 교류관계"에 대해 추천할 만한 좋은 사이트는 http://www.gpnet.info/linkliste.htm이다. 학교교류에 대한 다양한 웹 사이트 중에서 쾨르버재단의 웹 사이트가 모범적이다. 이 재단은 특히 독일인과 터키인의 대화 영역, 즉 학생교류 차원에서 특성화되어 있다(http://www.stiftung.koerber.de).

비정부기구를 홍보하는 로비활동과 참여활동

인터넷조사에 따르면, 그린피스의 프로젝트 주간을 개최하고, 국제사면위원회의 직원을 초청해서 강연을 듣고자 하는 수많은 학생그룹이 있다. 이들 학생그룹은 다음과 같은 목적으로 스스로 결성된 형태로 정보를 찾고, 공개적으로 효과 있는 활동을 발전시키려고 노력한다.

- 정치적 결정에 영향력을 발휘하기 위해(로비활동)
- 이러한 활동을 하지 않거나 아직 하지 않는 사람들에게 발언권을 주고, 그들의 권리를 돕기 위해

• 정치적인 목적달성과 공공성 회복을 위해
• 그룹 내에서 학습의 과정을 스스로 조직하기 위해, 즉 정치적 프로젝트의 일부분을 이해하기 위해

다음은 학교에서 학습을 위한 자생적 그룹 중에서 중요한 몇 개의 사례를 제시했다.

국제사면위원회: 인권

웹 사이트 안내

인터넷으로 당신의 학교에서 국제사면위원회 그룹을 설립한 학생그룹을 조사해서 그들의 활동에 대해 알아보시오. 독일 국제사면위원회 사이트는 http://www.amnesty.de/이다.

겔른하우젠(Gelnhausen)에 있는 학생과 청소년그룹의 다음 사례는 한 학교에서 활동하고 있는 사례로서 인권활동의 임무와 고충을 보여주고 있다.

이 그룹은 15년 전부터 겔른하우젠에 있는 그림멜즈하우젠(Grimmelshausen) 고등학교에서 활동하고 있다. 학생들로 구성된 한 그룹은 프로젝트 주간에 칠레와 터키 및 구동독의 인권상황에 대해 다루고 있었다. 전시회가 준비되었고, 세 나라의 정치적 수감자들의 서신이 진열되었다. 프로젝트 주간을 마친 후 대부분의 학생들은 이러한 활동을 계속하기로 결정했고, 이 그룹의 이름을 '국제사면위원회 주식회사'로 명명했다.

이 주식회사는 먼저 '그달의 수감자'와 '긴급한 행동'의 활동에 참여했다. 학교에서는 '정보안내-회의'가 설립되었다. 1년이 지난 후 이 그룹은 사례연구에 참여했다. 이 그룹은 남아프리카에서 체포된 학

생들의 석방을 위해 활동했으며, 변호사와 어머니들 그리고 학생들과 서신으로 접촉했다. 두 번째 서신들이 왕래한 후에는 이 그룹이 담당한 수감자가 석방되었다. 이것은 학생 그룹의 동기를 극대화할 수 있는 성공적인 사례였다. 스리랑카에서 실종된 두 명을 찾는 두 번째 활동은 보다 더 어렵게 진행되었다. 스리랑카는 공식적으로 편지에 반응을 보이지 않았다. 우리의 활동이 스리랑카 신문에 보도되고, 이 신문에 우리 그룹의 구성원들 주소까지 제공되었을 때, 개인적인 운명을 설명하는 많은 편지를 받게 되었고, 이들로부터 독일로 가고 싶다는 절박한 요청을 받았다. 이러한 요청을 거절하는 것은 매우 어려운 일이었다. 이 경우는 실종된 두 명이 사체로 발견된 후에 종결되었다.

이 그룹은 내년에는 '사형'과 '망명'이라는 주제로 전시회를 개최할 예정이다. 이와 병행하여 스리랑카에서 발생한 두 명의 실종자와 관련하여 학교 내에 '정보안내-회의'가 다시 구성되고, 영화도 상영될 예정이다. 실종된 사람들을 찾기 위해 이 그룹은 전체 고등학생들이 관람할 영화 〈Missing(실종)〉을 마을 극장에서 자비로 상연할 예정이다. 그러나 준비된 편지를 발송하는 일은 매우 어려운 일이었다. 이 그룹은 음악을 연주하면서 책을 읽는 두 개의 콘서트도 조직했다(http://www.grimmels.de/spektrum/ag ai geschichte.htm).

terre des hommes(인간의 대지): 아동의 권리

웹 사이트 안내

아동의 권리를 돕는 기구 "terre des hommes"는 그에 걸맞은 공공활동을 통해 널리 알려져 있다. 웹 사이트(http://www.tdh.de/kinderseiten/inhaltsverzeich nis.htm)에는 수업을 위한 자료와 방법론뿐만 아니라, 학교와 공동체의 공공활동에 맞는 다양한 제안까지도 제공하고 있다.

평화활동: 반전활동, 무기거래 반대활동과 지뢰 반대활동

웹 사이트 안내

위에 언급한 웹 사이트 "terre des hommes"에서는 '평화활동'이라는 테마에 대한 자료와 아이디어를 제공하고 있다. 추천할만한 곳은 튀빙겐 평화교육연구소(http://www.friedenspaedagogik.de)다. 이 연구소는 '갈등', '시민 용기', '전쟁 거부' 또는 '글로벌 학습'과 같은 주제영역을 다루는 데 필요한 광대한 스펙트럼의 자료와 활동 아이디어 등을 제공하고 있다.

medico: 기본 보건위생과 인권

웹 사이트 안내

"구호, 기본 보건위생과 인권"은 비정부기구(NGO)인 국제기구 medico의 세 가지 핵심영역이다. 이 기구의 웹 사이트는 http://www.medico-internatinal.de/이다. 이 기구는 교사와 학생들에게 교수법적인 계획과 활동준비사항을 조사하도록 권장할 만한 가치가 있다. 또한 'medico'는 지뢰반대활동을 벌이고 있으며, 그에 상응하는 활동 자료들을 제공하고 있다.

attac: 반세계화운동

세계화를 비판하는 가장 유명한 조직은 'attac'이다. 이 기구의 웹 사이트(http:www.attac.de/regional/regional-gruppen alle.php)는 지역에서 활동하는 그룹의 네트워크가 그만큼 촘촘하다는 것을 보여준다. 이 그룹의 구성원들을 수업에 초청하거나, 이 그룹의 모임에 직접 참여하는 것은 어떨까?

그린피스

웹 사이트 안내

우리는 웹 사이트(http://kids.greenpeace.de/)에서 환경단체인 그린피스 내의 청소년기구 '그린팀(Greenteam)'을 찾을 수 있다. 이 기구는 많은 참여활동을 권장하고, 심화된 정보자료를 제공하며, 동료들을 위한 커뮤니케이션 유형을 제시하고 있다.

이러한 비정부기구의 홍보에 참여한다는 것은 두 가지 학습효과를 나타낸다. 하나는 공공성을 회복하고 발전시키는 능력, 다른 하나는 그룹 내부적인 학습과정의 조직이다. 많은 그룹이 지속되지 않는 것은 스스로 조직된 기구의 활동들이 실패로 끝나거나, 임시적인 성격을 띤다는 것을 증명한다. 또한 어떤 동기를 가진 그룹의 역동적인 요소들이 이러한 학습과정에 중요한 역할을 반영하지 않을 경우에도 이러한 기구들은 사라질 수밖에 없을 것이다.

청소년이나 성인들이 외부의 간섭 없이 조직을 설립했을 경우, 그들은 자신들의 능력과 지향점을 확장하려고 노력한다. 경험형성의 세 차원 모델(3장 4절 참조)을 통해 다음과 같은 모티프가 구분될 수 있다.

스스로 조직된 정치적 그룹의 참여 동기

정치적 현실을 잘 이해하기 위해 보다 큰 전문능력을 성취하려는 희망과 관계가 있다. 행위의 안전을 보장받기 위해 능력을 획득함으로써 전문지식을 완성하고, 활동지식을 획득한다.

무엇을 함으로써 다른 사람을 돕고, 자신의 생활세계를 함께 구성한다는 욕구는 새로운 구성원에게 행위동기만을 부여하는 것은 아니다. 먼저 표현과 구성의 차원에서 서로 다른 희망이 단지 말로만 이러한 상황을 공감하는 것이 아니라, '어떤 방법'의 실천을 통해 활동한다는 의미를 가진다. 이렇게 서로 상이하지만 종종 도덕에 기초한 행위동력은 실제적인 사실에 대해 공동으로 토론함으로써 보다 구체적으로 투영되고 뒷받침하는 구성의 성격을 띠게 된다. 또한 창조적인 표현 형태에 따른 욕구 또는 공공에 효과적인 활동의 구성에 따른 욕구는 다음 설명과 같이 세 번째 차원과 결부되어 있다.

사회적 지향성과 인간의 접촉 및 정서적인 공동체의 삶과 결부된 세 번째 차원의 욕구는 정서적인 지각으로 이해된다. 우리는 집단 내에서 수용되기를 바라면서 필요한 사람이 되고, 공동의 활동에서 새로운 사회적인 능력을 발견하고자 한다.

스스로 조직된 집단의 임무는 어떻게 '효과적으로' 정치적인 변화를 이끌 것인가에 따라 외부로부터 평가를 받곤 하지만, 집단 내에서뿐만 아니라 외부 공간, 즉 정책결정권자와의 접촉에서 드러나는 학습과정에서 이러한 이해는 너무 피상적인 것처럼 보인다. 지속적이면서 효과적인 학습문화의 발전을 위해 가장 중요한 것은 내부와 외부활동 간 긴장의 장(場)에서 '스스로 강화된' 과제의 형태를 띠어야 한다. 집단과 집단의 관계에서 다음과 같은 커뮤니케이션 단계의 모델은 서로 이러한 과제의 복합성을 개관할 수 있게 해준다.

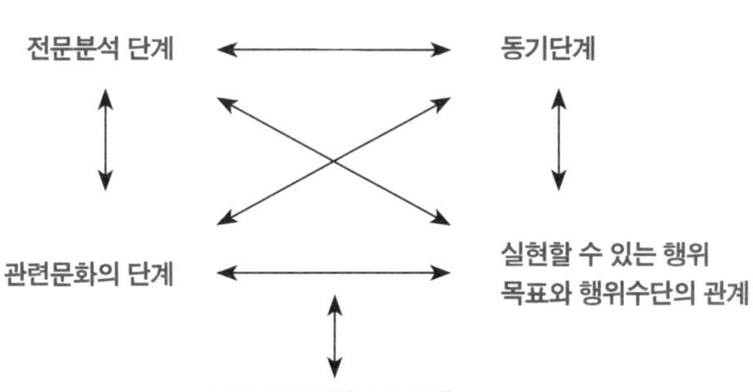

예를 들어, 학습자가 난민권리집단, 아동권리집단, 인권집단 등과 연결되거나 아니면 이러한 집단을 결성하고자 결정했다면 먼저 하나의 집단이 구성되는 전문단계여야 한다. 다시 말하면, 우리는 정치적으로, 즉 인간적으로 설립된 행위목표를 이해해야 한다. 정치적인 상황에서 계속된 공동의 평가는 집단의 구성원에 의해 다음과 같은 질문들이 해명되면서 목표의식을 발전시켜야 한다. 이 상황에서 어떤 개입이 절대적인 것으로 평가되는가? 어떤 법적인 원칙, 즉 사회적으로 수용된 기본사상이 자신의 활동에 어떤 근거가 되는가? 어떤 사회적인 권력에 대항하여 이 목표를 관철시켜야 하는가?

물론 어떤 집단이 목표 차원에서 정의된다면, 이 집단의 생존은 짧을 수도 있다. 그래서 동기 단계가 중요한 의미를 갖는다. 집단의 모든 구성원은 자기이해와 행위동기 및 정서적이고 사실적-정치적인 활동근거로부터 독특한 조합(혼합)을 집단의 역동적인 시스템 안으로 끌어들인다. 새로 들어온 구성원과 기존의 구성원은 이러한 사회적 시스템을 거의 변화시키지 못하지만, 모든 공동의 경험은 집단의 발전을 도모하고, 집단 정체성의 정서적인 측면을 점차적으로 변화시킬 수 있다. 이때 우리는 집단 내에서 개인적으로 중요한 동기가 얼마나 강조될 수 있는지, 즉 우리는 어느 정도까지 자신의 결정과 변화를 목표 지향적이지만 결과를 알 수 없는 탐구과정으로서 이해되는지에 대해 중요한 역할을 할 수 있다. 사회적으로 추구할 가치가 있는 것으로, 또는 정서적으로 만족할만한 것으로 평가되고 있는 공동의 삶과 경험의 유형은 탐구되어야 한다.

따라서 세 번째 단계가 시야를 확보하는 데 기여한다. 이 단계는 관련 문화 단계다. 동시에 이 단계는 성공적 · 사회적 · 정치적 활동의 결과이자 전제조건이다. 이 단계는 갈등을 해결하는 개인의 행위 사례와 사회적인 형태의 창조적인 합성으로 기술될 수 있다. 활동과 결부된 학습과정과 함께 좌절감이 어떻게 처리될 것인지, 또는 어떤 방법으로 이 활동이 또 다른 활동에 영향을 줄 것인지는 사적인 관계에 달려 있다. 예의는 모든 개개인의 주관적인 준비활동을 계속 유지시키거나 철회하도록 영향을 준다. 수많은 참가자가 동요한다는 것은 성공적인 정치활동을 위한 기본적인 조건으로서 관련 문화의 보호가 함께 고려되어야 한다는 절박함의 표현이다.

실현시킬 수 있는 행위목표와 행위수단을 반영하는 것은 네 번째 단계다. 어떤 목표가 절대적으로 필요한지 첫 번째 단계에서 언급되었던 것처럼 여기에서는 무엇이 정치적으로 의미 있고 가능한지를 평가하도록 한다. 집단의 개인적인 상황을 고려하여 각각의 구성원의 분석능력, 조직능력, 행위능력에 따라 무엇이 실현될 수 있을까? 이러한 목표는 어떤 권력관계와 연관되어 있는가? 이 목표는 어떤 통로를 통해 정치적 자원을 조달할 수 있을까? 효과적인 공공성의 활동과 관련하여, 한편으로는 특히 대중매체를 통해 생성된 커뮤니케이션의 주변 환경이 평가되어야 한다. 다른 한편으로는 일정한 활동형태를 통해 야기된 가능한 학습효과를 예상해야 한다.

4 학교의 발전: 학교에서의 상호문화학습

학교 프로그램, 즉 학교의 특성화는 한편으로는 학교 간의 경쟁,

다른 한편으로는 학생들의 다문화성이라는 학교의 특성화를 강요하면서 독일의 여러 지역에서 계속해서 이루어지고 있다. 루르지역, 함부르크, 베를린 등 이 지역의 많은 학교들은 '상호문화학습'이 학교발전과정의 주요방향으로 설정하면서 이러한 발전을 능동적으로 구성하도록 결정했다. 우리가 이러한 학교의 발전과정을 관찰할 경우, 여러 특징 중 다음과 같은 특성들이 확인될 수 있다.

- 학교는 대부분 통합 중 · 고등학교로서 종일학교 형태이고, 다양한 코스와 프로젝트에 대한 넓은 스펙트럼을 제공해주고 있다. 따라서 이 학교들은 ① 외부로 학교를 개방하거나(학교 밖 조직과 네트워크) ② 내부로의 개방형태(새로운 교수-학습 형태의 발전)를 띠고 있다.
- '사회적 학습', '가치평가/차이에 대한 다른 사람의 인정'이라는 목표 설정은 수업구성단계에서뿐만 아니라, 상담(부모와 학생) 또는 갈등 조정의 현장에서 보여주고 있다. 종교 상호간 가치교육의 개념은 발전되는 경향을 띠고 있다.
- 학교는 종교를 초월한/국제적인 네트워크(예: 유네스코-프로젝트 학교, 유럽 학교, 반인종주의 학교 등)에 통합되어 있다. 다른 학교들과의 소통, 즉 자매결연학교는 학생교환이라는 고전적인 형태를 넘어 새로운 미디어의 도움으로 계속 발전하고 있고(인터넷-프로젝트와 이메일-프로젝트로서 국제적인 학생신문), 국경을 뛰어넘는 경영실습의 형태로 실행되고 있다.
- 출신국 언어수업과 모국어수업을 병행한 통합된 개념으로서 다른 언어영역과 함께 수업이 진행되고 있다.
- 공동의 규칙과 의식, 축제 등 '상이한 문화와 공동의 문화'를 학교에서 개최한다.

웹 사이트 안내

http://www.ups-schulen.de/(유네스코-프로젝트학교)

http://www.aktioncourage.org/html/Sor.htm(네트워크 "반인종주의 학교")

http://www.kbs-koeln.de/europaschule/neos/index.htm("유럽을 지향하는 학교" 네트워크에서 많은 "유럽 학교" 중의 한 학교)

http://www.europaschulekoeln.de/

여기에서는 모범 사례로 겔젠키르헨-윅켄도르프(Gelsenkirchen-Ückendorf) 종합 중 · 고등학교(http://www.gsue.de)를 제시한다. 이 학교는 코메니우스(Comenius) 단체와 유네스코-프로젝트에 참여했을 뿐만 아니라, 다양한 다문화적인 지역 활동을 수행하고 있다. 2002~2003년에는 157쪽에 달하는 활동리스트를 보고서로 작성했다. 고등학교 영역에서는 오버하우젠(Oberhausen)에 있는 엘자-브렌트슈트룀(Elsa-Brändström) 고등학교가 모범적인 사례학교로 지정되었다(http://www.gym-elsa-ob.de/elsainfo/schulpro.htm). 스스로 활동하는 단체인 이 학교는 발달심리학적 인식을 토대로 정치학습과 민주주의학습을 장려하고 있다.

5장

자아발전의 과제로서 교육의 전문성

앞에서 기술한 네 개의 장에서는 상호문화교육을 설명했다. 이번 장에서 기술하는 교육의 전문성 강화가 매우 낯설게 느껴질 수도 있지만, 이 책의 근간을 이루는 교수-학습법을 이해할 수 있을 것이다.

이 장에서는 전문지식의 순응이 중요한 것이 아니라, 점점 더 빠르게 사라져가는 지식의 '현실'에서 '지적인 지식의 생성'이 무엇보다 중요하다는 것을 제시한다. 이것은 '교수-학습목표'에 의해 자극과 도전을 받는 목표 중의 하나가 될 것이다. 다시 말해, 이러한 교수-학습목표가 대학교 교수자들의 요구와 과제에 의해 설정되었다는 의미다.

지적인 지식은 클라우스 홀츠캄프(Klaus Holzkamp)에 의해 '확장'된 의미가 적용된 개념이다. 이 말은 자신의 세계를 잘 이해하고 구성하기 위해 더 많이 경험하도록 설정된 개념이다(Holzkamp, 1995). '지적이다'라는 것은 일종의 실체(sub-iectum)로서 이해한다는 것을 의미한다. 다시 말하면, 개인은 한편으로 어떤 방법을 통해 (학교)시스템의 구조와 규약에 종속된다는 것을 인식하는 존재자로서, 다른 한편으로는 모순과 논쟁함으로써 자신의 특성을 발전시킬 수 있는 존재자로서 이해된다(Meueler, 1993 참조).

이러한 역설은 학문적 이론뿐만 아니라, 교사들의 완전한(가끔은 복합적인) 과제를 통찰할 수 있는 현장경험으로도 표현되고 있다.

1 생애사적 프로젝트로서 교사연수

학습은 학생들에게 먼저 생애사적인 경험을 통해 하나의 특징으로 정형화된 의미 틀을 체계적인 학문이론으로 연결시키고자 한다. 이러한 학습 기능은 학문적 도전과 직업적인 동기 및 생애사적 발전과제의 맥락에서 항상 좌절감이 상존하는 위험한 것이다. 학교중퇴자들의 수가 많아지고 있다는 것이 이것을 증명하고 있다. 위기감과 긴장관계 속에서 생산적으로 소통하는 개인의 고통은 생애사적 과도기에서 과제수행의 복잡성을 보여주고 있다. 따라서 이러한 '발전된 과제'는 상호문화학습의 가장 핵심 능력에 속한다. 그러나 '상호문화 교양교육'은 모든 교사 후보자를 위해 구조적인 정형화의 요구와 함께 학습유형과 활동형태에 따른 문제점들이 제기되기도 한다. 이런 문제를 고민하면서 미래의 교사들은 상호문화교육학에 대한 주제를 배워 익힐 것이다.

대학생들은 직업적인 동기와 더불어 새롭고 낯선 환경의 대학교에서 진로방향을 설정했을 경우, 첫 학기에 전문적인 지식의 전(前) 형태를 습득할 수 있다. 학교와 가족에 의존한다는 것은 직업선택의 동기와 논쟁한다는 낯선 경험처럼 일종의 부정적인 시간낭비에 속한다. 많은 신입생들은 호기심을 갖고 이러한 자격 또는 각각의 능력을 발전시키기를 원한다. 왜냐하면 이러한 능력은 직업과 관련이 있을 뿐만 아니라, 개인의 역량강화를 위한 도전의 표현이기 때문이다. 수많은 삶을 설계하는 가운데 선택의 자유, 특히 학습내용에 대한 비판은 직업과 관련된 교육이 삶의 예술을 발전시키는 매개체가 될 수 있다는 전제가 된다.

학생들은 한편으로는 이론적인 지식환경, 다른 한편으로는 직업과 관련된 자격부여와 관계를 맺을 경우보다 오히려 비판 또는 비판과 함께하는 작업을 오랫동안 수행했을 경우가 더 성공적이었다.

- 개인과 관련된 역량강화
- 직업선택을 위한 동기 설명
- '개인적으로 중요한 학습'
- 자아투영/자아지각

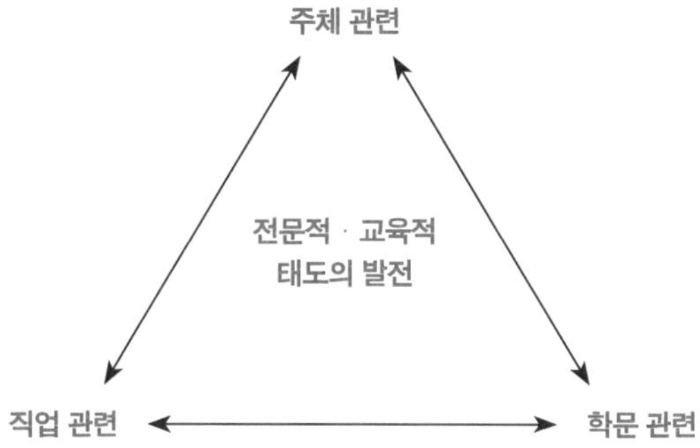

- 직업과 관련된 지식과 자격의 획득
- 전문지식과 이해를 한 개념의 융합
- 학교 시스템 및 인간의 비판과 소통하는 통찰력
- 메타인지적 능력의 발달

수업은 세 차원 간 힘의 균형에서 완성된다. 여기에서 당신은 주체로서 항상 행위자로 머무른다. 누군가 당신을 가르치려고 한다면 항상 좌초될 것이다. 왜냐하면 당신은 경험 또는 지식의 습득을 스스로 결정하기 때문이다. 교육의 전문성 강화는 당신의 '발전과제'에 속한다. 당신은 주체와 관련된 어떤 역량을 습득할 것이고, 현재 당신에게 중요한 것이 무엇이고, 당신은 어떤 학문적 도전을 수용하고, 어떤 이론과 실무적 요구를 설정할 것인지를 스스로 결정할 수 있다. 구체적으로 이러한 주제를 위한 서적을 구입하고, 강의에 참석하고, 다시 인터넷에서 스스로 조사하는 과정도 여기에 포함된다.

일반적으로 다문화사회는 혼합된 학습그룹의 문화에서 위기, 불투명한 상황, 긴장관계 그리고 역동적으로 발전하는 구조와 '창조적으로' 소통하면서 자리매김했다. 다시 말하면, 이러한 논쟁으로부터 주관성과 전문성을 확보할 수 있는 방법을 획득하면서, 특히 일종의 핵심역량의 형태로 자리매김했다. 우리는 학습하면서 변화하고, 모든 일에 헌신하고, 행위 가능성을 능동적으로 이해하고, '완전한 인간'으로서 확실하게 경험하고자 하는 하나의 존재자로 지각하는 것이 중요하다. 우리가 행위능력의 주체자로서 사회적인 네트워크로 편입되어 경험한다는 것은 최고의 능동적인 경험교육과정이다.

정체성 연구자인 하이너 코이프(Heiner Keupp, 1999)에 따르면, 상황과 관련된 경험기반 교육과정을 위해 일정한 재원, 즉 경제적 · 문화적 · 사회적 재원이 절대적으로 필요하다. 이러한 과업은 주체와 관련하여 코이프가 말한 것처럼 일종의 '서사적인 자아구성'을 달성한다. 우리는 이러한 개념에서 주체가 자신에게 중요한 사람과 대화하면서 개인적으로 중요한 경험을 확신하는 하나의 과정을 생각할 수 있다.

따라서 우리는 탐구과정으로서 전문성 강화를 가능하게 하는 교수-학습 관점을 연구해야 한다. 이때 기본적인 방법으로 '경험적 기본자세의 발전'이 중요하다. 다시 말하면, 교수-학습 과정, 즉 교육적 상호작용에 대한 확실한 교육방법이 고려되어야 한다. 핵심적인 원칙으로서 '주체지향성'은 한편으로는 학습자에게, 다른 한편으로는 사회 제약의 상황에서 발달과제를 습득하는 청소년 및 학생들과 관계가 깊다.

직업선택의 동기에 대한 논쟁은 자신의 희망과 두려움 그리고 미래에 대한 고민과 지각 능력 등을 반영하여 처리하는 힘을 요구한다. '자아의 설명'은 해당하는 사람의 운명을 자신의 경험문화와 연결짓는 것이 아니라, 이론적인 지식과 논쟁을 함으로써 이러한 모티프를 기대하고 해명하는 교사라는 직업에 대한 요구와도 관계가 있다. 이것은 이러한 자아 설명의 형태와 함께 '지적인 지식'의 발전을 위한 토대가 된다. 새로운 관점을 인식하고, 행위하고, 지각하고, 반영하는 주체로서 지각한다는 새로운 가능성은 자신의 행동반경에서 점점 더 능력을 갖게 되는 사람으로서 이러한 능력을 인정받는다는 사실을 인식하는 것이다.

나는 에센(Essen) 대학교 학생들이 작성한 보고서를 통해 몇 가지 사례와 인용을 들어 이러한 개념을 설명할 것이다. 학생들은 실습 초기 자신들의 보고서에 참관한 내용을 약간은 소심하게 묘사하고 있다.

"나는 학교가 매우 크다고 느꼈으며, 그곳에서 나는 아웃사이더였다. 나는 아무 상관이 없는 사람이며, 잘못된 자리에 온 듯한 느낌이 들었다." 첫 번째 수업을 참관하는 동안, 학생들은 자신들이 관찰대상이 되고 있다는 것을 감지했다. "아무도 나와 접촉하지 않았고, 나도 접촉하지 않았다. 왜 그런 행동을 했는지 나도 잘 모르겠다."

교사들의 열린 마음과 교생으로서 학교의 열쇠를 받고 난 후 내가 소외당하고 있다는 느낌은 서서히 사라졌다. 또한 학생들과의 갈등단계는 다음과 같은 상황을 통해 해결되었다.

"우리는 생태 공간 앞에서 교사를 기다렸다. 나는 열쇠를 가지고 있었지만, 그 공간을 열고 싶지는 않았다. 왜냐하면 원하지는 않았지만, 내가 학생들 곁을 떠나고 싶다는 느낌을 가졌기 때문이다. 우리가 기다리는 동안, 나는 터키 출신 학생들의 인사습관을 관찰했다. 그들의 인사방식은 몸짓으로 하는 행위였다. 여학생처럼 남학생도 서로 키스로 인사했다. 그들은 같이 서 있었고, 터키말로 이야기를 나누었다. 그들은 서로 좋아하는 사이같이 보였다. 나는 이들 그룹이 얼마나 강한 연대감을 가지고 있는지를 느꼈고, 소외당한 것처럼 느꼈다."

잠시 후 이 학생은 철학수업을 참관했다.

"5학년 교실에서 시끄럽게 떠드는 소리로 소동이 일어났다. 나는 매우 어리둥절했고, 화가 났다. 왜냐하면 이 수업은 나를 깜짝 놀라게 했고, 즉흥적으로 문제가 많은 수업이라고 생각했기 때문이다. 이 수업은 한 명의 루마니아 학생을 제외하고는 터키말로 떠드는 학생들로 구성되었고, 그들은 매우 강한 유대감을 형성하는 그룹으로 이루어져 있었다. 나는 매우 불편한 느낌을 받았고, 밖으로 뛰쳐나가고 싶었다."

집에 돌아와 보고서를 작성하면서 나는 처음으로 나와의 관계성을 고민했다. 나는 자문했다. 무엇이 나를 당황하게 한 것일까? 왜 나는 이 수업에 더 이상 참여하려고 하지 않는 것인가? 왜 나는 그것을 참지 못할까? 내가 여태까지 생각했던 것보다 더 많이 낯선 사람들을 배척하는 것은 아닐까?

아주 편안하고 조용하고 재미있는 학생들이 참여하는 다른 수업 분위기는 확연히 달랐다. 그녀는 다음과 같이 확신했다.

> "나는 갈등을 조장하는 인간이 아니다. 나는 복잡하지 않은 것을 좋아한다. 왜 나는 내가 이해하지 못하는 혼란에 대해 신경을 쓰지 않는 것인가? 왜냐하면 그것은 나에게 두려움을 주기 때문이고, 나는 나의 현재 위치를 잘 모르기 때문이다!"

3주 후에 이 학생은 낯선 사람에게 점점 더 관심을 가질 뿐만 아니라, 사람으로서 인정받는다는 것을 느낌으로써 위기상황을 극복했다고 기술하고 있다.

> "한 터키 학생이 나에게 교사와 문제가 있다고 고백했다. 두 명의 독일 학생은 몇몇의 교사에 대해 이야기하고 난 후 나의 의견을 물어보았다. 교생으로서 나의 역할이 의식되었다. 많은 학생들은 내가 수업에 참관하는 것을 즐거워했고, 내가 얼마 동안 더 그들에게 머무를 수 있는지에 대해 물어보았다. 학생들은 예를 들어, 왜 내가 교사가 되려고 하는지 등 개인적인 것까지 물어보았다."

이제야 비로소 대학생들은 계획된 학생-인터뷰와 '새로운 사고'를 발전시킬 수 있었다. 이러한 경험을 분석하면서 더욱 확실해졌다. 능력을 발달시키는 것과 사물을 다르게 지각한다는 것은 한편으로는 시스템에서의 위치에, 다른 한편으로는 스스로에게 달려 있다. 교생으로서 학교라는 시스템에서 자신의 위치를 설명하고 난 이후에야 (나는 누구이고, 다른 사람은 나를 어떻게 바라보는지, 어떻게 내 능력을 발휘할 수 있는지), 교생으로서 자신의 행위 또는 지각을 스스로 반성할 수 있었고, 그런 후에야 비로소 민감하고 실제적인 낯선 것에 대한 지각의 근거를 지속적으로 발전시킬 수 있었다.

그래서 다문화적 공동생활에 대한 그/그녀의 낙천적이고 조화로운 상은 산산조각이 났고, 그것은 비현실적으로 평가되었다. 그와 반대로 학생들에게 존재하는 벽 또는 학생과 교사 간에 존재하는 벽에 대해 서로 논쟁하는 것은 불가피하다는 인식이 형성되었다.

하나의 이상적인 사고는 이러한 시선으로 인해 과정과 연결된 것으로 생각하지 않고, '낯설게' 느끼며, 능동적으로 생각하지 않는다. 교생은 학생들의 표현을 해석하면서 자신의 학습과정을 기술할 뿐만 아니라, 우리의 활동을 스스로 기술하려고 노력했을 경우와 사라져간 자아의식을 되찾는 전략을 발전시켰을 경우, '방해하는 것'과 '혼란스러운 것'이 새롭게 해석될 수 있다는 것을 그/그녀는 분명히 제시했다.

해석의 과정에서 먼저 ① 자신의 선(先)이해에 대한 설명이 중요하다(내가 무엇을 알고 있는지, 예를 들어 학교생활과 이주자와 그 자녀들에 대해 나는 어떤 기대와 이미지 상을 가지고 있는가?). ② 그다음에는 현실을 이해하고자 노력하는 것이 중요하다. 다시 말하면 경계선을 의식적으로 지각하면서 낯선 것을 이해하고자 하는 노력이 중요하다. 이 낯선 것(예: 학교현실에서)은 나에게 어떤 느낌을 주는가? 어떤 방법으로 나를 감동시키며, 그것은 나에게 개인적으로 중요한 것인가? ③ 나는 어떤 방법으로 낯선 것에 접근할 수 있고, ④ 이때 나 스스로를 관찰할 수 있을까? 나는 누구이고, 나는 이 '낯선 것'을 어떤 방법으로 어떻게 지각할까? ⑤ 나는 어떤 새로운 직업 또는 주체와 관련된 지각능력, 반영능력, 구성능력을 발전시키기를 원하는가?('발달과제' 참조) 결국 지각된 것은 ⑥ 선(先)이해 및 선입견과 관계를 맺게 된다. 이렇게 함으로써 선(先)이해와 상황의 지식은 확대되고, 그것을 통해 현실에 대한 다양한 관점이 가능할 것이다.

2 연구하며 교수법을 배우자

'연구하는 자세'를 가지고 있는 교수자들은 기본적으로 자신들이 세상을 바라보는 방법에 대한 통찰력을 키우기 위해 '다른 것의 낯섦'에 근거하여 이론을 펼친다. 교수자들은 그것을 위해 하나의 놀이를 다양한 관점에서 바라볼 수 있기 때문에 새로운 연구과정, 즉 교수-학습과정을 개방할 수 있다는 세심한 자세가 절대적으로 필요하다. 전문적으로 교수 행위는 자기 반영을 통해, 즉 자기 이해와 낯선 이해 간의 교수법이 통찰될 수 있고 구성될 수 있다는 것을 통해 이루어진다.

여기에 제시된 개념은 '시대에 맞는' 교사연수의 기대효과와도 연결되어 있다. 시대에 맞는 다문화학교의 상황에서 먼저 교육의 개념이 등장한다. 이 교육 개념의 특징은 차이와 완전성이 역동적으로 발전할 수 있지만, 예측할 수 있는 발전구조 및 시대와 소통하는 것이다. 호기심과 상황에 대한 세심한 자세, 그리고 상황 내에서 상호작용적 역동성이 발전하는 개방성의 자세가 시대에 맞는다. '시대에 맞다'는 개념은 현재 논의되고 있는 두 번째 교수법과 관계가 있다. 이 교수법은 원래 매우 오래된 구성주의 이론에서 나온 것이다. 이 이론에서 학습은 교수와 '중재'의 결과물로 이해되는 것이 아니라, 주체의 활동으로서 이해된다. 따라서 교육은 반대와 논쟁하는 어려운 과정으로 이해되고, 외부와 함께 동조를 통해 가능하게 된다.

'시대에 걸맞은'이라는 말은 주체발전의 과정을 창조적-미학적 그리고 정치적 과제로서 이해하도록 하는 교육의 개념이다. 스스로 접근하는 형태, 가능성의 공간을 탐색하고, 단절과 비동시성의 생활을 '시험해보고', 조사과정의 의미에서 능동적으로 구성될 수 있기 때문에 창조적-미학적이다.

따라서 "연구하며 교수법을 배우자"는 의미는 다음과 같은 내용을 포함한다.

① 기본적인 연구지향점의 발전, 특히 질적 연구방법론을 적용하면서 연구하는 자세의 발전
② 이러한 경험과정을 구성하는 창조적인 형태의 발전
미래의 직업과 관련하여 학교는 "연구하며 교수법을 배우자"는 경향과 결부되어 있고, 현장연구를 지향하는 인류학처럼 '낯선 관점'으로 관찰하는 방법을 습득하도록 요구하고 있다. 이러한 방법론을 지향하는 과제는 우리가 이미 알고 있다고 생각하는 것과 거리를 두고 관찰하면서 학습하도록 안내한다. 이 연구방법론은 이러한 거

리 두기로부터 단지 Theoríein(거리를 두고 관찰하는 것)을 가능하게 하며, 관찰의 학문성을 보장한다. 왜냐하면 이 연구방법론은 일상의 지각형태로부터, 즉 '공감의 속박'으로부터 학교를 자유롭게 만들기 때문이다. 게슈탈트 교육학의 의미에서 관찰하는 주체(학생과 교생)와 관찰된 객체의 상호작용 현상 및 학교 현실 간의 접촉에 있어서 의식의 형성이 무엇보다 중요하다.

"문화적 차이가 있는 학교의 소통"이라는 세미나에서 독일 학교와 프랑스 학교의 사례연구라는 주제로 학생들은 인터뷰를 위한 설문지를 준비했다. 통계에 관한 질문 및 학교에서 이주자 자녀의 비율과 조사된 교사의 학급에서 이주자 자녀의 비율 그리고 그들의 대표적인 출신국가와 독일에서 태어난 비율에 따라 다음과 같은 문제영역들이 설문지에 수록되었다.

'사회통합' 영역

- 당신은 이주자 자녀와 통합하기 위해 어떤 경험을 했는가?
- 보조 질문
  이러한 자녀 또는 청소년과의 관계에서 어떤 어려움이 있는가? 학급 또는 학습그룹에서 통합의 형태는 어떠한 것인가?

'교사를 통한 이주자 자녀의 인지' 영역

- 많은 교사들은 이주자 자녀를 특히 부담스러워한다. 당신의 경험에 따라 그것에 대한 이유는 무엇이라고 생각하는가?
- 이들의 주요 어려움은 무엇이라고 생각하는가?(언어장애? 학습 결핍? 수업 방해? 이와 관련된 것?)

- 상호문화교육에서는 이주자 자녀의 결핍뿐만 아니라, 그들의 능력과 문화의 다양성을 관찰하도록 하는 요구가 있다. 이에 대한 당신의 의견은 무엇인가?

'수업에서의 장려조치와 능력평가' 영역

- 학습장애와 낮은 성적은 사회와 문화적 환경의 차이에 근거를 두고 있다고 말한다. 당신은 이러한 주장을 어떻게 평가하는가?
- 이것을 고려한 성적장려와 성적평가의 가능성은 있는 것인가? 언어장애를 극복하도록 도와주는가? 이들을 위한 특수학급이 있는 것인가? 분리된 수업이 실시되는가?

'마을 또는 도시에서의 다문화학교' 영역

- 학교의 다문화학급은 점점 더 증가추세에 있다. 당신의 마을 또는 당신의 학교에서 다문화학급이 증가함으로써 어떤 교육적 해결책을 모색하고 있는가?
- 학교의 프로그램은 어떠한가? '국제 학급'이 이미 존재하는가? 수업에서 상호문화학습이 실시되고 있는가? 이를 위한 마을에서의 프로젝트는 있는가? 다문화가정 학부모들과 자주 접촉하고 있는가?(상담 등)

'교사의 상호문화 역량' 영역

- 당신은 어떤 방법으로 이주자 자녀들과의 수업 또는 상호문화학습을 준비하고 있는가?
- 당신은 미래의 교사들이 더 좋은 자격을 갖추기 위해 어떤 것들을 변화시켜야 한다고 생각하는가?

이러한 설문조사는 대부분 구두로 진행되었고(부분적으로 이메일을 통해), 세미나에서 결과를 발표하고 토론하고 비교했다. 그 결과 다음과 같은 결론들이 도출되었다.

- 프라이부르크 지역 중 설문조사에 응한 대부분의 학교에서는 성적 평가의 문제를 해결할 어떤 개념도 가지고 있지 않았다. 더욱이 독일어와 수학과정을 보조하는 수업이 있기는 하지만, 이 수업뿐만 아니라 '국제 학급'에서도 교사 자신이 만든 자료에 의지하고 있었다. 이 교사들은 예외 없이 다문화학급과 소통할 준비가 되어 있지 않았다. 또한 교사들은 교육청과 교육부로부터 이에 상응하는 개념, 즉 심화교육의 조치를 기다리고 있었다.
- 예외적인 경우, 개인적으로 상호문화교육에 관심을 가지고 있는 교사들은 다른 교사들을 참여시켜 학교의 특성화에 지속적으로 영향력을 행사하고 있었다. 이주자자녀 그룹의 통합에 대한 필요성처럼, 예를 들어 추방 등 주제의 출발점은 종종 외부의 압력에 의해 이루어졌다.
- 독일과 비교하여 프랑스의 학교시스템은 일반적으로 인종의 문화적 특수성을 전혀 고려하지 않는다. 프랑스에서 '공동체주의'는 문화적 정체성을 위협하는 위험요인으로 간주된다. 다른 한편으로, 몇몇 도시(마을)에서는 예를 들어 이웃하고 있는 '물하우스(Mulhouse)'에서는 '학교의 개방'을 실험하고 있다. 다시 말하면, 매우 모범적으로 평가되는 마을(도시)의 활동들을 통해 학교의 개방을 실험하고 있다. 또한 비록 체계적이지는 않지만, 이주자 자녀를 돕는 교육센터와 정보센터의 네트워크가 구축되어 있다. 이러한 네트워크의 활동은 노르트라인베스트팔렌 주의 RAA의 활동(4장 2절 참조)과 비교될 수 있다.

"연구하며 교수법을 배우자"라는 세미나에서는 다른 세미나처럼 경험연구의 엄격한 기준을 마련하는 것이 중요하지 않다. 오히려 이 세미나에서는 다음과 같은 사항들이 중요하다.

- '실습경험 프로젝트'의 경험적 연구방법을 통해 결과가 도출되어야 한다. 규칙적으로 열리는 세미나의 틀에서, 다시 말하면 세미나에서 계획과 수행 및 결과발표와 토론이 이루어져야 한다.
- 경험연구 영역을 학문적 연구(리포트와 석사논문 등)에 편입시키고, 특히 질적 연구방법론을 적용하도록 자극을 줄 수 있어야 한다.

1) 다문화 경험으로서 실습

나는 에센(Essen) 대학에서 특강('다문화 경험으로서 실습', Holzbrecher, 1997a)을 위해 개념을 발전시킬 수 있는 기회가 있었다. 이 개념은 다음과 같은 특징을 제시하고 있다.

① 준비된 세미나의 핵심사항: 질적 연구와 수업의 경험연구방법 개론처럼, 특히 교수법적인 관점에서 상호문화학습의 이론을 위한 개론

② 실기시간 초기에 대학생들은 인식에 기반한 질문을 발전시키고, 선택된 연구방법론을 확정한다. 대학생들은 대략 중 · 고등학생과 교사에게 질문하고, 이들을 관찰하고, 이러한 관찰을 '연구일지'에 반영하며, '해석'과 '객관적인 기술'을 구분하기 위해 노력한다. 대학생들은 인종학자의 '낯선 시선'으로 학교에서 무엇을 어떤 방법으로 인식하고, 어떻게 스스로 인식했는지를 수집하고, 기록하며 반성한다. 원하는 경우, 실습그룹의 담당자는 연구방법론과 관련하여 설문을 제공하고, 실습하는 학교의 문제점을 제시할 수 있다.

③ 실습보고서는 각각 선택한 질문을 중심으로 기술하고, 작성한 부분을 분석하고 해석한다. 또한 '창의적인' 텍스트 부분, 예를 들어 에세이, 단편역사 또는 서정적인 텍스트가 삽입되어 있어야 한다. 그 외에 상징적인 형태로 실습경험의 관점을 처리하기 위해 그림을 표현하는 형태(그림, 기호, 사진 등)를 사용할 수 있다.

④ 실습학교는 일종의 보고서 사례로 삼는다. 겔젠키르헨-윅켄도르프(Gelsenkirchen-Ückendorf) 종합학교(4장 4절 참조)에서 교사는 터키 출신 학생들이 학교생활을 어떻게 생각하는지에 대해 교생에게 조사해 달라고 부탁했다. 그/그녀의 보고서는 교사들 간 토론의 대상이 되었고, 학교발전과정에 직접적으로 기여했다.

⑤ 나중에 세미나를 준비하면서(이상적인 경우는 하루 종일) 실습경험은 철저히 해명되고, 즉 창조적으로 지향하는 방법론(상징화기술, 관리 성향 참조)으로 발표되고, 학문적으로 반영된다.

2) '학습하는 주체'의 핵심: 학생의 생애사적 연구

"교육과정 교수법을 추진하고자 하는 사람은 학생들을 감탄시킬 준비가 되어 있어야 한다. 그는 자신의 과제가 무엇인지 알고 있어야 하고, 교수-학습과정에서 객관적인 관점을 유지해야 하지만, 그가 이 상황의 지배자가 아니라는 것을 알아야 한다."(Meyer, 1998: 185)

수행과제

각각의 이주자 자녀에게 관심을 가지면서 학교의 실습에 관해 구상하시오. 예를 들어, 다음과 같은 사항을 고려하시오.

- 어떤 학습장려 또는 학습장애의 조건들이 이주자 자녀들에게서 인지될 수 있는가?
- 이주자 자녀들은 어떤 학습장애를 가지고 있는가?
- 학교는 어느 정도까지 이주자 자녀들을 위해 도움을 제공하고, 동시에 능력발달을 위해 도전과 과제를 요구하는가?

'학습하는 주체'의 핵심은 먼저 이주를 전제로 학습조건을 고려해야 한다는 상호문화교육의 요구를 다양한 방식으로 뒷받침하고 있다. 교사들은 문화의 이질성을 뛰어넘어 다양한 생활세계와 관계를 맺고 있다는 사실을 점점 더 직시해야 한다. 그것은 특성학교 또는 도심지에 있는 학교에서 수업을 하는 방식에 따라 차이가 있다. 교사가 사회 · 문화적 주변 환경, 생애사적 생활사, 윤리관, 인생설계의 이질성과 소통하는 것은 점점 더 그들의 핵심적인 과제에 속하고 있다 (Groeben, 2003 참조).

학습하는 주체로서 학생에게 관심을 가진다는 것은 교생실습을 하는 대학생들의 특권에 속한다. 그들은 더 이상 학생도 아니고, 교사도 아닌 '중간 신분'으로 인해 정해진 역할이 부여되었다. 물론 그들은 교생실습을 하는 학생으로서 자신들의 관심을 교사활동에 보다 큰 스펙트럼을 가지고 각각의 관점에서 적용할 수 있는 가능성도 있다. 그러나 그들은 교사처럼 많은 수업시간을 계획하고 교수해야 하는 부담감은 가지고 있지 않다. '학습하는 주체'의 핵심은 다양한 그룹의 학생들과 서로 관계하는 것이 아니다. 주체와 연관되어 인정받으려는 개인과 관계한다는 것을 그들이 미리 배우지 않았을 경우, 추후에 발생할 행위의 부담감으로 인해 대답할 수 없는 민감한 질문으로 관심이 유도될 수 있다.

따라서 학문적 관점에서 '학습하는 주체'의 핵심은 교수-학습에 대한 연구이고, 이때 대학생들이 어떤 방법으로 주제를 습득하고, 비판과 소통하고, 주제를 일종의 도전으로 수용하고, 또는 거절하는가 하는 것이 중요하다.

비록 평이하게 생각하겠지만, 이 질문은 수업에 어떤 교수법을 적용하고, 학생의 학습경험에 따른 요청과 장려 간 어떤 적절한 '혼합형태'를 유지하는지에 대한 대답에 달려 있다.

주체지향성은 원래 심리학적으로 개인의 관점이 고정되어 있다는 것을 의미하지 않는다. 오히려 개인의 관점(BronFenbrenner, 1981 참조)은 항상 다음과 같은 다양한 시스템의 상황과 함께 고려해야 한다.

- 미시시스템(Mikrosystem): 가치체계 시스템, 지각 틀, 사고 틀, 행위 틀을 가진 '(핵)가족'
- 중간시스템(Mesosystem): 가까운 영역에서 중요한 관련 그룹(친지, 친구, 학교동료, 이웃), 부모와 자녀는 이 그룹에 대해 서로 다른 생각을 가질 것이다.
- 거시시스템(Makrosystem): 두 국가를 연결하는 다문화사회, 이주국가와 출신국가 간의 정치 · 경제시스템
- 외부시스템(Exosystem): 부모의 직업, 거주상황 또는 미디어

학생에 대한 자서전적 연구는 주체와 관련된 시스템의 요소가 어떻게 상호작용하면서, 즉 학습을 장려하는 요소 또는 학습을 방해하는 요소로서 서로 어떻게 영향을 미치는가를 사례를 들어 보여줄 수

있다. 해당 학생을 위한 이러한 조사는 학생이 인간으로서 관심을 받고 있다는 느낌을 가질 경우, 경험에 맞는 배려의 특수한 형태를 제시한다. 개인적인 생애사에 대한 이러한 접근법은 교생으로서 더 많은 통찰력과 인식 및 경험을 제공할수록 방법론적인 접근법을 보다 더 다양하게 구성할 수 있다. 이러한 접근방법을 적용하기 위한 일종의 큰 스펙트럼이 질적 연구방법론으로부터 차용될 수 있다(5장 3절 참조).

"언어와 문화적으로 다양한 유럽의 교사연수는 언어 · 문화적 이질성에 기인한 방법론과 교수법의 교육처럼 전문적인 교육을 제고하고, 계획하고 또 새로운 구조를 창출할 수 있다. 이렇게 거시적으로 계획된 과정에서 첫 번째 단계는 다음과 같다.

- 교사들의 전문교과와 상관없이 모든 교사를 위해 계획된 필수적인 기본교육이수. 이 교육은 한편으로는 전문교과수업을 위한 제2외국어 습득과 언어교육의 의미와 관계가 있고, 다른 한편으로는 독일어를 제2외국어로서 수업하는 전문가 교육과도 관계가 있다. 특히 모든 교사(외국어교사뿐만 아니라)가 이러한 교육을 신뢰했을 경우, 유럽언어의 포트폴리오를 도입하는 것은 이러한 변화를 촉진시킨다.
- 언어 · 문화적으로 이질적인 학생 및 학부모와 소통하면서 개인적이고 사회적인 능력을 성취하기 위한 교육 프로그램을 계획하는 것은 교사들을 위해 절실히 요구된다.
- 전문교수법의 교육처럼 전문교과교육에서 교육내용이 동질성 대신 이질성의 관점 하에 새롭게 고려되어야 한다(핵심어: 전문교과수업에서의 다양한 관점)."(Krüger-Potratz, 2003: 91 이하; Scancio, 2001 참조)

3) '학습과 삶의 공간'으로서 학교

학교는 아주 다양한 관점에서 관찰될 수 있다. 구성적인 측면에서 살펴볼 경우, 이 장소를 '제도로서의 학교' 또는 '시스템으로서 학교'라고 명명할 수 있다. 고전적인 학교이론(Fend, 1981 참조)은 학교시스템의 사회적 기능을 강조했지만(자격, 분배, 통합), '개인화'의 기능은 제외시켰다(4장 2절 참조). 이렇게 이해할 경우, 학교는 오로지 전문적인 자격을 제공하는 곳일 뿐만 아니라, 오히려 넓은 의미에서 교양과 교육의 장소다.

따라서 학교는 질서 정연한 틀을 보호하는 규칙과 삶 또는 학습과 작업을 위한 자유공간으로서 모든 것을 준비하는 곳이다(Meyer, 1997: 43). 학교는 학습자에게 중요한 생애사적 단계에서 오로지 학습자를 위한 삶의 공간과 경험의 공간이 아니라, 또한 교수자에게도 공무원처럼 일종의 일터가 아니라, 다양한 스펙트럼으로 활동하기 위해 개인적인 상호작용과 전문적인 발전을 모색할 수 있는 장소다. 이 장소에서는 수업이 이러한 활동의 중심에 놓여 있지만, 전체적으로 보면 또 다른 과제들이 산재해 있다. 다음과 같은 주제어들은 한편으로는 수업의 향상과 학교의 발전, 다른 한편으로는 주체의 발전이 어떻게 서로 영향을 미치는지 분명히 보여준다.

교사가 조직하다, 기록하다, 사고/자료를 만들다, 계획하다, 재교육을 받다, 갈등을 설명하다(배후관계), 학교를 시스템으로 구성하다, 의식을 행하다, 사물/공간/시간을 구성하다, 인간으로서 스스로 의식적으로 지각하다(몸짓언어 참조), 발전된 커뮤니케이션 능력, 교수하다, 자극을 주다, 속하다, 진행하다, 제안하다, 유발하다/질문하다(수업), 학교경력의 문제와 심리사회적 문제들을 상담하다, 생산적인 작업환경과 대화환경을 발전시키다, 사회적 소통을 발전시키다, 느낌을 지각하다, 자신을 보여주다, 피드백을 주다, 피드백을 지각하다, 그룹 내에서 학습을 유도하다, 자기주도 학습을 장려하다, 교수-학습과정의 책임을 지다, 목표를 발전시키고 진로를 진단하다, 학습의 특징을 예측하다, 학교 밖 시설과의 접촉을 조직하다.

수행과제

여기에서 생략된 주제어는 무엇인가? 당신의 생각에 따라 이 주제어에서 생략된 활동영역을 논의하시오. 그리고 교사라는 직업을 이해하는 데 가장 우선순위를 두는 주제어를 말하시오.

- 교사들에게 직업생활의 발전과정을 문의하시오: 교직생활에서 전문적 · 개인적 발전과정을 위해 부담되는 것, 좋은 것 또는 생산적인 것이 무엇이라 생각하는가?
- '지식의 전달과 교육과제'라는 관계에서 교사들과 근본적인 문제를 토론하고, 교사들의 직업이력에 대해 질적 연구를 하시오. 교사들은 자신들의 직업 활동과정에서 이러한 긴장 영역에 어떻게 대처하는가? 자신들의 어떤 경험이 여기에 기여하는가? 이러한 경험은 어느 정도까지 원래의 직업선택에 영향을 미치는가?

다음 질문은 실습 또는 실습학기의 틀에서 수행되는 또 다른 연구를 위해 동기를 부여할 것이다.

수행과제

학교 프로그램/학교의 철학/학교의 발전

- 학교는 프로그램을 발전시켰는가? 그것에 대한 동기는 무엇인가?
- 이 프로그램에서 학생들의 생활세계에 대한 다문화성 또는 문화적 다양성이 어느 정도 반영되었는가?

학교의 개방

- 지역을 뛰어넘는 학교개혁의 개념들이 어떻게 변화되었는가? 이때 학교는 어떤 외부기관과 협력했는가? 어떤 협력의 형태로 지역공동체와 어떻게 서로 연결되었는가?
- 어떤 학교와 국제적인 접촉이 이루어지고, 어떤 형태로 발전되었는가?(교환학생, 자매결연, 국제경영실습, 이메일 교환 등) 상호문화적 목표설정이 어느 정도 달성되었는가?
- 학생과 교사는 '국경을 초월하는 학습'에서 이러한 경험을 어떻게 평가하는가?
- 어떤 전문교과와 관련된 주제와 범교과적 프로젝트들이 상호문화학습을 강조하는가?

학교환경/학습문화와 소통문화

- 나는 나의 학습 성향을 바탕으로 교사와 학생 간 학교환경, 즉 소통 형태를 어떻게 느끼는가?
- 학교의 이런 학습문화와 소통문화를 어떻게 평가하는가?
- 이때 교칙과 원칙은 어떤 의미가 있는가?
- 소속감의 강화를 위해 어떤 규칙, 의식, 활동, 축제 프로그램 등이 발전되었는가?
- 어느 정도까지 '차이의 문화'가 장려되었는가?
- 갈등조정을 위한 프로그램들은 어떤 형태로 발전되었는가?(갈등조정 프로그램 참조)

학생활동

- 어떤 형태의 학생동아리가 존재하는가?

- 이러한 활동에서 학생들의 다문화적 구성방식들은 얼마나 반영되는가?
- 특히, 외국인 출신 학생들과 연합된 (비)공식적 그룹들이 존재하는가? 존재한다면 이 그룹들은 자신들을 어떻게 정의하는가? 이 그룹들은 다른 그룹과 거리감을 갖고 있는가? 이 그룹들은 자신들의 의사를 어떤 형태로 표현하는가?(누구에게/어느 정도까지) 당신은 이러한 행위가 갈등을 조장한다고 생각하는가?

수업에서의 상호문화학습

- 어떤 교과에서 상호문화라는 주제로 수업이 이루어지는가?
- 이때 범교과적인 협동학습이 어떻게 발전되었는가?(개인적인 접촉 또는 도구적인 형태로)
- 학생들의 다양한 생활세계는 어느 정도 고려되었는가?

교사의 역할

- 교사들은 학창시절에 직업을 선택하는 데 있어서 어떤 동기를 가지고 있었는가? 교사들은 다문화학교/학급을 위해 어떤 방법을 준비하는가?
- 교사들이 교직에 첫발을 내디뎠을 때 어떤 어려움을 겪었고, 그것을 어떻게 극복했는가? 교사들이 직면했던 가장 큰 '어려움'은 무엇인가?
- 교사들은 자신들의 직업에서 무엇을 만족하고 있다고 생각하는가? 무엇을 가장 부담스러워하는가? 교사들은 어떤 방법으로 스트레스를 극복하는가?
- 미래의 교사들은 무엇을 반드시 습득해야 한다고 생각하는가?

참고문헌

— AURENHEIMER, GEORG, V. VON BLUMENTAL/H. STÜBIG/B. WILLMANN (1996), Interkulturelle Erziehung im Schulalltag. Fallstudien zum Umgang von Schulen mit der multikulturellen Situation, Münster/New York

— EUROPEAN NETWORK OF INTERCULTURAL TEACHER TRAINING (1998) (Hg.): Qualifikationen für das Unterrichten in mehrsprachigen Schulen, Münster, New York, München, Berlin

— MARIANNE KRÜGER-POTRATZ, Lehrerbildung interkulturell, Texte,

Materialien, Dokumente, Münster, Selbstdruck 2001(=iks 34), ISSN 0937-6127, Bezug über die Arbeitsstelle Interkulturelle Pädagogik(asikp@uni-muenster.de)
— KRÜGER-POTRATZ, MARIANNE/INGRID GOGOLIN/MEINHART MEYER (1999) (Hg.) : Pluralität und Bildung. Opladen
— SCANCIO, FABRIZIO(2001) (Hg.): Imaginer l'Europe: Thèmes et méthodes pour un stage de formation, Freiburg
— WALTER, PAUL(2001): Schule in der kulturellen Vielfalt. Beobachtungen und Wahrnehmungen interkulturellen Unterrichts, Opladen

3 학습의 유형은 내용을 규정한다

"학습을 오로지 받아들이는 것으로만 제한한다면, 물 위에 글을 쓰는 것만큼 아무런 의미가 없을 것이다."(Hegel)

교육학자 호르스트 룸프(Horst Rumpf)는 교사가 무엇을 어떻게 배워야 하는지에 대한 질문에 다음과 같이 대답했다.

"첫째, 교사들은 조심스럽게 초심을 잃지 않고 배려심과 소통해야 한다, 즉 놀람, 당황, 매혹 등 신입생 및 이방인의 두려움과 소통해야 한다. 그래서 교사들은 그 결과로 초기에 가졌던 배려심을 잃지 말아야 하고, 동기부여의 목적으로 교수법을 망치지 말아야 한다. 왜냐하면 교사들에게서 유치하고, 비성숙한, 비전문가적인, 전(前)학문적인, 경멸적인 모습이 나타나기 때문이다. 따라서 교사들은 여유가 있고, 조롱하듯이 웃고 판단하는 전문가의 어리석은 오만을 없애야 한다.

둘째, 교사나 예비교사에게 가장 중요한 것은 초기에 가졌던 선입관, 예를 들어 준비를 철저히 하고, 사물을 새롭게 보고, 불명확한 것을 예단하기 전에 두려움을 억제하고, 다양성을 용인하고, 고민하고, 눈앞의 사물에 대한 호기심을 재발견하여 다시 활성화하는 데 있다."(Rumpf, 1992: 28 이하 참조)

학교는 현실처럼 학생들의 다양한 사회 · 문화적 생활세계에 직면해 일종의 '접근방법'을 구성하도록 제공하고 있다. 그래서 이러한 방법은 의식적인 작업에서 역사적-사회적으로 제한된 직업상처럼 생애사적이 되고('생산물'로서의 유형), 학생-주체와 직업 활동으로의 일정한 관계를 표현함으로써 자신의 몸짓언어가 되고, 상호작용과 동아리구조('생산원칙'으로서 유형)에서 소통의 틀이 된다(Holzbrecher, 2003: 119 참조).

학습방법론과 학습 진로는 습득한 것이 얼마나 '지속적으로' 효과가 있는지에 영향력을 미치고 있다. 이러한 학습방법론과 학습 진로는 지금, 특히 미래에 얼마나 주관적인 의미를 갖는지에 대한 효과적인 학습내용을 '규정한다'. 따라서 '접근 형태'의 의미에서 전문적인 방법의 발전은 '이방인'의 접촉경계에 대한 경험과 반영 방법을 함축한다. 그것으로부터 일종의 '지속적으로 효과가 있는' 경험이 될 수 있다.

연구일지/학습일지

연구일지/학습일지는 이러한 학습을 위한 중요한 도구다. 왜냐하면 이것은 내용을 지속적으로 유지할 수 있기 때문이다. 또한 이러한 방법론은 능동적인 적응과 개인적으로 중요한 논쟁을 시사하기 때문이다. 세미나가 열리는 동안 '교육의 장', 예를 들어 학교실습 연구에서 기본적인 관점을 기록하고 논평하기 위한 이러한 방법론은 적합하다.

기술단계와 분석단계 그리고 해석단계를 구분하도록 노력하는 것도 도움이 많이 된다. 예를 들어, 당신의 학습일지에서 왼쪽에는 당신이 느낀 것을 가능한 한 중도적 입장에서 기술하고, 오른쪽에는 상황 분석과 해석을 기록한다.

대부분 이러한 작업은 세미나 종료 후 또는 학교를 방문한 후 수행될 것이다. 이때 특히 개인적인 경험을 기록하고, 동조와 거절 이유, 해결책을 제시하는 것이 중요하다. 예를 들어, 내가 배운 새로운 것은 무엇인가? 내 마음에 드는 것은 무엇인가? 나의 전문 역량을 발전시키기 위해 무엇이 중요한가? 또한 나의 인성을 발전시키기 위해 무엇이 중요한가? 나를 위한 '발전과제'를 어디에서 찾을 것인가? 등.

이러한 방법론을 확장함으로써 학습과정/경험교육과정에 대한 포트폴리오가 만들어진다.

그래서 포트폴리오는 다음과 같은 사항을 포함한다.

- 세미나자료를 제외한 주제에 대한 텍스트와 서류철, 예를 들어 신문, 복사물 등
- 전문서적에서 참고한 사례연구 또는 자신의 '현장관찰'
- 당신이 어떤 한 주제와 논쟁하면서 만든 텍스트모음집, '창의적으로 작성한' 방법론의 에세이나 요약 또는 평론 및 단편 역사나 시
- 주제에 관련된 사진 또는 상징화된 형태(기호, 스케치)

참여관찰

관찰자는 관찰한 현장의 일부로서 함께 반영된다. 모든 참여관

찰은 가능한 한 자세하게 관찰서류의 형태로 기록되어야 한다. 그러나 모든 경우에 최종평가의 토대를 마련하기 위한 이러한 관찰일지는 능동적인 관찰 이외 시간, 즉 휴식시간에 작성되어야 한다. 참여관찰의 핵심기준은 관찰의 길잡이가 된다. 이러한 길잡이를 근거로 연구자는 관찰단계 동안 방향성을 제대로 잡아야 한다. 이러한 길잡이는 관찰을 위한 방향성으로서 역할을 수행하고 관찰서류를 작성할 수 있도록 도움을 준다. 또한 이 길잡이는 연구기간 동안 새로운 관점을 통해 보충될 수도 있다.

설문

설문은 정보를 수집하는 데 가장 널리 알려진 방법론이다. 이 방법론은 인터뷰 유형(예: 관계자 인터뷰, 전문가 인터뷰 등)처럼 구두설문과 서면설문으로 구분된다.

설문에서는 주의해야 할 몇몇 인터뷰 규칙을 제시해야 한다. 모든 경우에 부드럽고 화기애애한 대화 분위기를 조성할 것과 질문하는 사람이 질문을 받는 사람의 말을 주의 깊게 경청하고 있다는 느낌을 전달하는 것이 가장 필요하다(몸짓언어 참조). 적어도 인터뷰 초기에는 구체적인 경험과 생각을 질문할 경우에 도움이 된다. 그러나 암시적인 질문은 가급적 피하도록 한다. 중요한 것은 인터뷰하는 사람으로서 당신이 대화 진행에 대한 책임을 가지고 있다는 것이다.

내러티브(서사적) 지도

서사적 지도는 생애사적 연구를 위한 하나의 방법론이다. 생애사적 연구에 있어서 '서사적', 즉 '설명하면서' 동기를 부여하는 인터뷰가 기호와 결합된다. 이때 다음과 같은 틀로 진행된다. 먼저 구체적인 연령시기와 생활시기가 중심이 되고, 질문을 받는 사람은 그 시기에 집중해야 한다. 그다음에는 처음 질문으로 되돌아가서 진행된다. 이 처음 질문은 대답하는 사람의 연령대에 따라 언어적으로 적합해야 한다. 예를 들어, 아주 오래된 어린 시절의 공간을 기억해야 하는 중년에게는 내면의 집중력을 과제에 맞추기 위해 이미지단계를 불러일으키도록 권장한다. 생애사적인 지도의 주요 요소는 즉흥적인 기호와 생활공간을 보충하는 설명이다. 질문을 받은 사람은 일정한 연령대, 즉 생활단면에서 이러한 생활공간을 발견해야 한다. 생애사적으로 중요한 사건과 시공간에 대해 자유롭게 기호로 표시하고 설명하는 묘사는 연구자의 측면에서 아무런 제약 없이 진행될 수 있다.

그림분석과 관찰일지분석

그림분석과 관찰일지분석에 있어서 사진 또는 기호, 즉 텍스트(문장)들은, 예를 들어 조사대상자의 생활정서, 자아상 또는 현실의 의미에 대한 미학적인 생산물의 진술들은 해석학적인 방법론의 도움으로 조사될 수 있다.

참고문헌

B. 프리버르츠호이저(Friebertshauser)와 A. 프렌겔(Prengel)이 집필한 모음집 《교육학에서의 질적 연구방법론 개론》(1997)은 질적, 즉 가장 포괄적인 실제 연구방법론의 개론을 제시하고 있다. 간단한 실제 연구방법론의 개론은 홈페이지에 제공되어 있다. http://home.ph-freiburg.de/holzbrec.

실제연구방법론

— EBERWEIN, HANS/JOHANNES MAND(1995) (Hg.); Forschen für die Schul-praxis. Was Lehrer über Erkenntnisse qualitativer Sozialforschung wissen sollten, Weinheim
— Fischer, DIERLAND(1997): Das Tagebuch als Lern- und Forschungsgegenstand, in: FRIEBERTSHÄUSER, BARBARA/ANNEDORE PRENGEL(1997) (Hg.): Handbuch Qualitative Forschungsmethoden in der Erziehungswissenschaft, Weinheim München, 693-703
— ALTRICHTER, HERBERT/PETER POSCH(1998): Lehrer erforschen ihren Unterricht. Eine Einführung in die Methoden der Aktionsforschung, (3. erw. Aufl.) Bad Heilbrunn

학문적 텍스트를 이해하기 위한 창의적 방법론

— ERHARD MEUELER(2001): Lob des Scheiterns. Methoden und Geschichten-buch zur Erwachsenenbildung an der Universität, Baltmannsweiler 198 ff.
— LUTZ VON WERDER(1993): Lehrbuch des wissenschaftlichen Schreibens, Berlin
— LUTZ VON WERDER(1996): Einführung in das kreative Schreiben, Berlin (auch http://www.lutz-von-werder.de/kreativ.html)

후기(後記) 대신에 우루과이 소설가 에두아르도 갈레아노(Eduardo Galeano)의 책《포옹》에서 하나의 인용문을 차용하겠다. 이 책은 상호문화학습의 포트폴리오를 만들기 위한 가장 적당한 책이다. 그는 사진으로 형상화된 상징 또는 예술적인 해석의 형태로 자신의 텍스트를 꾸미고자 했다.

"우리의 정체성은 유리진열장에 감금된 박물관의 박제품이 아니라, 항상 새로운 것에 놀라움을 금치 못하는 우리 일상적인 모순덩어리의 합성물이다."(Galeano, 1998: 117)

참고문헌

Aktion Courage – SOS Rassismus (1997): Rassismus begreifen, Villigst

Albert, Marie-Theres (2001): World Heritage Studies: Perspektiven für eine globale interkulturelle Kulturarbeit, in: ZEP. Zeitschrift für internationale Bildungsforschung und Entwicklungspädagogik 24, H. 4, 10 f.

Allemann-Ghionda, Christina (2002): Schule, Bildung und Pluralität. Sechs Fallstudien im internationalen Vergleich, Bern (2. Aufl.)

Altrichter, Herbert/Peter Posch (1998): Lehrer erforschen ihren Unterricht. Eine Einführung in die Methoden der Aktionsforschung, (3. erw. Aufl.) Bad Heilbrunn

Apeltauer, Ernst (1995): Nonverbale Aspekte interkultureller Kommunikation, in: **H.S. Rosenbusch/O. Schober** (Hg.), Körpersprache in der schulischen Erziehung. Pädagogische und fachdidaktische Aspekte nonverbaler Kommunikation, Baltmannsweiler (2. Aufl.), 100–165

ARIC (2003) = Anti-Rassismus Informationszentrum (ARIC) – NRW (Hg.): **Ulrike Kloeters/Julian Lüddecke/Thomas Quehl:** Handreichungen zur interkulturellen und antirassistischen Erziehung und Bildung in der Schule, Frankfurt/M.

Auernheimer, Georg (1996): Mit kultureller Differenz Umgehen lernen, in: PÄDAGOGIK H. 11/1996, 50–52

Auernheimer, Georg (1998): Grundmotive und Arbeitsfelder interkultureller Bildung und Erziehung, in: Bundeszentrale für politische Bildung (Hg.), Interkulturelles Lernen. Arbeitshilfen für die politische Bildung, Bonn, 18–28

Auernheimer, Georg (2003): Einführung in die Interkulturelle Pädagogik (3., neu bearb. u. erw. Aufl.), Darmstadt

Auernheimer, Georg/V. von Blumenthal/H. Stübig/B. Willmann (1996), Interkulturelle Erziehung im Schulalltag. Fallstudien zum Umgang von Schulen mit der multikulturellen Situation, Münster/New York

Arbeitsgruppe 501 (Hg.) (1993): Heute hier – morgen fort. Migration, Rassismus und die (Un)Ordnung des Weltmarkts, Freiburg

Bade, Klaus J. (Hg.) (1992): Deutsche im Ausland – Fremde in Deutschland. Migration in Geschichte und Gegenwart, München

Bade, Klaus J. (Hg.) (1996): Die multikulturelle Herausforderung. Menschen über Grenzen – Grenzen über Menschen, München

Bauman, Zygmunt (1992): Moderne und Ambivalenz. Das Ende der Eindeutigkeit, Hamburg

Baumert, Jürgen – (Deutsches PISA-Konsortium) (2001): PISA 2000. Basiskompetenzen von Schülerinnen und Schülern im internationalen Vergleich, Opladen

Baumert, Jürgen/Gundel Schümer (2001): Familiäre Lebensverhältnisse, Bildungsbeteiligung und Kompetenzerwerb, in: Baumert, Jürgen – (Deutsches PISA-Konsortium), PISA 2000. Basiskompetenzen von Schülerinnen und Schülern im internationalen Vergleich, Opladen, 323–346

Baumert, Jürgen/Gundel Schümer (2002): Jugendliche aus Migrationsfamilien, in: J. Baumert – (Deutsches PISA-Konsortium), PISA 2000 – Die Länder der Bundesrepublik Deutschland im Vergleich, Opladen, 189–202

Beauftragte der Bundesregierung für Ausländerfragen (2001): Mehrsprachigkeit an deutschen Schulen – ein Länderüberblick, Reihe „In der Diskussion" Nr. 10, August

Beck, Ulrich (1986): Risikogesellschaft. Auf dem Weg in eine andere Moderne, Frankfurt

Becker, Georg E. (1995): Lehrer lösen Konflikte, Weinheim/Basel (7. Aufl.)

Becker, Georg E./Claudia Hartmann-Kurz/Ute Nagel (Hg.) (1997): Schule für alle. Die Asylpolitik und ihre Auswirkungen auf Kinder von Asylbewerbern, Weinheim/Basel

Bildungskommission NRW (1995): Zukunft der Bildung, Schule der Zukunft. Denkschrift der Kommission „Zukunft der Bildung – Schule der Zukunft" beim Ministerpräsidenten des Landes Nordrhein-Westfalen, Neuwied/Kriftel/Berlin

Böcker, Elisabeth (1994): Muttersprachlicher Unterricht in Europäischer Perspektive. Bestandsaufnahme und Ausblick zu Beginn der neunziger Jahre, in: Bundeszentrale für politische Bildung (Hg.): Lernen für Europa. Neue Horizonte der Pädagogik, Bonn 125–135

Bohl, Thorsten (2001): Prüfen und Bewerten im offenen Unterricht, Neuwied/Kriftel

Bourdieu, Pierre (1974): Zur Soziologie der symbolischen Formen, Frankfurt/M.

Bourdieu, Pierre (1982): Die feinen Unterschiede. Kritik der gesellschaftlichen Urteilskraft, Frankfurt/M.

Bourdieu, Pierre (1987): Sozialer Sinn. Kritik der theoretischen Vernunft, Frankfurt/M.

Bourne, Jill (2003): Remedial or radical? Second language support for curriculum learning, in: Bourne, Jill/Reid, Euan (Hg.): Language Education. World Yearbook of Education 2003, London/Sterling, 21–34

Broek, Lida van den (1988): Am Ende der Weißheit. Vorurteile überwinden. Ein Handbuch, Berlin

Bronfenbrenner, Uri (1981): Die Ökologie der menschlichen Entwicklung, Stuttgart

Buhren, Claus G. (1991): Community Education. Zur Praxis eines neuen Bildungskonzepts in Deutschland. COMED-Material 9/1991

Bukow, Wolf-Dietrich (1996): Feindbild: Minderheit. Zur Funktion von Ethnisierung, Opladen

Carstensen, Corinna/Ursula Neumann/Joachim Schroeder (1998) (Hg.): Movies – junge Flüchtlinge in der Stadt, Hamburg

Cohen, Philip (1993): Verbotene Spiele. Theorie und Praxis antirassistischer Erziehung, Hamburg

Cohn, Ruth (1975): Von der Psychoanalyse zur Themenzentrierten Interaktion, Stuttgart

Cohn-Bendit, Daniel/Thomas Schmid (1993): Heimat Babylon. Das Wagnis der multikulturellen Demokratie, Hamburg

Cullin, Michel (2002): Das Unbegreifliche begreifen und vermitteln. Zur Erinnerungsarbeit im Deutsch-Französischen Jugendwerk, in: Claudia Lenz - (Hg.), Erinnerungskulturen im Dialog. Europäische Perspektiven auf die NS-Vergangenheit, Münster, 61-66

Damasio, Antonio R. (1995): Descartes' Irrtum. Fühlen, Denken und das menschliche Gehirn, München

Dauber, Heinrich (1998): Die Kehrseite der Entwicklungsmedaille: Beziehungsmuster der Verwicklung, in: ders. u. a., Das Projekt war doch ein Erfolg: Schulen im interkulturellen Dialog. Ein medienpädagogisches Forschungs- und Kooperationsprojekt zwischen Deutschland und Zimbabwe. Die Geschichte einer Begegnung 1991-1996, Frankfurt, 63-84

Delumeau, Jean (1989): Angst im Abendland. Die Geschichte kollektiver Ängste im Europa des 14. bis 18. Jahrhunderts, Reinbek

Deutsche UNESCO-Kommission/BTU Cottbus (Hg.) (2002): Natur und Kultur. Ambivalente Dimensionen unseres Erbes - Perspektivenwechsel, Cottbus

Diehm, Isabell/Frank-Olaf Radtke (1999): Erziehung und Migration. Eine Einführung, Stuttgart/Berlin/Köln

Dietmar, Carl (1991): Hier irrte Zuckmayer. Zur historischen Ethnologie der Kölner Bevölkerung von der Römerzeit bis zur Gegenwart, in: P. Hartmann/St. Schmitz (Hg.), Kölner Stämme, Menschen - Mythen - Maskenspiel, Köln, 11 - 12

Dilthey, Wilhelm (1973): Gesammelte Werke, Bd. 7, Göttingen

Dietrich, Ingrid/Tamino Abele (1998): Voll integriert? Zuwanderer-Eltern berichten über Erfahrungen mit Schule in Deutschland, in: Ingelore Oomen-Welke (Hg.), „... ich kann da nix!" Mehr zutrauen im Deutschunterricht, Freiburg, 161-215

Eberwein, Hans/Johannes Mand (1995) (Hg.): Forschen für die Schulpraxis. Was Lehrer über Erkenntnisse qualitativer Sozialforschung wissen sollten, Weinheim

Elias, Norbert ([15]1990): Über den Prozeß der Zivilisation. Soziogenetische und psychogenetische Untersuchungen, Bd. 1: Wandlungen des Verhaltens in den weltlichen Oberschichten des Abendlandes, Frankfurt [1969]; Bd. 2: Wandlungen der Gesellschaft. Entwurf zu einer Theorie der Zivilisation, Frankfurt [1969]

Erdheim, Mario ([3]1990): Die gesellschaftliche Produktion von Unbewußtheit. Eine Einführung in den ethnopsychoanalytischen Prozess, Frankfurt

Erdheim, Mario ([4]1994): Zur Ethnopsychoanalyse von Exotismus und Xenophobie, in: ders.: Psychoanalyse und Unbewußtheit in der Kultur. Aufsätze 1980-1987, Frankfurt/M., 258-265

Erikson, Erik H. (1988): Jugend und Krise, München

Fend, Helmut (1981): Theorie der Schule, München

Friebertshäuser, Barbara/Annedore Prengel (Hg.) (1997): Handbuch Qualitative Forschungsmethoden in der Erziehungswissenschaft, Weinheim/München

Gadamer, Hans-Georg (1995): „... nein, das letzte Wort will ich gar nicht haben". Ein Gespräch über die gewaltlose Macht der Sprache (**J. Poulain/E. Poulain**), in: Frankfurter Rundschau vom 11.2.1995, 8

Galeano, Eduardo (1998): Das Buch der Umarmungen, Zürich

Gogolin, Ingrid (1994): Der monolinguale Habitus der multilingualen Schule, Münster

Gogolin, Ingrid/Marianne Krüger-Potratz/Meinert A. Meyer (1998) (Hg.): Pluralität und Bildung, Opladen

Gogolin, Ingrid/Ursula Neumann/Hans-Joachim Roth (2003): Förderung von Kindern und Jugendlichen mit Migrationshintergrund, BLK-Gutachten. Materialien zur Bildungsplanung und Forschungsförderung, Heft 107

Gomolla, Mechtild/Frank-Olaf Radtke (2002): Institutionelle Diskriminierung. Die Herstellung ethnischer Differenz in der Schule, Opladen

Groeben, Annemarie v. d. (2003): Lernen in heterogenen Gruppen, in: PÄDAGOGIK 55 (2003), H. 9 (Themenheft „Heterogenität und Differenzierung"), 6-9

Gronemeyer, Marianne (1976): Motivation und politisches Handeln. Grundkategorien politischer Psychologie, Hamburg

Gronemeyer, Marianne (1993): Das Leben als letzte Gelegenheit, Darmstadt

Hafeneger, Benno/Peter Henkenborg/Albert Scherr (Hg.) (2002): Pädagogik der Anerkennung. Grundlagen, Konzepte, Praxisfelder, Bad Schwalbach

Hamburger, Franz (1994): Pädagogik der Einwanderungsgesellschaft, Frankfurt/M.

Helsper, Werner (1996): Antinomien des Lehrerhandelns. Paradoxe Verwendungsweisen von Autonomie und Selbstverantwortlichkeit, in: **A. Combe/W. Helsper** (Hg.), Pädagogische Professionalität, Frankfurt/M., 521-569

Herz, Otto (1986): Thesen zur Bedeutung gemeinwesenorientierten Lernens, in: **Jochen Schweitzer** (Hg.), Bildung für eine menschliche Zukunft. Solidarität lernen - Technik beherrschen - Frieden sichern - Umwelt gestalten, Weinheim/München

Herzinger, Richard/Hannes Stein (1995): Endzeit-Propheten oder Die Offensive der Antiwestler, Fundamentalismus, Antiamerikanismus und Neue Rechte, Reinbek

Hoffmann, Erich (1991): Verstehen heißt in Kontakt bleiben, in: O.-A. Burow/H. Kaufmann (Hg.): Gestaltpädagogik in Praxis und Theorie, Berlin, 171-187

Hofmann, Klaus T./Christian Petry/Jürgen Raschert/Barbara Schlottmann (Hg.) (1993): Schulöffnung und Interkulturelle Erziehung. Wie Regionale Arbeitsstellen Familie, Schule und Nachbarschaft helfen können, Weinheim/Basel

Holzbrecher, Alfred und **Else/Erhard Meueler** (1974): Ausländische Arbeiter in der BRD, in: **Erhard Meueler** (Hg.), Unterentwicklung. Wem nützt die Armut in der Dritten Welt?, Arbeitsmaterialien für Schüler, Lehrer und Aktionsgruppen (Bd. 2), Reinbek, 233-296

Holzbrecher, Alfred (1997): Wahrnehmung des Anderen. Zur Didaktik interkulturellen Lernens, Opladen

Holzbrecher, Alfred (1997 a): Die „PALME"-Perspektive. Praktikum als multikulturelle Erfahrung, in: PÄDAGOGIK 49 (1997), H. 4, 38–42

Holzbrecher, Alfred (Hg.) (1999): Dem Fremden auf der Spur. Interkulturelles im Pädagogikunterricht, Hohengehren, darin die Beiträge: Vielfalt als Herausforderung (2–28), Forschendes Lehren und zivilgesellschaftliches Lernen als Suchprozess (202–212)

Holzbrecher, Alfred (1999 a): Aneignung und Methode, in: Edwin Stiller (Hg.): Fachdidaktik Pädagogik, Paderborn, 29–37

Holzbrecher, Alfred (1999 b): Gleichheit und Differenz. Interkulturelle Bildung im Pädagogikunterricht, in: Edwin Stiller (Hg.): Fachdidaktik Pädagogik, Paderborn, 210–223

Holzbrecher, Alfred (1999 c) Subjektorientierte Didaktik. Lernen als Suchprozess und Arbeit an Widerständen, in: **H. G. Holtappels/M. Horstkemper** (Hg.): Neue Wege in der Didaktik. Analysen und Konzepte zur Entwicklung des Lehrens und Lernens, Die Deutsche Schule. Zeitschrift für Erziehungswissenschaft, Bildungspolitik und pädagogische Praxis, 5. Beiheft 1999, Frankfurt, 141–168

Holzbrecher, Alfred (2000): Pädagogik, in: **H. H. Reich/A. Holzbrecher/H. J. Roth** (Hg.): Fachdidaktik interkulturell. Ein Handbuch, Opladen, 131–152

Holzbrecher, Alfred (2001): Passagen. Lehrerbildung als biografisches Projekt, in: PÄDAGOGIK 52 (2001), H. 3, 38–43

Holzbrecher, Alfred (2001 a): AnEignung des Politischen: Subjektentwicklung durch Kompetenzerfahrung, in: ders. (Hg.): Einmischen. Subjektorientierung als didaktisches Prinzip. Multiplikatorenpaket für die politische Bildungsarbeit (Hg.: Landeszentrale für Politische Bildung Rheinland-Pfalz), Schwalbach, Kapitel 1

Holzbrecher, Alfred (2002): Anerkennung und interkulturelle Pädagogik, in: **Benno Hafeneger/Albert Scherr/Peter Henkenborg** (Hg.): Die Idee der Anerkennung in der Pädagogik, Weinheim/München, 168–176

Holzbrecher, Alfred (2003): Schüleraktivitäten und Lehrerprofessionalität als Arbeit am Habitus, in: Thomas Rihm (Hg.): Schulentwicklung durch Lerngruppen. Vom Subjektstandpunkt ausgehen ..., Opladen, 111–120

Holzbrecher, Alfred (2003 a), Globalisierung, Krisenwahrnehmung und Lernchancen, in: Markus Höffer-Mehlmer (Hg.): Bildung. Wege zum Subjekt. Hohengehren, 167–171

Holzkamp, Klaus (1995): Lernen. Subjektwissenschaftliche Grundlegung, Frankfurt (Studienausgabe, 1993)

Högli, Anton/Poul Lübcke (1995): Philosophielexikon. Personen und Begriffe der abendländischen Philosophie von der Antike bis zur Gegenwart, Reinbek

Kaya, Semira (2003): Interkulturelle Gedächtnisarbeit/„Migranten haben keinen Persilschein", die tageszeitung v. 25. August 2003, 14

Kegan, Robert (³1994): Die Entwicklungsstufen des Selbst, München

Keupp, Heiner, u. a. (Hg.) (1999): Identitätskonstruktionen. Das Patchwork der Identitäten in der Spätmoderne, Reinbek

Kiesel, Doron (1996): Das Dilemma der Differenz. Zur Kritik des Kulturalismus in der Interkulturellen Pädagogik, Frankfurt/M.

KMK (2002): Sekretariat der Kultusministerkonferenz, Ausländische Schüler und Schulabsolventen 1991 bis 2000, Statistische Veröffentlichungen, Bonn

Krüger-Potratz, Marianne (2003): Lehrerbildung im Zeichen von Pluralität und Differenz, in: **J. Beillerot/Chr. Wulf** (Hg.): Erziehungswissenschaftliche Zeitdiagnosen: Deutschland und Frankreich, Münster, 83-94

Langmaak, Barbara (1996): Themenzentrierte Interaktion. Einführende Texte rund ums Dreieck, Weinheim

Lang-Wojtasik, Gregor/Claudia Lohrenscheit (Hg.) (2003): Entwicklungspädagogik - Globales Lernen - Internationale Bildungsforschung: 25 Jahre ZEP, Frankfurt/M.

Lehnen, Rainer/Harald Grosch (1997): Interkulturelles Lernen im deutsch-türkischen Jugendaustausch. Dok. der Trainingsveranstaltung für die Körber-Stiftung 13.-15.3.1997

Lenhart, Volker (2003): Pädagogik der Menschenrechte, Opladen

Lüddecke, Julian/Uli Kloeters/Thomas Quehl (2001): „Interkulturelle und anti-rassistische Erziehung in der Schule", hg. v. ARIC NRW e. V. (http://www.aric-nrw.de/de/docs/pdf/Lehrerhandbuch_Auszug.pdf)

Maturana, Humberto R./Francisco J. Varela (1990): Der Baum der Erkenntnis. Die biologischen Wurzeln des menschlichen Erkennens, München

Mavromati, Fotini (2003): Die verlorenen Deutschländer. Junge Migranten ohne Schulabschluss und Berufsausbildung ..., Frankfurter Rundschau 12.3.2003, S. WB 6

Meueler, Erhard (1993): Die Türen des Käfigs. Wege zum Subjekt in der Erwachsenenbildung, Stuttgart

Meueler, Erhard (2001): Lob des Scheiterns. Methoden- und Geschichtenbuch zur Erwachsenenbildung an der Universität, Baltmannsweiler

Meyer, Meinert A. (1998): Bildungsgangdidaktik. Denkanstöße für pädagogische Forschung und schulische Praxis, Opladen

Meyer, Hilbert (1997): Schulpädagogik, Bd. 1, Berlin

Meyer, Thomas (1994): Die Transformation des Politischen, Frankfurt/M.

Meyer, Thomas (1997): Identitätswahn. Die Politisierung des kulturellen Unterschieds, Berlin

Muchembled, Robert (1990): Die Erfindung des modernen Menschen. Gefühlsdiffe-

renzierung und kollektive Verhaltensweisen im Zeitalter des Absolutismus, Reinbek
NEGT, OSKAR/ALEXANDER KLUGE (1972): Öffentlichkeit und Erfahrung. Zur Organisationsanalyse von bürgerlicher und proletarischer Öffentlichkeit, Frankfurt/M.
NESTVOGEL, RENATE (1996): Konfliktregelungen in der Flüchtlingsarbeit. Übungen zum Interkulturellen Lernen, Frankfurt
NIEKE, WOLFGANG (2000): Interkulturelle Erziehung und Bildung. Wertorientierungen im Alltag, Opladen (überarb. Aufl.)
NIESYTO, HORST (2001): Selbstausdruck durch Medien. Eigenproduktionen mit Medien als Gegenstand der Kindheits- und Jugendforschung, München
NUSCHELER, FRANZ (1995): Internationale Migration, Flucht und Asyl, Opladen
OOMEN-WELKE, INGELORE (2003): Körpersprachen und Extrasprachliches verschiedener Kulturen in Welt, Schule und Unterricht, in: ROSENBUSCH, HEINZ/OTTO SCHOBER, Körpersprache im Unterricht. Das Handbuch, Baltmannsweiler, 68-98
OOMEN-WELKE, INGELORE (2003a): Deutschunterricht in der multikulturellen Gesellschaft, in: MICHAEL KÄMPEN-VAN DEN BOOGART (Hg.): Deutschdidaktik, 60-74
OTTO, GUNTER (1998): Lernen und Lehren zwischen Didaktik und Ästhetik, Seelze
PETERS, MARIA (1997): „Was nicht klar gesagt werden kann, davon muss man schreiben", in: D. GRÜNWALD u.a. (Hg.): Ästhetische Erfahrung. Perspektiven ästhetischer Rationalität, Velber, 449-458
PRENGEL, ANNEDORE (1993): Pädagogik der Vielfalt. Verschiedenheit und Gleichberechtigung in Interkultureller, Feministischer und Integrativer Pädagogik, Opladen
PREUSS-LAUSITZ, ULF (2003) Migrantenkinder 2000: Ausgangslage für eine Verbesserung der Chancengleichheit im Bildungssystem. Arbeitspapier der Potsdamer Konferenz (o. J.) (http://www.chancengleichheit.org/texte/foren/F3/p_lausitz.html; (19.3.03)
REINHARDT, KLAUS (1992): Öffnung der Schule. Community Education als Konzept für die Schule der Zukunft?, Weinheim/Basel
RINKE, KUNO (2000): Politische Bildung, in: H. H. REICH/A. HOLZBRECHER/H-J. ROTH, Fachdidaktik interkulturell. Ein Handbuch, Opladen, 93-130
RINKE, KUNO (2003): Jenseits von Ethnie und Kultur? Zur Frage der Bedeutung der NS-Zeit für MigrantInnen aus der Sicht von schulischer Politischer Bildung, in: Politisches Lernen (hg. v. Dt. Vereinigung für Politische Bildung NW e. V.), Göttingen, 83-100
ROTH, HANS-JOACHIM (2000): Allgemeine Didaktik, in: H. H. REICH/A. HOLZBRECHER/H.-J. ROTH (Hg.): Fachdidaktik interkulturell. Ein Handbuch, Opladen, 12-53
ROTH, HANS-JOACHIM (2002): Kultur und Kommunikation. Systematische und theoriegeschichtliche Umrisse Interkultureller Pädagogik, Opladen
RUMPF, HORST (1992): Anfängliche Aufmerksamkeiten. Was sollen Lehrer können? Wie sollen Lehrer lernen? In: PÄDAGOGIK H. 9/1992, 27-30
SASSEN, SASKIA (1996): Migranten, Siedler, Flüchtlinge. Von der Massenauswanderung zur Festung Europa, Frankfurt/M.

Scancio, Fabrizio (Hg.) (2001): Imaginer l'Europe: Thèmes et méthodes pour un stage de formation, Freiburg

Schäffter, Ortfried (1991): Modi des Fremderlebens. Deutungsmuster im Umgang mit Fremdheit, in: ders. (Hg.): Das Fremde. Erfahrungsmöglichkeiten zwischen Faszination und Bedrohung, Opladen, 11-42

Scheunpflug, Annette (2003): Globalisierung als Bildungsherausforderung, in: **J. Beillerot / Chr. Wulf** (Hg.): Erziehungswissenschaftliche Zeitdiagnosen: Deutschland und Frankreich, Münster, 262-278

Schmidtke, Hans-Peter (1981): Ünal macht Schwierigkeiten: Verhaltensauffälligkeiten und Soziales Lernen, in: **Uwe Sandfuchs** (Hg.): Lehren und Lernen mit Ausländerkindern. Grundlagen, Erfahrungen, Praxisanregungen, Bad Heilbrunn, 183-189

Schneider-Wohlfart, Ursula/Birgit Pfänder/Petra Pfänder/Bernd Schmidt/Landesinstitut für Schule und Weiterbildung (Hg.) (1990): Fremdheit überwinden. Theorie und Praxis des inerkulturellen Lernens in der Erwachsenenbildung, Opladen

Schöfthaler, Traugott (1983): Kultur in der Zwickmühle zwischen Relativismus und Universalismus, in: Das Argument 139/1984, 333-347

Schulz-von Thun, Friedemann (1981): Miteinander reden, Reinbek

Sieben, Gerda (o. J.): Die Künste im interkulturellen Prozess, in: Institut für Bildung und Kultur (Hg.): Gemeinsam Erleben. Handreichungen zur interkulturellen Bildungsarbeit, Remscheid, 17-48

Simpfendörfer, Werner (1981): Sich einleben in den größeren Haushalt der bewohnten Erde - ökumenisches und ökologisches Lernen, in: **Heinrich Dauber/ Werner Simpfendörfer** (Hg): Eigener Haushalt und bewohnter Erdkreis, Wuppertal, 64-93

Solidarisch leben lernen e. V. (Hg.) (2002): Praxisbuch Globales Lernen. Handbuch für Unterricht und Bildungsarbeit, Frankfurt/M.

Stark, Wolfgang (1996): Empowerment. Neue Handlungskompetenzen in der psychosozialen Praxis, Freiburg

Sternecker, Petra/Werner Treuheit (1994): Ansätze interkulturellen Lernens, in: **Hendrik Otten/Werner Treuheit** (Hg.): Interkulturelles Lernen in Theorie und Praxis. Ein Handbuch für Jugendarbeit und Weiterbildung, Opladen, 31-56

Teegen, Frauke (1994): Körperbotschaften. Selbstwahrnehmung in Bildern, Reinbek

Thürmann, Eike (1996): Muttersprachlicher Unterricht für die interkulturelle und mehrsprachige Erziehung in der multikulturellen Gesellschaft, in: GEW (NW) (Hg.): Muttersprachlicher Unterricht - wesentlicher Bestandteil interkultureller und mehrsprachiger Erziehung, Essen, 14-25

Unhcr (2002): „Flüchtlinge" Nr. 4

Waldenfels, Bernhard (1991): Der Stachel des Fremden, Frankfurt/M. (2. Aufl.)
Wallrabenstein. W. (1996): „Ich warte dich mit vier Augen …“ Wie reden wir miteinander?, in: DIE GRUNDSCHULZEITSCHRIFT H. 100/1996, 14
Walter, Paul (2001): Schule in der kulturellen Vielfalt. Beobachtungen und Wahrnehmungen interkulturellen Unterrichts, Opladen
Wulf, Christoph (2001): Einführung in die Anthropologie der Erziehung, Weinheim/Basel

Literatur zum „Kulturellen Atom“:

Roesler, Michael, (1991), Das Kulturelle Atom nach **J. L. Moreno.** Ein psychodramatisches Instrument zur Erfassung der Persönlichkeit, in: Psychodrama, 4. Jg. 1991, Heft 2, 197-202
Mathias, Ulrike (1982): Die Entwicklungstheorie J. L. Morenos, 219-222 . In: Petzold, Hilarion/Mathias, Ulrike: Rollenentwicklung und Identität, Paderborn, 191-256
Stimmer, Franz (1982) Der Beitrag J. L. Morenos zu einem interaktionistischen Ansatz einer Theorie der Institutionalisierung, in: **Helle, Horst Jürgen** (Hg.): Kultur und Institution, Berlin, 131-155
Vgl. auch **Boal, Augusto** (1999): Regenbogen der Wünsche, Seelze, 60 ff.

색인

ㄹ

ㅁ

ㅂ

ㅅ

ㅇ

기타

저자소개

알프레드 홀츠브레허(Alfred Holzbrecher)

독일 프라이부르크 대학교 교육학과에서 일반 교수법 및 학교교육 교수를 역임했으며, 전공분야로는 학교교육, 교수법, 상호문화교육, 사진교육(Fotopädagogik) 등이다. 그는 2013년 10월에 은퇴하였고, 이후에도 교육학 분야에서 왕성한 집필 활동을 벌이고 있다.

대표저서로는 『상호문화 학교(2011)』, 대표논문들로는 「상호문화학습의 교수법(2012)」, 「상호문화학습(2014)」, 「교수법 관점으로서 상호문화와 글로벌 학습(2014)」 등이 있다.

역자소개

정기섭 kschung@inha.ac.kr

독일 하이델베르크 대학교에서 교육학을 전공하여 철학박사 학위를 취득하였으며, 현재 인하대학교 사범대학 교육학과 교수로 재직하고 있다. 인하대 BK+ 다문화교육전문인력양성사업단에 참여하고 있다. 한독교육학회 회장을 역임하였으며, 한국교육철학학회 회장으로 활동하고 있다. 주요 저서로는 『교육현실과 교육학』, 『전원기숙사학교-독일의 대안학교』, 『위대한 교육사상가들 Ⅶ』(공저) 등이 있으며, 역서로는 『노작학교의 이론과 실천』, 『교육학의 거장들』(공역) 등이 있다.

오영훈 ohy10106@inha.ac.kr

독일 레겐스부르크 대학교에서 언어학 박사학위를 취득하였으며, 인하대학교 교육대학원 다문화교육 전공 담당교수로 재직하고 있다. 현재 한국다문화교육연구학회 연구이사직을 맡고 있다. 주요 논문으로 「다문화교육으로서 상호문화교육」, 「다문화사회 독일의 종교교육」, 「청소년수련활동 참여를 통한 다문화가정자녀의 학교생활 적응에 관한 연구」 등이 있다. 지은 책은 공저로 『베트남 문화의 오디세이』, 『다문화교육용어사전』 등이 있으며, 공동역서로 『민주주의와 다문화교육』, 『교사를 위한 다문화교육』 등이 있다.

김영순 kimysoon@inha.ac.kr

독일 베를린 자유대학교에서 문화학 박사 학위를 취득했으며, 인하대학교 사범대학 사회교육과 교수로 재직하고 있다. 인하대 BK21 다문화교육전문인력양성사업단장과 다문화교육융합사업단 연구책임자를 맡고 있다. 현재 한국다문화교육연구학회 기획이사와 한국언어문화교육학회 부회장직을 수행하고 있다. 지은 책은 공저로 『다문화교육의 이해』, 『대안교육의 모색과 실천』, 『다문화교육용어사전』, 『문화의 맛과 멋을 만나다』 등이 있으며, 공동역서로 『민주주의와 다문화교육』, 『다문화교육과 인간관계』, 『교사를 위한 다문화교육』 등이 있다.

이문기 leemunki0104@hanmail.net

독일 부퍼탈 대학교에서 철학박사 학위를 취득했으며, 현재 인하대 문화경영학과 강의교수로 재직하고 있다. 또한 한국 브레히트학회 국제이사직을 맡고 있다. 주요 논문으로는 「현대의 프로메테우스로서 과학자 - 한스 헤니 얀의 드라마 〈양심의 잔해〉를 중심으로」, 「기록극의 새로운 구상」, 「그림 동화에 나타난 죽음의 문제」 등이 있으며, 역서로는 막스 프리쉬의 장편소설 『나를 간텐바인이라고 하자 1 · 2』, 그리고 『민담, 그 이론과 해석』 등이 있다.

변경원 byk10105@hanmail.net

독일 레겐스부르크 대학교에서 종교학과 신학석사 학위를 취득한 후, 이화여대 기독교학과에서 기독교윤리를 전공하고 문학박사 학위를 취득했다. 현재 이화여대, 인하대, 광운대에서 문화, 종교, 여성, 교육철학 등에 관한 강의를 하고 있다. 한국기독교윤리학회, 여성신학회 등에서 활동하고 있다. 폴 리쾨르의 철학사상과 개신교 신학 및 여성주의와의 연결에 관심을 두고 연구하고 있다. 공역서로 『교사를 위한 다문화교육』, 『소설 모차르트』가 있다.